中韩 FTA 企业服务指南

中国贸促会商事认证中心
中国贸促会驻韩国代表处   编

中国财经出版传媒集团
中国财政经济出版社

图书在版编目（CIP）数据

中韩 FTA 企业服务指南／中国贸促会商事认证中心，中国贸促会驻韩国代表处编．—北京：中国财政经济出版社，2018.5
ISBN 978-7-5095-8165-0

Ⅰ.①中… Ⅱ.①中… ②中… Ⅲ.①自由贸易区-企业管理-中国、韩国-指南 Ⅳ.①F279.23-62 ②F279.312.6-62

中国版本图书馆 CIP 数据核字（2018）第 058580 号

责任编辑：郭爱春　　　　　责任校对：徐艳丽
封面设计：孙俪铭　　　　　版式设计：南博文化

中国财政经济出版社 出版
URL：http://www.cfeph.cn
E-mail：cfeph@cfeph.cn
（版权所有　翻印必究）
社址：北京市海淀区阜成路甲 28 号　邮政编码：100142
营销中心电话：010-88191537　北京财经书店电话：64033436　84041336
北京时捷印刷有限公司印装　各地新华书店经销
880×1230 毫米　32 开　8.75 印张　225 000 字
2018 年 8 月第 1 版　2018 年 8 月北京第 1 次印刷
定价：22.00 元
ISBN 978-7-5095-8165-0
（图书出现印装问题，本社负责调换）
本社质量投诉电话：010-88190644
打击盗版举报热线：010-88191661、QQ：2242791300

编委会

顾　　　问：闫　芸　孔庆峰（山东大学）

编　　　委：俞海燕　路　强　宁　培　左六六
　　　　　　王美玲（山东大学）

编写组成员：孙婷婷　卞玉辰　王　莹　刘少波、
　　　　　　白云飞（河南贸促会）
　　　　　　明瑶华（苏州贸促会）
　　　　　　徐星（盐城贸促会）
　　　　　　王建（山东大学中韩FTA课题组）

序　言

　　当前，加快实施自由贸易区战略，逐步构筑起立足周边、辐射"一带一路"、面向全球的高标准自由贸易区网络，已经成为我国新一轮对外开放的重要内容。自2007年党的十七大报告中明确提出要实施"自由贸易区战略"以来，国家大力推进自由贸易区建设，为广大企业创造了稳定、透明、自由、公平的对外经贸交流合作环境，使企业对自由贸易区优惠政策的利用率显著提升，有效促进了中国外经贸事业可持续发展。

　　目前，我国已经签订的自由贸易协定有16个，包含24个国家和地区，自贸伙伴遍及亚洲、大洋洲、拉丁美洲、欧洲等大洲。总体来看，自由贸易区建设促进了我国与有关国家和地区的经贸合作，取得了互利共赢的成果。

　　2015年12月20日，中韩自由贸易协定（中韩FTA）正式生效实施，是我国与东北亚地区国家签订的第一个自由贸易协定，也是单个国别（地区）涉及贸易规模最大、综合水平最高的自由贸易协定。根据协定，双方货物贸易自由化比例均超过税目90%、贸易额85%，同时，双方还在协定中承诺采用负面清单和准入前国民待遇模式进行服务贸易和投资谈判。截至目前，双方根据中韩自贸协定进行了四轮降税，对稳定双边经贸往来、促进两国及本地区经济增长发挥了积极的促进作用，两国产业界和消费者广泛受益。

　　聚焦自贸协定实施，对于符合原产地规则、附有原产地证书的货物,在进口方享受比最惠国待遇更优惠的关税甚至"零关税",始终是所有自贸协定的重点内容和核心关注。依托原产地证书签发服务,全方位做好自贸协定实施工作,帮助企业用足用好自贸协定优惠政策,促进企业国际经贸交流,是中国贸促会服务企业和社会的重要内容和载体,是中国贸促会服务国家自由贸易区、推进"一带一路"和加快贸易强国建设的重要体现。

中国贸促会作为全国性对外贸易投资促进机构,已建成覆盖全球的贸易投资促进网络,在落实国家有关重大发展战略、促进对外贸易、双向投资和经济技术合作等众多领域发挥了重要作用。中国特色社会主义新时代,贸促工作要展现新气象、实现新发展、谱写新篇章。中国贸促会以参与"一带一路"建设为统领,大力推进国际产能合作、自由贸易区建设,广泛建立联系机制,扩宽交流渠道,加强政策宣介,提升服务能力和水平,助力我国高水平外经贸事业发展,推动贸易和投资便利化自由化,促进世界经济的发展与繁荣。

此次,中国贸促会商事认证中心联合中国贸促会驻韩国代表处共同编写了这本中韩FTA企业操作指南。本书具有较强的系统性、针对性和操作指导性,内容涵盖自由贸易区理论知识、中韩FTA各领域规则解读、FTA优惠原产地证书签证实务、中韩FTA服务及经典案例,内容翔实、层次丰富,既可以作为企业了解中韩经贸合作机会的窗口,也可以作为开展具体业务的实用手册。我相信,本书的出版必将有助于广大读者更好地了解、掌握和利用中韩FTA优惠政策,提高我国企业自贸协定优惠政策的利用率。在此,我对策划和组织编写本书的贸促同仁们务实的工作作风表示充分的肯定,并对所有编者们的辛勤劳动致以诚挚的敬意。同时,还应指出,中国贸促会在自由贸易区服务方面取得各项进步离不开商务部、海关总署等相关部门的大力支持和帮助。最后,我诚挚地希望我会商事认证中心及韩国代表处各位同仁能够再接再厉,以本书出版为契机,进一步提高服务企业的能力和水平,

序　言

为我国的自由贸易区战略实施添砖加瓦，为推动形成全面开放新格局作出新的贡献！

是为序。

中国贸促会副会长

于北京

致　　谢

　　衷心感谢在本书编写中商务部、海关总署等部门给予的指导和支持，感谢韩国贸易协会、韩国关税厅和产业通商资源部提供的支持和帮助，感谢贸促系统原产地工作全体同仁的积极支持。

　　特别感谢在本书编写中江苏省贸促会汪洋、薛新岚，河北省贸促会朱光宇，山东省贸促会刘洁，南京市贸促会邹锐锐，苏州市贸促会黄燕筋等提出的宝贵修改意见。

本书编委会

目　　录

第一章　中国自由贸易区战略……………………………（ 1 ）
　　第一节　经济全球化视角下的自由贸易区发展…………（ 1 ）
　　第二节　中国FTA建设的战略思路与政策路径 ………（ 5 ）
　　第三节　我国FTA建设成效 ……………………………（ 10 ）

第二章　中韩FTA概况……………………………………（ 18 ）
　　第一节　中韩自贸区谈判历程……………………………（ 18 ）
　　第二节　《中韩自贸协定》的协议范围和
　　　　　　总体特点………………………………………（ 21 ）
　　第三节　《中韩自贸协定》的积极作用和
　　　　　　现实意义………………………………………（ 23 ）

第三章　货物贸易领域商机与规则解读…………………（ 26 ）
　　第一节　中韩经贸合作特征………………………………（ 26 ）
　　第二节　中韩货物贸易商机和平衡发展的对策…………（ 32 ）
　　第三节　《中韩自贸协定》货物贸易领域
　　　　　　相关规则解读…………………………………（ 35 ）

第四章　服务贸易与投资领域的商机与规则解读………（ 47 ）
　　第一节　服务贸易领域的商机……………………………（ 47 ）
　　第二节　服务贸易领域的规则解读………………………（ 69 ）
　　第三节　投资领域的商机…………………………………（ 82 ）
　　第四节　投资领域的规则解读……………………………（ 95 ）

第五章　《中韩自贸协定》原产地规则…………………（102）

第六章　中韩FTA优惠原产地证书的管理与操作………（130）
　　第一节　中韩FTA《原产地实施程序》解读 …………（130）

· 1 ·

第二节　中韩 FTA 原产地证的申请
　　　　　　流程、填制与核查 …………………………（145）
　　　第三节　贸促会中韩 FTA 及其他协定原产地
　　　　　　证书填制要求对照表 ……………………（162）

第七章　贸促会 FTA 服务体系 ………………………（176）
　　　第一节　贸促会 FTA 专业服务平台 ……………（176）
　　　第二节　贸促会 FTA 服务网络 …………………（181）
　　　第三节　与政府及相关部门机制性合作平台……（183）
　　　第四节　国际合作支持平台 ……………………（197）
　　　第五节　产学研合作平台 ………………………（207）

第八章　韩国关于中韩 FTA 企业服务机制 …………（211）
　　　第一节　政府主导成立 FTA 贸易综合支援中心 ……（211）
　　　第二节　民间机构 FTA 运用和解决系统 ………（215）
　　　第三节　韩国 FTA 产业协会培养专家计划 ……（216）

第九章　韩国企业运用中韩 FTA 经验案例 …………（218）
　　　第一节　小型出口企业细分商品种类
　　　　　　弥补自身不足 ……………………………（218）
　　　第二节　通过权威释疑解决中韩两国商品
　　　　　　分类不同问题 ……………………………（219）
　　　第三节　诊断产品符合"完全获得标准"取得
　　　　　　优惠税率 …………………………………（220）
　　　第四节　以事前、事后"双轨"战略活用 FTA ……（221）
　　　第五节　针对内需市场转型出口成功企业 ……（222）

第十章　中韩 FTA 生效一年总结 ……………………（223）
　　　第一节　韩方关于协定实施一年效果总结 ……（223）
　　　第二节　中方关于协定实施一年货物贸易效果
　　　　　　评估 ………………………………………（250）

第一章 中国自由贸易区战略

第一节 经济全球化视角下的自由贸易区发展

一、多边与区域并重的全球贸易体系

近年来,WTO制度自身限制和谈判进程受阻进一步加快了区域贸易自由化的发展速度。以自由贸易协定为代表的区域贸易自由化在经济全球化的大背景下得到快速发展,已经成为WTO体系之外全球贸易自由化的重要补充。签署自由贸易协定业已成为全球范围内区域合作的新潮流。

自由贸易区(Free Trade Area,简称FTA)是根据经济体之间签署的自由贸易协定建立的。两个以上的国家或地区通过签订自由贸易协定建立贸易投资自由化区域,旨在相互取消绝大部分货物的关税和非关税壁垒,取消绝大多数服务部门的市场准入限制,开放投资,从而促进商品、服务和资本、技术、人员等生产要素的自由流动。自由贸易区概念最早出现在《1994年关税与贸易总协定》(GATT1994)第24条。目前多数国家对于自由贸易协定能够带来的经济利益和竞争促进效应有基本共识。理论和实际经验表明,签署自由贸易协定有利于大幅度降低贸易和投资成本,加快市场一体化,产生贸易创造、贸易转移以及促进市场竞争、吸引跨境投资流入的积极效应,从而带动本国经济和就业增长。

从区域贸易的合法性基础来看，WTO在订立之初就通过GATT第24条关于区域贸易合作作为最惠国待遇原则的"例外"来促进区域贸易的发展。GATT和WTO并没有把自由贸易区当作多边贸易体制的对立物，而是肯定其对自由贸易的发展所具有的作用。这是因为，诸如关税同盟、自由贸易区之类的协定往往会将多边贸易协定不易实施的自由贸易政策率先在某一区域内实施，对多边贸易体制而言，起到了先驱者的作用。具体原因主要有：一是WTO确定的各成员国应当共同实现"关税与其他贸易壁垒的实质性消减"这一总目标，而这也正是自由贸易协定的重要目标；二是自由贸易区的建立将给区内企业提供更好的贸易环境，帮助他们实现按比较利益配置经济资源，改善产业结构和水平。可以认为，只有先在一个区域内消除贸易壁垒，才有可能最终在全球范围内实现关税减免和贸易壁垒消除的最终目标。从这一意义上说，区域一体化是迈向经济全球化的一个重要过渡阶段。从本质上来看，自由贸易协定并不是WTO的对立面，而恰恰是多边自由贸易的补充和助推器。

二、全球自由贸易区版图基本规模

从全球国际贸易现状来看，规模性自由贸易区版图已经逐步成型，区域一体化已进入一个新阶段，几乎所有的国家和地区都不同程度地参与其中。从数量上来看，根据WTO的官方统计，截至2016年12月，全球大约有271个不同形式的区域贸易合作安排（Regional Trade Agreement，简称RTA），其中自由贸易区占比达到90%以上，平均每个WTO成员方参加的自由贸易区数量达到5个。从贸易体量上来看，2015年全球三大区域贸易体（欧盟、北美贸易协定和东盟）出口贸易总额达8.8万亿美元，占全球出口总额的55%（欧盟占34%、NAFTA自由贸易区占14%、东盟占7%）；进口总额达9.6万亿美元，占全球进口总额的58%。从分布上来看，欧洲、东亚国家和地区签署的自由贸易协定数目占全球的比重较大，是区域经济一体化浪潮中非常活跃的地区。欧盟及欧洲自由贸易联盟签订的自由贸易协定共计67个，东亚国家签订的自由贸易协定数量达51个。

三、自由贸易区成为贸易大国合作与竞争的重要手段

在WTO等多边贸易体制谈判进展缓慢、WTO协定的红利逐步消失、金融危机后全球贸易下滑等背景下，为了拓展出口市场，赢得在全球经济合作与竞争中更加主动的地位，许多国家开始将贸易政策的重心转移到谋求和推动建设更多自由贸易区上来，纷纷制定出自己的自由贸易区战略。美欧等国通过区域协定谈判推进经贸议程，表明其对外经贸策略的调整，更注重吸引具有相同意愿的国家组成谈判团体，先行绕开存在明显分歧的谈判对手和谈判中困难的行业或部门，以抓住规则制定先机。

（一）欧盟的FTA战略

1996年，欧盟与土耳其签订了第一个跨区域的自由贸易协定。1997—2001年，欧盟相继与巴勒斯坦、突尼斯、南非、墨西哥、摩洛哥、以色列和智利分别签署双边自由贸易协定。自2008年以来，美国金融危机的冲击以及欧元区主权债务危机的持续恶化，导致欧盟经济增长陷入困境。为了挖掘新的经济增长点，欧盟在原有签署自由贸易协定的基础上，加大了对外开拓贸易伙伴的力度，把加快发展自由贸易区作为主要战略规划，并进一步推动全球自由贸易区战略布局的开展与实施。到目前为止，欧盟已将除中国外的几乎所有重要贸易伙伴都纳入自由贸易区布局中，参与的自由贸易协定数量达到34个，位列全球第一。

（二）美国的FTA战略

美国政府对外签署的第一个自由贸易协定是1985年的美以自由贸易协定，并于同年开始与加拿大进行自由贸易协定的谈判。美国与加拿大、墨西哥于1994年成立了北美自由贸易区。2002年美

国国会给予总统谈判新的贸易协议的授权。布什政府以2003年WTO坎昆会议失败为契机,加速启动美国自由贸易区战略,加快了与许多国家签订双边自由贸易协定的步伐,分别与新加坡(2003年9月)、澳大利亚(2004年2月)、中美洲(2004年6月)、巴林(2004年9月)、巴拿马(2007年6月)等签订自由贸易协定。目前,美国建有14个自由贸易区,涉及20个国家和地区;2015年,美国向自由贸易协定伙伴国出口额达7100亿美元,占其出口总额的47%。

(三)日本的FTA战略

2002年,日本新加坡双边自由贸易协定的签订标志着日本开始尝试施行双边贸易政策,正式走上了多重性的贸易政策之路。同年10月,日本外务省制订了"日本自由贸易区战略",明确提出日本对自由贸易区的基本立场、谈判和签署自由贸易协定的基本原则、选择自由贸易区谈判对象国的标准以及自由贸易区战略重点等内容。之后日本又积极开展与墨西哥、韩国及东盟主要国家的磋商,并随后签订自由贸易协定。据最新统计,日本建成的自由贸易区数量已经达到15个。

(四)印度的FTA战略

印度作为发展中国家,自1998年签署第一个自由贸易协定以来,截至目前已签署和拟签署的自由贸易协定共计37个,位居亚洲地区第二。2003年与东盟签署FTA后,印度以东盟为起点先后与新加坡、不丹、泰国、马来西亚、印度尼西亚等亚洲国家或地区进行FTA的谈判与签署。从2003年至今,印度每年都有签署或正在进行谈判的自由贸易协定。2009年后,印度与发达国家谈判签署FTA的步伐不断加快,且与发达国家签署的自由贸易协定达到了超WTO标准。如2010年启动与新西兰和加拿大的FTA谈判,2011年与日本签署全面经济伙伴关系协定并启动与澳大利亚的FTA谈判。

第二节 中国FTA建设的战略思路与政策路径

一、我国对外经贸发展历程与自由贸易区战略的提出

外贸是我国国民经济增长的重要推动力。改革开放以来，我国外贸实现了由小到大的发展，规模从1979年的206亿美元，发展到2016年的3.69万亿美元，已经成为名副其实的贸易大国。回顾我国开放型经济历史，对外经贸发展的三个里程碑分别标志着我国开放型经济的三次腾飞。

第一个里程碑——改革开放政策。1978年12月，在党的十一届三中全会上，中国共产党做出了改革开放的伟大决策，提出要大力发展对外贸易活动，为开创对外贸易新局面提供了政策基础。在这一阶段，我国的贸易体制对外开放度扩大，在党的正确引导下，中国的对外贸易取得了实质性的进展，使中国的经济发展取得了举世瞩目的成果。

第二个里程碑——加入世界贸易组织。2001年12月11日，中国成为WTO第143个正式成员，标志着中国真正融入世界市场，成为全球经济体系中的重要一员。16年来，"入世"红利在中国经济和贸易发展中得到充分运用和发挥，中国迅速成长为世界第二大经济体、第一大货物贸易国、第二大服务贸易国、第一大利用外资国和第二大对外投资国。

第三个里程碑——全面推进自由贸易区建设。自2007年党的十七大报告中明确提出要实施"自由贸易区战略"，将自由贸易区建设上升为国家战略后，国家大力推进自由贸易区建设，为广大企业进出口创造了稳定、透明、自由、公平的环境，使企业对自由贸易区优惠政策的利用率显著提升，对中国外经贸事业的可持续发展

发挥了积极作用。

从我国自由贸易区的发展进程来看，加入 WTO 之后，我国便开始进行建立自由贸易区的探索。2000 年，朱镕基总理在新加坡举行的第四次中国—东盟领导人会议上首次提出建立中国—东盟自由贸易区的构想，开启了中国区域经济一体化战略进程，更准确地说，开启了中国自由贸易区战略进程。自中国—东盟自由贸易区构想提出后，中国自由贸易区建设取得了令人瞩目的成就。2007 年 10 月，党的十七大报告首次提出"实施自由贸易区战略，加强双边多边经贸合作"，将自由贸易区建设提升到国家战略层次。2012 年党的十八大又进一步提出加快实施自由贸易区战略的主张。2013 年 11 月举行的党的十八届三中全会首次明确提出"以周边为基础，形成面向全球的高标准自由贸易区网络"。可以说中国自由贸易区战略不是一蹴而就的，而是在长期实践过程中形成的，并在随后的党中央和国务院文件中一再被强调，我国对推进自由贸易区建设的重视程度可见一斑。

二、我国自由贸易区战略的深化

2015 年国务院发布了《关于加快实施自由贸易区战略的若干意见》（以下称《意见》）。《意见》开篇就回顾了我国 FTA 战略的发展进程，并提纲挈领、开宗明义地阐明了实施 FTA 战略的重大意义："实施自由贸易区战略是我国新一轮对外开放的重要内容。"党的十八大提出加快实施自由贸易区战略，党的十八届三中、五中全会进一步要求以周边为基础加快实施自由贸易区战略，形成面向全球的高标准自由贸易区网络。当前，全球范围内自由贸易区的数量不断增加，自由贸易区谈判涵盖议题快速拓展，自由化水平显著提高。我国经济发展进入新常态，外贸发展机遇和挑战并存，"引进来""走出去"正面临新的发展形势。加快实施自由贸易区战略是我国适应经济全球化新趋势的客观要求，是全面深化改革、构建开放型经济新体制的必然选择。

《意见》提出了我国加快实施自由贸易区战略的总体要求，提出要进一步优化自由贸易区建设布局，建立立足周边、辐射"一带一路"、面向全球的高标准自由贸易区网络。《意见》还明确了加快实施自由贸易区战略的近期和中长期目标，清晰地阐述了中国在未来自由贸易区战略的实施方向和步骤，并指出深度参与国际规则制定是中国实施自由贸易区战略的重要目标。《意见》作为我国开启自由贸易区建设进程以来的首个战略性、综合性文件，对我国自由贸易区建设做出了"顶层设计"，提出了具体要求，可以看作我国实施自由贸易区战略的进一步深化。

三、我国加快自由贸易区建设的作用与机遇

在当今世界经济波诡云谲及中国经济结构深度调整的背景下，加快实施自由贸易区战略已成为我国新一轮对外开放的重要内容。对国家而言，自由贸易区在未来经济发展中将发挥越来越重要的作用：全方位开展自由贸易区建设将有助于我国从巩固、拓展国际市场到深化国内改革；从接受国际经济规则到参与、主导规则的制定；从被动防御到塑造、引领地缘经济格局的构建，从而实现广泛的经济利益。对企业而言，自由贸易区效应不仅局限于降低关税、消除非关税壁垒、开放投资部门等贸易与投资促进措施，还囊括了电子商务、竞争政策、知识产权、环境保护、政府采购等更多的"21世纪经贸议题"，为我国企业参与国际竞争提供了更加有力的保障。

（一）在货物关税减免方面

自由贸易区的主要特征即为取消或降低关税，这一点在各个自由贸易协定中均有很明显的体现。中国签署的自由贸易协定中实现零关税的产品数量和产品所覆盖的贸易额，比例通常都已超过了90%。对符合自由贸易协定原产地要求的产品，自由贸易区内部将给予零关税或优惠税率，这将大大降低企业的进口成本，在自由贸易区内获得物美价廉的生产原料，更好地吸引伙伴国的资金、人

员、技术和服务。企业在产品出口时，也将按照零关税或优惠税率征税，从而提高了企业出口产品在自由贸易协定伙伴国市场的产品竞争力。

（二）在贸易便利化方面

自由贸易协定通过规定双方认可的贸易便利化措施，简化和协调贸易程序，以此减少企业间的交易成本和困难，改善贸易环境，加速要素的跨境流通。我国签订的自由贸易协定中主要的贸易便利化措施包括：建立原产地规则电子数据交换系统，实施原产地自主证明，提高认证和证书发放效率，对货物通关、快件采取单独快速通关程序，自贸伙伴检测合格评定和结果互认。

（三）在减少经贸摩擦方面

随着近年来全球贸易保护主义趋势持续蔓延，贸易保护手段日趋多样化和复杂化，不仅包括反倾销、反补贴、保障措施等传统保护手段，技术壁垒、绿色壁垒、知识产权保护、劳工标准等贸易壁垒也被频繁应用。据WTO统计数据，我国已连续十多年成为世界上遭受反倾销调查最多的国家，仅在2016年，便遭到27个国家和地区发起的119起贸易救济调查案件。FTA具有互惠性和开放性，可以为我国解决贸易摩擦提供有效的沟通渠道，与自贸伙伴国构建相对宽松的贸易环境，减少贸易摩擦频发的风险。

（四）在降低投资准入门槛方面

新型自由贸易协定除了货物贸易外更加关注服务贸易和双向投资。投资自由化可以推动企业加快"走出去"步伐，为我国投资者"走出去"创造更好的市场准入和投资保护条件，保证企业利益。在已生效的自由贸易协定中我国对投资管理体制改革做出了一些突破和尝试。例如，在与澳大利亚、新西兰签署的自由贸易协定中纳入投资者—东道国争端解决机制；承诺以准入前国民待遇加负面清单的模式推进未来自由贸易协定投资领域的谈判等。

四、我国自由贸易区战略的发展展望

（一）构建"一带一路"沿线经济体自由贸易区

"一带一路"沿线国家贸易自由化程度比较低，各种形式贸易壁垒盛行，贸易成本较高，成为我国企业与"一带一路"沿线国家企业进行经贸合作的主要障碍。2016年3月发布的"十三五"规划提出要积极同"一带一路"沿线国家和地区商建自由贸易区。目前我国的自由贸易区谈判也逐渐辐射到"一带一路"国家区域，探索建立多边自由贸易区网络。"一带一路"建设是党中央、国务院根据全球经济形势变化和我国发展面临的新形势新任务，统筹国内国外两个大局作出的重大战略决策。"一带一路"自由贸易区体系的建成将促进沿线国家和地区经贸合作的自由化、便利化和一体化，推动我国与"一带一路"沿线国家的经贸合作、互利共赢。

（二）进一步提高自由贸易区的开放度

对外开放是我国的基本国策，也是我国经济社会持续快速发展的动力源泉。我国参与的自由贸易区数量增加的同时，货物、服务和投资三大传统领域的市场准入也在进一步扩大开放度。我国签署的自由贸易协定已经包含了很多超WTO标准。在下一阶段的自由贸易区谈判中，我国将更多地加入知识产权、电子商务、竞争政策、环境等国际经贸新规则，将自由贸易区的重心向服务贸易、投资领域、金融领域、新兴业态培育等核心议题上加速转变，发展高标准的自由贸易区，以对外开放的主动赢得经济发展的主动、赢得国际竞争的主动。

（三）提升企业参与度和自由贸易协定利用率

在我国新一轮的自由贸易区谈判中，将更加重视中国企业和民众的参与度和获得感，建立、加强自由贸易区建设与企业的联系机制。我国商务部已在"中国自由贸易区服务网"专设了"征求意见"一栏，对已经实施及即将谈判的自由贸易协定向地方、商协会、企业和中国公民征集意见、建议。这表明我国自由贸易区谈判的公众参与度正在不断提升。此外，商务部、海关总署、质检总局、贸促会等有关部门针对中小企业自由贸易区优惠政策利用率不高的情况，积极开展宣传培训和政策解读，提升企业应用自由贸易协定的能力与水平。

第三节　我国FTA建设成效

自2001年以来，我国的自由贸易区建设从无到有、从少到多、从多到精，初步形成了周边自贸平台和全球自由贸易区网络，开创了较高水平的对外开放新局面。目前，我国处在不同阶段的自由贸易协定共29个，涉及五大洲的40个国家和地区。通过上述签署和正在谈判论证的自由贸易协定，中国自由贸易区战略的全球布局正在逐渐形成。

一、已经建成的自由贸易区

我国已经签订协议并实施的自由贸易区有15个，包含23个国家和地区，自贸伙伴遍及亚洲、大洋洲、拉丁美洲、欧洲等大洲。针对已经生效并实施的自由贸易协定，为了适应当前的经济发展形势，其中一部分自由贸易区已经启动了新一轮的升级谈判。总体来看，自由贸易区建设促进了我国与有关国家和地区的经贸合作，取得了互利共赢的成果。

（一）中国—澳大利亚自由贸易区

《中澳自由贸易协定》于2015年12月20日正式生效并实施，是我国首次与经济总量较大的主要发达经济体谈判达成的自由贸易协定。在货物贸易方面，澳大利亚对中国所有产品关税最终均降为零，中国对澳大利亚96.8%的产品关税最终降为零。在服务贸易领域，澳方对中方以负面清单方式开放服务部门，成为世界上首个对我国以负面清单方式作出服务贸易承诺的国家。在投资领域，双方相互给予最惠国待遇，同时大幅降低企业投资审查门槛，增加企业投资的市场准入机会、可预见性和透明度。

(二) 中国—韩国自由贸易区

《中韩自由贸易协定》于2015年12月20日正式生效并实施，是我国与东北亚地区国家签订的第一个自由贸易区，也是目前涉及贸易规模最大、综合水平最高的自由贸易协定。根据协定，在过渡期结束后，我国零关税的产品将达到税目的91%及进口额的85%；韩国零关税的产品将达到税目的92%及进口额的92%。在服务贸易方面，韩国在速递、建筑服务领域做出了超出其所有现有自由贸易协定水平的承诺。中韩双方还在协定中承诺未来将采用负面清单和准入前国民待遇模式进行服务贸易和投资谈判。

(三) 中国—瑞士自由贸易区

《中瑞自由贸易协定》于2014年7月1日正式生效并实施，是我国与欧洲大陆国家和全球经济前20强国家达成的第一个双边自由贸易协定。瑞士对中国99.7%的出口在协定生效之日起立即实施零关税，中国对瑞士84.2%的出口最终实施零关税。如果加上部分降税的产品，瑞士参与降税的产品比例是99.99%，中国是96.5%。

2017年1月16日，中瑞共同签署《中国—瑞士自由贸易协定升级的谅解备忘录》，宣布启动中瑞自由贸易协定升级联合研究。

(四) 中国—冰岛自由贸易区

《中冰自由贸易协定》于2014年7月1日正式生效并实施。冰岛承诺自协定生效之日起，对我国所有工业品和水产品实施零关税，涉及我国对冰岛出口金额的99.8%，对动物内脏、乳制品、蔬菜等30个税目的农产品部分降税；承诺对鹿肉、鸽肉等10个农产品实施税率为65%的关税封顶，这是我国在自由贸易协定中首次实现要求发达国家对农产品关税进行封顶。同时,中方承诺在自由贸易协定生效之日起对从冰方进口的 7830 项产品实施零关税,涉及我国自冰岛进口总额的 81.6%。

(五) 中国—哥斯达黎加自由贸易区

《中哥自由贸易协定》于 2011 年 8 月 1 日正式生效并实施,是中国与中美洲国家签署的第一个一揽子自由贸易协定。在货物贸易领域,中哥双方对各自 90% 以上的产品分阶段实施零关税。在服务贸易领域,在各自对 WTO 承诺的基础上,哥斯达黎加在电信服务、商业服务、建筑、房地产、分销、教育、环境、计算机和旅游服务等 45 个部门或分部门进一步对中方开放。

(六) 中国—秘鲁自由贸易区

《中秘自由贸易协定》于 2010 年 3 月 1 日正式生效并实施。在货物贸易方面,中秘双方对各自 90% 以上的产品分阶段实施零关税。在服务贸易方面,秘鲁在包括研发、租赁、技术测试和分析、农业、采矿、快递、导游等 90 个部门进一步对我国开放。在投资方面,双方将相互给予对方投资者及其投资以准入后国民待遇、最惠国待遇和公平公正待遇,鼓励双向投资并为其提供便利等。

2016 年 11 月 21 日,中秘两国签订《中国—秘鲁自由贸易协定升级的谅解备忘录》,宣布启动双边自由贸易协定升级联合研究。

(七) 中国—新加坡自由贸易区

《中国—新加坡自由贸易协定》于 2009 年 1 月 1 日正式生效并实施。在货物贸易方面,新加坡取消全部自华进口产品关税;我国于 2010 年 1 月 1 日前对 97.1% 的自新进口产品实现零关税。双方还在医疗、教育、会计等服务贸易领域做出了高于 WTO 的承诺。

2015 年 11 月 6 日至 7 日,习近平主席对新加坡进行国事访问期间,中新双方共同签署了关于同意启动中国—新加坡自由贸易协定升级谈判的换函,双方正式启动中新自由贸易协定升级谈判。目前双方已完成协定升级第四轮谈判。

(八) 中国—新西兰自由贸易区

《中国—新西兰自由贸易协定》于2008年10月1日正式生效并实施。在货物贸易方面,新西兰于2016年1月1日取消全部自华进口产品关税,其中63.8%的产品从协定生效时起即实现"零关税";中方承诺将在2019年1月1日前取消97.2%自新西兰进口产品关税,其中24.3%的产品从协定生效时起即实现"零关税"。

2016年11月20日,在APEC领导人会议期间,时任中国商务部长高虎城与新西兰贸易部长麦克莱共同宣布正式启动中国—新西兰自由贸易协定升级谈判。目前,双方已完成协定升级第二轮谈判。

(九) 中国—智利自由贸易区

《中智自由贸易协定》自2006年10月1日正式生效并实施。根据协定,占两国税目总数97%的产品关税将于10年内分阶段降为零。截至2015年1月1日,货物贸易关税减让已执行完毕。2008年4月双方签署《服务贸易协定》,我国的计算机、管理咨询等23个部门和分部门,以及智利的法律、建筑设计等37个部门和分部门向对方进一步开放。2012年9月双方签署《投资协定》。根据该协定,中国的计算机、管理咨询、房地产、采矿、环境、体育、空运等23个部门和分部门,以及智利的法律、建筑设计、工程、计算机、研发、房地产、广告、管理咨询、采矿、制造业、租赁、分销、教育、环境、旅游、体育、空运等37个部门和分部门将在各自WTO承诺基础上向对方进一步开放。

2016年11月22日,中智两国签署《启动中国—智利自由贸易协定升级谈判的谅解备忘录》,宣布启动升级谈判。经过三轮谈判,2017年11月11日,两国结束自由贸易区升级谈判并正式签署升级谈判成果文件——《中华人民共和国政府与智利共和国政府关于修订《自由贸易协定》及《自由贸易协定关于服务贸易的补充协定》的议定书》。

(十) 中国—巴基斯坦自由贸易区

《中巴自由贸易协定》于2007年7月正式生效并实施,双方承诺分两个阶段对90%的货物进行关税减让。第一阶段在协定生效后5年内,双方对占各自税目总数85%的产品按照不同的降税幅度实施降税,其中,35%的产品关税将在3年内降至零。《中国—巴基斯坦自由贸易区服务贸易协定》于2009年10月10日生效,根据协定,在两国各自对世贸组织承诺基础上,在12个主要服务部门中,巴基斯坦11个服务部门的102个分部门和我国6个服务部门的28个分部门将相互进一步开放。

目前,中国—巴基斯坦自由贸易区第二阶段谈判正在进行中。

(十一) 中国—东盟自由贸易区(升级)

中国—东盟自由贸易区是我国对外商谈的第一个也是最大的自由贸易区,于2002年开始实施"早期收获",2010年全面建成。中国—东盟FTA涵盖了货物贸易、服务贸易、投资以及经济合作等广泛内容。根据安排,在货物贸易方面,截至2010年,中国和东盟十国90%的产品已实现零关税。为进一步加强中国—东盟FTA建设,2014年9月,双方启动了首轮自由贸易区升级谈判。2015年11月22日,签署中国—东盟FTA升级《议定书》,重点加强货物贸易和投资便利化,进一步开放服务市场,提升经济技术合作水平。

(十二) 内地与港澳更紧密经贸关系安排(CEPA)

内地与香港、澳门的两个更紧密经贸关系安排同时于2004年1月1日开始实施。货物贸易方面,《内地与香港关于建立更紧密经贸关系的安排》补充协议二签署后,自2006年1月1日起,内地对原产香港、澳门的进口货物已全面实施零关税。服务贸易方面,根据《内地与香港/澳门CEPA服务贸易协议》,内地对香港、澳门开放的服务部门达到 153 个。使用负面清单的领域，限制性措施仅有 120 项，内地与香港、澳门基本实现服务贸易自由化。

（十三）中国—格鲁吉亚自由贸易区

中格自由贸易区谈判于 2015 年 12 月启动，共经过三轮正式谈判和三次非正式磋商，于 2017 年 5 月双方正式签署《中格自由贸易协定》，已于 2018 年 1 月 1 日正式实施。《中格自由贸易协定》是我在欧亚地区开展的第一个自由贸易协定谈判。在协定开放水平方面，中格双方对绝大多数货物贸易产品相互实现了零关税，对众多服务部门相互作出了高质量的市场开放承诺，并完善了贸易规则，明确了加强合作的重点领域。

二、正在谈判的自由贸易区

根据党中央、国务院关于加快实施自由贸易区战略、逐步构筑面向全球高标准自由贸易区网络的重大决策部署，我国正在积极推动 7 个 FTA 的谈判，涉及日韩、海合会、挪威等国家和地区。据预测，完成谈判后，中国的自由贸易伙伴将从现在的 23 个跃升为 35 个，涵盖中国对外贸易的 50%。

（一）《区域全面经济伙伴关系协定》（RCEP）

RCEP 除东盟 10 国外，还包括中国、日本、韩国、澳大利亚、新西兰、印度 6 个国家，是目前亚太地区规模最大、参与人口最多的 FTA 谈判。2017 年 2 月 21 日—3 月 3 日，RCEP 第 17 轮谈判在日本神户举行。

（二）中国—海合会自由贸易区

海合会成员国包括阿联酋、阿曼、巴林、卡塔尔、科威特和沙特阿拉伯 6 个国家。中国—海合会自由贸易区已完成第九轮谈判，双方已就 15 个谈判议题中的 9 个结束谈判，并就技术性贸易壁垒（TBT）、法律条款、电子商务等 3 个章节内容接近达成一致，在核心的货物、服务等领域取得积极进展。

（三）中日韩自由贸易区

中日韩自由贸易区谈判于 2012 年 11 月启动，目前已进行至第十二轮。2015 年 11 月，三国领导人发表联合宣言，重申将进一步努力加速三国自由贸易区谈判，最终缔结全面、高水平和互惠的自由贸易协定。2016 年 10 月召开的中日韩经贸部长会议也承诺要加紧推进谈判，寻求三国自由贸易区的独特价值。

（四）中国—斯里兰卡自由贸易区

中国—斯里兰卡自由贸易区谈判于 2014 年 9 月启动，目前已完成第五轮谈判。谈判涉及双方货物贸易关税减让、服务贸易市场开放、双向投资保护与促进，以及双边经济技术合作等诸多领域。

（五）中国—马尔代夫自由贸易区

自 2015 年 9 月 8 日双方开始首轮谈判以来，已经完成五轮谈判和一次部长级磋商。根据协定，两国间 95% 以上的货物贸易产品将实现零关税，双方还就各自关心的金融、医疗、旅游等服务部门做出市场开放承诺，并同意进一步加强在重点领域的务实合作。目前，双方已签署《中华人民共和国商务部和马尔代夫共和国经济发展部关于结束中国—马尔代夫自由贸易协定谈判的谅解备忘录》结束协定谈判，下一步，双方将尽快开展协定的法律文本审核工作并履行国内程序，为正式签署协定做好准备。

（六）中国—以色列自由贸易区

中以双方于 2015 年完成了自由贸易区联合可行性研究，结论积极，双方于 2016 年启动自由贸易区谈判。目前，双方已完成第二轮谈判，就货物贸易、服务贸易和自然人移动、贸易救济、经济技术合作、电子商务、争端解决和其他法律问题等议题展开磋商，并取得积极进展。

（七）中国—挪威自由贸易区

中挪两国于 2008 年启动中挪自由贸易区谈判，在 2010 年完成八轮谈判后一度中断。2017年双方重启谈判,第九轮谈判于8月在北京举行。双方就货物贸易、服务贸易、投资、知识产权、环境、竞争政策、电子商务、政府采购和法律等相关议题展开磋商。

三、正在研究的自由贸易区

中国—加拿大、中国—印度、中国—哥伦比亚、中国—摩尔多瓦、中国—斐济、中国—尼泊尔、中国—毛里求斯等自由贸易区也正在研究当中,并将依可行性研究结果实施启动各自由贸易区谈判。

第二章 中韩 FTA 概况

第一节 中韩自贸区谈判历程

中韩两国地理位置相近、交通便利，具有得天独厚的地缘优势。经济结构方面，两国在传统农业与新型制造业方面存在较强的经济互补性，双方在经贸领域的合作存在广阔的发展空间。事实上，自1992年建交以来，中韩两国在贸易投资领域的合作已取得了长足进展，近20年里，中国自韩国的贸易进口额增长了近4倍，中国对韩的贸易出口额则增长了10倍以上。据韩国海关统计，2015年韩国与中国双边货物贸易额为2273.8亿美元，其中，韩国对中国出口1371.4亿美元；自中国进口902.4亿美元。韩方贸易顺差469.0亿美元。2016年韩国与中国双边货物进出口额为2113.9亿美元，其中，韩国对中国出口1244.3亿美元，自中国进口869.6亿美元。韩国贸易顺差374.7亿美元，下降20.1%。中国是韩国第一大贸易伙伴国，韩国也已成为中国第二大贸易伙伴国。

2012年5月，中韩两国正式启动自由贸易协定谈判，旨在通过促进贸易投资便利化来有力地推进地区经济一体化的发展。2015年6月1日，中韩自由贸易协定正式签署。2015年12月20日中韩自由贸易协定生效后，双方超过90%的产品在过渡期后将进入到零关税时代。值得注意的是，与以往的双边自贸协定相比，在制度安排方面，中韩自由贸易协定创新性引入了地方经济合作条款，明确将韩国仁川自由经济区和中国威海市作为地方经济合作示范区，以此来带动和促进两国之间的地方经济合作。

中韩两国就建立中国—韩国自贸区，展开了历时两年的14轮谈判，主要谈判历程如下：

2004年11月，时任国家主席胡锦涛与韩国总统卢武铉在APEC峰会上共同宣布启动中韩自贸区民间可行性研究。

2016年11月，双方宣布启动政府主导的官产学联合研究。2007年3月，中韩自贸区官产学联合研究第一次会议在京举行。

2007年7月，中韩自贸区官产学联合研究第二次会议在韩国首尔举行，双方深入讨论了部分工业部门以及原产地规则和贸易救济措施等问题。

2007年10月，中韩自贸区官产学联合研究第三次会议在山东省威海市举行，双方就货物贸易的部分工业部门和农林渔业、服务贸易以及投资等相关问题深入交换了意见。

2008年2月，中韩自贸区官产学联合研究第四次会议就农林渔业、制造业、竞争政策、知识产权、政府采购、动植物检验检疫、海关程序、原产地规则和经济合作等议题进行讨论，大部分达成一致。

2008年11月，中韩自贸区官产学联合研究第五次会议就联合研究报告中的农林渔业、韩弃用两项"特保条款"和总体结论建议等议题送行协商和讨论。

2009年10月，中韩在京签署《中韩经贸合作中长期发展规范报告》，双方对两国间原有的经贸合作中长期发展规划进行了调整补充。

2012年5月2日，《中韩自贸协定》谈判正式启动。

2012年7月，第2轮谈判。

2012年8月，第3轮谈判就货物贸易、服务贸易等领域的谈判模式、谈判范围和领域等问题，深入交换了意见。

2012年10月，第4轮谈判。

2013年4月，第5轮谈判就货物贸易、服务贸易、投资及其他议题深入交换了意见。

2013年6月,国家主席习近平与韩国总统朴槿惠在北京举行首脑会谈,就签署高水平的《中韩自贸协定》达成共识。

2013年7月,第6轮谈判就谈判模式问题进行磋商,取得实质性进展,双方在货物贸易自由化水平等问题上基本达成一致。在服务、原产地规则、海关程序、贸易救济、知识产权领域召开工作组会议,就模式案文基本达成一致。就协议范围进行商谈。

2013年9月,第7轮谈判双方最终就协定范围涉及的各领域模式文件达成一致。

2013年11月,第8轮谈判开始出要价和协议文本谈判。双方相互交换货物贸易的首次出价清单,范围包括正常产品和敏感产品。

2014年1月,第9轮谈判互换包括超敏感产品清单在内的所有清单和商品关税减让表,就商品的开放程度进行了磋商。

2014年3月,第10轮谈判双方就货物贸易、服务贸易、投资、原产地规则、贸易救济、技术性贸易壁垒、卫生和植物卫生措施、知识产权等广泛领域开展磋商。

2014年5月,第11轮谈判双方就货物贸易、服务贸易和投资进行磋商,在原产地规则、贸易救济、技术性贸易壁垒、卫生和植物卫生措施、知识产权、电子商务、环境等领域开展谈判。

2014年7月,国家主席习近平和韩国总统朴槿惠在首尔举行首脑会议,就争取在2014年底前完成中韩自贸区谈判达成一致。同月,第12轮谈判双方就货物贸易、服务贸易、投资、原产地规则、贸易救济、技术性贸易壁垒、卫生和植物卫生措施、知识产权等领域开展磋商。

2014年9月,第13轮谈判双方就货物贸易、服务贸易、投资、原产地规则、知识产权、技术性贸易壁垒、卫生和植物卫生措施、经济合作、贸易救济等领域开展谈判。

2014年10月,第三次中韩经贸合作磋商会议在京举行,双方积极评价中韩贸易现状、并就FTA及多边合作、增进相互投资、非关税贸易壁垒等共同关心的议题展开深入讨论。

2014年11月，第14轮谈判双方就货物贸易、服务贸易、投资、原产地规则等领域的遗留问题展开磋商。

2014年11月10日，国家主席习近平与韩国总统朴槿惠在北京共同确认中韩自贸区谈判实质性结束，签署《结束中韩自贸区实质性谈判的会议纪要》。

2015年2月，中韩双方就自贸协定全部文本进行草签。

2015年6月1日，中韩两国政府正式签署《中华人民共和国政府和大韩民国政府自由贸易协定》。

第二节 《中韩自贸协定》的协议范围和总体特点

《中韩自贸协定》范围涵盖货物贸易、服务贸易、投资和规则共17个领域，包含了电子商务、竞争政策、政府采购、环境等"21世纪经贸议题"。在关税减让方面，《中韩自贸协定》达成后，经过最长20年的过渡期，中方实现零关税的产品将达到税目的91%、进口额的85%，韩方实现零关税的产品将达到税目的92%、进口额的91%。另外，产自朝鲜开城工业园区的产品在内的共310项品目获得韩国原产资格，在《中韩自贸协定》生效后可立刻享受关税优惠。

在市场开放方面，中韩两国将对进入本国资本市场的对方金融企业提供互惠待遇，这意味着相关审批流程将得到简化，双方金融市场准入门槛有望降低。协定内容还包括在上海自由贸易试验区的韩国建筑企业可在上海不受外资投资比重的限制（外商投资占比50%以上）而承揽合作项目，中方考虑允许韩国旅行社在中国招募访问韩国或第三国的游客。

此外，中韩两国还承诺，在协定签署后将以负面清单模式继续开展服务贸易谈判，并基于准入前国民待遇和负面清单模式开展投资谈判。

自 2003 年与香港、澳门特别行政区政府分别签署《关于建立更紧密经贸关系的安排》开始，我国（内地）已经先后与 14 个国家或地区签订了自贸协定。《中韩自贸协定》虽然不是我国第一份自贸协定，但却有颇多首创之处，从总体来看，归纳起来有四个"第一"。

第一，这是我国自贸协定中涉及伙伴国别（地区）经济规模和双边贸易额"第一"的自贸协定。在我国已经签署和实施的自贸协定中，从经济规模和双边贸易额来看，东盟是中国最大的自贸协定伙伴。但从单个国别（地区）来看，韩国是迄今为止中国最大的自贸协定伙伴。《中韩自贸协定》的签署，将我国自贸协定的贸易覆盖率（以出口计）从 26%（若剔除中国港澳台地区，《中韩自贸协定》签署之前我国自贸协定的贸易覆盖率仅为 17%。美国、欧盟已签署的自贸协定的贸易覆盖率分别为 37%、27%，墨西哥、韩国更是高达 70%）提升至 36%。

第二，中国"第一"次承诺将以准入前国民待遇和负面清单模式开展服务贸易和投资谈判。正在进行的中美投资协定谈判即将开始负面清单谈判，但是，我国在双边自贸协定中承诺以负面清单开展服务贸易和投资谈判，《中韩自贸协定》还是第一次。这对于两国市场相互开放和融合，具有重要的推动作用。

第三，"第一"次以附件形式列明了特定领域的合作内容。为促进两国文化交流和顺应两国影视合作的热潮，《中韩自贸协定》在标准的自贸协定模板之外，还首次以附件形式增加了"合作拍摄电影"和"电视剧纪录片动画片共同制作"条款。这种就双方关注的重点合作领域设立合作条款的方式，在以后的自贸协定谈判中也可以灵活应用，以推进自贸协定谈判的顺利进行和特定领域的开放合作。

第四，《中韩自贸协定》是东北亚地区"第一"个自贸协定。东北亚地区，尤其是东亚地区经济规模最大的中日韩三国，在东亚和亚太经济格局中占有重要地位。但东北亚各国之间一直没有签订双边或者多边自贸协定，这直接影响到东亚和亚太地区经济一体化的进展。《中韩自贸协定》改变了这一局面，对于区域经济合作将产生重要的推动作用。

第三节 《中韩自贸协定》的积极作用和现实意义

《中韩自贸协定》所规定的阶段目标和最终目标，都充分考虑了双方利益均衡问题。如10年过渡期内，中方关税降为零的产品占税目总数的71%，韩方为72%；20年过渡期内，中方为91%，韩方为92%，两国开放幅度总体对等、平衡。由于中韩是近邻，协定中关于"韩国产品原则上可以48小时内快速通关"等非关税措施规定，也显示出独有的"中韩特色"。韩国将包括大米、辣椒、大蒜、洋葱、牛肉、猪肉等在内的主要农副产品排除在关税减让对象之外，相较于韩国已缔结的12个自贸协定，《中韩自贸协定》水准之高可谓史无前例。

《中韩自贸协定》对中国的积极作用主要表现为：一是提高中国自贸协定建设质量，提升新时期我国对外开放水平；二是以开放促改革，通过贸易投资领域高水准的开放承诺，倒逼国内加快改革步伐。《中韩自贸协定》全面、高水准的开放特点，难免对两国的某些产业形成冲击和挑战。不过，不必过分担心，因为在协定谈判和签署过程中，已充分考虑并尽量规避了开放条款对彼此造成的负面影响。协定的降税安排是分阶段进行的，即使过渡期结束，也还保留了10%左右的例外产品不列入开放范畴。此外，两国相关企业也要积极行动起来，主动应对。一方面，要充分利用协定，拓展市场、规避风险，特别是充分利用协定的过渡期安排贸易救济条款，缓冲企业压力；另一方面，要着手于根本，主动学习国际经贸规则，积极培养和增强企业竞争力，打造国际竞争优势。

当前，国际贸易增速下降，国际直接投资跌宕前行，《中韩自贸协定》对拉动两国经济增长，促进贸易、投资和地方经济发展，都具有举足轻重的意义，将成为带动双方贸易和投资增长的新引擎。中国的威海、盐城和韩国的仁川等城市都在进行中韩产业合作的规划，深化现有的双边产业合作，带动区域开放和发展。这种设计既是中韩自贸区谈判的重要创举，也是将协定的谈判利益转化为现实利益的重要抓手。

对于中国老百姓来说，中韩自贸区建设带来的好处可谓实实在在。关税减让措施的落实，老百姓购买原产自韩国的商品价格逐步降低，如电子产品、化妆品、食品等价格与目前相比会有一定幅度的优惠；中国老百姓可以在国内接受韩国整形医院的治疗服务，让有整形需求的人不出国就能享受韩国医生的服务；喜欢韩国文化的人可以有更多机会参与中韩文化交流，包括享受韩国旅行社的一站式服务、到韩国旅游等；中国年轻人在体验韩国创意产品和服务的同时，也将受此启发，加入到中国大众创业、万众创新的热潮之中。协定生效后，会有更多的韩国企业来华投资，中国的劳动力可以获得更多在韩资企业就业的机会；随着中国对韩国出口和投资的增加，也会给中国劳动力带来更多的国内外就业机会。

《中韩自贸协定》实施后，活用两国逐渐完善的产业结构关系，进一步扩大生产、销售、出口和就业。这一协定将拉动两国高附加值产品出口，大幅提高两国在全球价值链中的参与度。两国企业的关系不是相互替代，而是在制作最终产品的过程中，扩大零部件、主要原材料等重要中间产品的选择范围，提升生产网络水平。中国服务业的开放对韩国来说非常有意义。韩国受惠的产业包括运输、化妆品、时尚、娱乐业、休闲产业等。自贸协定实施，对两国消除贸易不均衡、韩国企业对华增加投资等都十分有利。从宏观来看，

《中韩自贸协定》的实施给韩国进军中国金融市场和服务业提供机会，也进一步拓宽中国人民币国际化范围。中国将对韩国产业结构调整产生巨大影响，引发韩国产业结构改革的可能性很大。此外，地方对地方的双赢经济合作模式将超越国家对国家贸易的层面，根据地区间不同的特色产品和消费倾向进行合作，无疑对中韩两国都有利。《中韩自贸协定》可以说是中日韩自贸协定的奠基石。因此，《中韩自贸协定》是推进区域全面经济伙伴关系、东亚经济共同体、亚太自贸区，实现亚太经济共同体的重要出发点之一。当然，在这一过程中，中国的经济实力和其在国际社会的影响力是必需的。对中国倡导的亚洲基础设施投资银行和"一带一路"，很多亚洲发展中国家和中坚国家都抱有很高期待。中国在实现这些蓝图的过程中，要与周边国家分享经济发展红利。中国的周边国家应该认识到，中国的经济发展不是吸收周边国家经济实力的"经济黑洞"，而是"共同发展的机会"。

《中韩自贸协定》成为东亚地区经济合作的突破口，进一步为东北亚和平和稳定发展做出贡献。协定的缔结意义超越了中韩两国，已发挥着促进亚太地区合作的重要作用。总的来说，《中韩自贸协定》是一个"高水平的""全面的""利益大体平衡的"协定。

第三章 货物贸易领域商机与规则解读

第一节 中韩经贸合作特征

一、韩国概况

韩国位于东北亚朝鲜半岛南部,三面环海,西面濒临黄海,与胶东半岛隔海相望,东南是朝鲜海峡,东边是日本海,北面隔着三八线非军事区与朝鲜相邻,领土面积占朝鲜半岛总面积的4/9。韩国面积为9.96万平方千米,半岛海岸线全长约17000千米(包括岛屿海岸线)。韩国是世界上经济发展速度最快的国家之一,是亚洲四小龙之一。其国内生产总值按国际汇率计算在世界排名第15位,按相对购买力指标计算世界排名第12位。韩国是个外向型经济国家,国际贸易在韩国GDP占有很大的比重,是世界第7大出口国和第7大进口国。

韩国总人口约为5000万,主要民族为韩民族,是单一民族国家,通用韩国语。全国半数左右的人口信奉基督教、佛教等宗教。韩国行政区划分为1个特别市,6个广域市以及9个道。相当于16个省级行政单位。世宗特别自治市于2012年7月2日正式成立,与首都首尔一同承担国家事务。

韩国自然资源相对匮乏,工业使用原材料主要依赖进口。矿产资源匮乏,主要矿产资源包括铁、铅、锌、钨以及无烟煤等,但储量均较少。出口商品主要是电子、汽车、船舶、半导体和石油制品,进口商品主要是原材料、机械产品和化工产品,主要贸易伙伴有中国、美国、日本、中国香港和新加坡。韩国在钢铁、造船、汽车、半导体及数码产品等制造业有着很强的国际竞争力,多数产品拥有自主品牌,在国际产业链中的地位不断提高。韩国是世界电子产品的佼佼者,内存、液晶显示器及等离子显示屏等平面显示装置和移动电话都在世界市场中居领导地位。大企业集团在韩国经济中占有十分重要的地位,三星、现代汽车、SK、LG 和 KT(韩国电信公司)等大企业集团创造的产值在其国民经济中所占比重超过 60%。

作为新兴工业化国家之一,韩国农业发展相对滞后,目前全国现有农业耕地面积约为 1835.6 千公顷,主要分布在南部和西部;农业人口相对较少,不足韩国总人口的 7%,农业总产值不足国内生产总值的 3%。韩国政府对农业一直采取保护扶持政策,农业补贴占韩国 GDP 的 4.7%,居世界前列。韩国在农产品贸易上实行许可制和高关税制以保护本国农业发展。韩国的农产品价格比国际农产品价格平均高 2.85 倍。不过在全球贸易自由化的进程中,韩国也不得不逐步开放农业市场,这使得相应的国内生产大幅度地减少。韩国农民经常组织游行示威反对开放农产品市场。此外,韩国农民还宣扬"身土不二"的理念,劝诫韩国人要吃本国米、水果、肉等,以抵制外国农产品。

二、中韩贸易结构和总体特点

(一)中韩贸易历史

建交前的贸易发展历程:中韩从唐宋时期就开始有文化、政治、宗教交往,第二次世界大战后因冷战格局而形成一段隔绝期。20 世纪 70 年代中后期,两国国际贸易区域合作才通过民间转口贸易的形式重新开启。那时候中国出口较多、进口较少,如 1978 年中国对韩国进、出口额分别为 4 万美元和 790 万美元。改革开放后，两国贸易实现初步发展，如 1979—1984 年贸易额从 1900 万美元上升到 4.42 亿美元，增速较快，但贸易基数较小。1985—1989 年中韩两国以间接贸易为主。

建交后的贸易发展历程：1992 年中韩两国正式建交，两国互设贸易办事处，实行最惠国待遇和最低税率，中韩两国贸易进入快速发展阶段，直接贸易代替了间接贸易。例如，1992 年两国贸易额为 50 亿美元，增长率为 55.2%，中国是韩国的第三大贸易伙伴国，韩国是中国的第五大贸易伙伴国。1993 年双边贸易发展迅速，中韩两国贸易额为 82.2 亿美元，增长率为 62.4%。亚洲金融危机爆发后，中韩贸易额增速下降，如 1998 年降幅为 11.6%。此后贸易额不断得到恢复，2001 年中国加入 WTO 进一步减轻了中韩之间的贸易障碍，当年中韩贸易额为 359 亿美元，增速为 4.1%。2004 年中韩贸易额的增长率为 42.4%，中韩贸易额超过韩美贸易额，中国成为韩国最大的出口市场和第一大贸易伙伴国。2005 年双边贸易额提升到 1119 亿美元；2008 年受世界金融风暴的影响，中韩贸易实现负增长；2010 年中韩贸易额为 2071 亿美元，突破 2000 亿美元；2014 年中韩贸易额为 2905 亿美元，同比增长 5.9%。2015 年，受全球经济低潮的影响，中韩贸易额为 2759 亿美元，同比下降 5%。截至 2015 年，中国连续 12 年成为韩国第一大出口市场，连续 8 年成为韩国第一大进口来源国，连续 12 年成为韩国第一大投资对象国。综上可知，中韩贸易发展迅速。总体而言，中韩两国实现可持续贸易关系的原因主要基于：一是当前世界经济不景气，总体处于减速态势，中韩良好的贸易关系有利于两国的进出口；二是中韩经济互补，能够进行更多商品贸易；三是中韩企业相互投资，有利于两国贸易增长；四是中国加入 WTO 后，对关税进行了调整，更有利于韩国商品进入中国市场，有利于两国贸易持续发展。

（二）中韩贸易整体特点

中韩建交 20 多年来，经济相互依赖度不断提高。韩国对中国的依赖度要高于中国对韩国的依赖度。中国已经成为韩国最大贸易伙伴国和第一顺差来源国（如表 3-1 所示）。中国对韩国持续存在贸易逆差，2016 年进口额将近为出口额 2 倍。同时，中国出口额的成长度也不容忽视，这表明中国产品渐渐在韩国打开局面，FTA 的签订也将促进这有利局面的持续发展。

表 3-1 　　　　　中韩贸易及贸易差额表
（2000—2015 年）　　　　单位：亿美元，%

年份	中韩贸易		出口贸易		进口贸易		贸易差额	
	总额	增速	总额	增速	总额	增速	总额	增速
2000	345	37.8	113	44.6	232	34.7	-119	26.5
2001	359	4.1	125	10.9	234	0.8	-109	-8.7
2002	441	22.8	155	23.8	286	22.2	-131	20.3
2003	632	43.4	201	29.4	431	51.0	-230	76.2
2004	901	42.4	278	38.4	623	44.3	-344	49.4
2005	1119	24.3	351	26.2	768	23.4	-417	21.1
2006	1343	20	445	26.8	898	16.9	-453	8.6
2007	1599	19.1	561	26.1	1038	15.6	-476	5.3
2008	1861	16.2	740	31.0	1122	8.1	-382	-19.8
2009	1562	-16	537	-27.4	1026	-8.5	-489	27.9
2010	2071	32.6	688	28.1	1384	35	-696	42.5
2011	2456	18.6	829	20.6	1627	17.6	-798	14.6
2012	2563	4.4	877	5.7	1687	3.7	-810	1.5
2013	2743	7	912	4.0	1831	8.5	-919	13.5
2014	2905	5.9	1003	10.1	1902	3.9	-899	-2.2
2015	2759	-5.0	1014	1.0	1745	-8.2	-731	-18.7

资料来源：《中国统计年鉴 2014》，2014 年、2015 年数据来自商务部网站。

中韩两国贸易规模大，增长较快，但增速放缓，并呈现出一定的周期性波动如表 3-1 所示，2000—2015 年，中韩贸易额从 345 亿美元上升到 2759 亿美元。在此过程中也出现过负增长态势，如 2009 年、2015 年贸易额分别比上年下降 16%、5%，不过都是因为受到亚洲金融危机、美国次贷危机、全球经济低潮、油价下跌的客观影响。另外，中韩贸易虽增长较快，但增速放缓，且呈现出一定的周期性波动态势。从总体增速分析，如表 3-1 所示，2000 年贸易增速 37.8%，2001 年、2002 年和 2003 年差距较大，分别为 4.1%、22.8% 和 43.4%，2009 年负增长 16%，跌到低谷，2011—2014 年增速呈下降态势。中韩两国的双边贸易与两国贸易总额变动趋势相符。表 3-1 中韩贸易及贸易差额表（2000—2015 年）单从中韩贸易逆差分析，两国贸易逆差呈不断增加态势，增速呈现出周期性波动态势。2000 年以来，贸易逆差不断扩大，2013 年贸易逆差达到最大 919 亿美元。2003—2015 年中韩贸易逆差额一直较大，2013 年贸易逆差最高，2014 年、2015 年逆差有所减少。中韩贸易逆差过大，不利于两国贸易关系。中韩贸易增速呈现周期性变化，有逐渐下降态势，2001 年、2008 年表现为负增长，2003 年、2010 年为增速顶峰，分别为 76.2% 和 42.5%。从中韩贸易额占各自国家贸易总额的比重来看，2003—2014 年中韩双边进出口额都有增长。作为韩国的贸易伙伴国，中国在韩国对外贸易中的地位呈现出较快的增长态势，2003—2014 年间，中韩贸易额占韩国对外贸易总额的比重从 16.9% 上升到 26.4%。2003—2014 年中韩贸易额占中国对外贸易总额的比重平均为 7.2%。2015 年受世界经济不景气和油价走低的影响，中韩贸易额总量有所下降，但是中韩贸易额占韩国对外贸易总额的比重依然上升到 28.6%，占中国对外贸易总额的比重为 7%。

韩国出口中国主力产品为各式工业器械。其中一直维持最大宗出口的是电气机械、仪器、用具及零件（包含家电产品）。早年纺织产品及皮革占一定比例，但重要性逐年减弱，取而代之的是技术密集型的专业科学及控制用仪器及器具。

中国出口韩国产品种类多样化,其中以电气机械、仪器、用具及零件,电信、录音及音响设备和仪器为最大宗。近年来,非铁金属矿产及煤矿的出口比重逐年下降,而需要进一步加工的金属制品及钢铁的比重上升。另外,纺织品的出口比重有逐年下降的趋势,但在贸易中继续保持优势。

(三) 中韩产业内贸易特征

中韩产业内贸易发展迅速。根据商务部国别报告,近5年来,韩国出口中国的主要产品是机电产品、光学医疗设备和化工产品。中国出口韩国排名前三位商品为机电产品、贱金属及制品和化工产品。中韩贸易中机电产品、化工制品、纺织品及原料和运输设备产业内贸易程度高,占两国贸易额的60%以上且逐年攀升。在IT、纺织服装、钢铁、家电和造船等行业,中韩两国优势产业重合,竞争将日趋激烈。另外,韩国贸易协会的报告也指出,手机、电脑、录音设备以及电子机械等产品是中国与韩国在国际市场竞争激烈的产品。中韩产业内贸易有一个重要特征:韩国对中国的出口结构是以中间产品和资本货物为主的加工贸易型结构,韩国往往通过直接投资的方式主导着产业内贸易。韩国对中国的中间产品制造行业存在较大的依赖性,由于中国相对低廉的劳动力成本,很多跨国公司选择将加工基地建在中国。韩国出口到中国的商品中,相当一部分是中间产品在中国进行组装,然后销往欧美国家,使得韩国在产业内贸易中顺差明显。

(四) 中韩产业间贸易的特征

中韩产业间贸易中,中国的优势产业为贱金属及制品;纺织品及原料;家具、玩具、杂项制品;食品、饮料、烟草;活动物及动物产品;皮革制品及箱包;陶瓷、玻璃等7类劳动密集型产业或资源密集型产品,中国优势产业占中韩贸易额的比重并不高,其中的贱金属及制品所占比重不到6%(2016年数据)。

韩国的优势产业商品类别为机电产品;光学、钟表、医疗设备；化工产品；矿产品；塑料橡胶；运输设备；纤维素浆、纸张；贵金属及制品。中韩产业间贸易韩国具有优势的产业则以技术密集型产业和资本密集型产业为主。韩国优势产业对华贸易额占中韩总贸易额的比重明显高于中国优势产业所占的比重。2016年单韩国向中国出口机电产品一项就占中韩贸易总额的30%。

第二节 中韩货物贸易商机和平衡发展的对策

中韩两国双边贸易规模大、增长快，但是中韩双边贸易存在一系列问题，如贸易商品结构不合理、紧密度在降低、存在一定的逆差等，从贸易潜力分析的结果看，中韩双边贸易仍具有一定潜力，且近年来发展潜力已呈现出递增的态势。鉴于此，中国要积极改善出口贸易商品结构。一方面，中国企业要加快产业转型升级，大力发展技术密集型产业。基于中韩技术或资本密集型产品贸易互补性强的特点，中国应积极加强同韩国的技术合作，提高企业自身的自主研发水平。中国政府应积极调节和优化产业结构，保持劳动密集型产业优势，通过制定产业发展规划，加强外贸扶持，提升技术密集型产业；另一方面，中国企业应放眼长远，摒弃短期利益，增强创新驱动战略，积极学习国外高科技技术与经验，缩小同韩国的差距，提高贸易竞争力，积极促进中国对韩贸易条件改善。同时，合理调整出口商品结构，提高劳动密集型商品技术含量，积极增加其附加值。政府要出台相关政策，扶持和鼓励技术开发投入，提高科技含量，改变对韩国出口的商品结构，减少劳动密集型商品，提高产品的质量，提高高新技术产品出口，增强产品在韩国的竞争能力，扩大对韩出口的质量和水平。以比较优势和竞争优势为结合点，展开战略性竞争合作。

《中韩自贸协定》的实施为两国产业界带来新的机遇。随着经济全球化的不断深化,全球价值链的逐渐扩展,特别是区域生产网络的日益融合,中韩两国建立自贸区对产业界的好处,不仅体现在更低的关税和更大的共同市场,更重要的是,它意味着通过降低贸易成本和相互开放市场,促进两国产业链之间更加紧密的融合和竞争力的共同提升,实现在全球价值链中的共同发展、互利共赢。因此,产业界应该以更加长远、辩证地眼光,看待中韩自贸区达成的安排,更加全面、深入地挖掘自贸区带来的机遇,更加充分、有效地利用自贸区提供的成果。

从中国相对具有竞争优势的产业看,除服装、有色金属等传统劳动和资源密集型产业外,中国在部分钢铁制品和电子、机械产品等一些资本和技术密集型产业中,也呈现出较快的发展趋势,逐渐形成较强的竞争力。建立中韩自贸区更有利于发挥中国企业的已有优势,进一步提升产业竞争力,充分利用国际国内两个市场,为中国相关产业发展提供有力支撑,巩固和提升中国企业在全球价值链中的地位。

从中韩都具有较强国际竞争力的产业看,如电子电气设备产业,中韩双边贸易以中间产品为主,体现出较强的产业内贸易特点。建立中韩自贸区,取消或降低两国间贸易壁垒,有利于两国相关产业实现"强强融合、优势互补",充分利用两国的技术和市场,进一步培育和增强两国产业和产品的国际竞争力,提升两国产业在东亚区域生产网络和全球价值链中的地位和作用,共同扩大在全球的市场份额。

相对于韩国,从中国处在弱势的产业主要是部分中高端机械设备、化工产品和汽车等资本和技术密集型产业。对这些产业,中韩自贸区通过科学合理地设置过渡期、部分降税等安排,给相关产业以调整、适应的时间和空间,避免因降税给产业发展带来过急、过大的冲击。同时,也尽可能对产业进行细分,对不同敏感度的生产环节和产品进行精准定位,本着"以开放促改革"的精神,对能够开放的生产环节和产品进行适度开放,目的是通过良性竞争推动企业创新,提高产品质量和管理水平,推动相关产业加快发展。

中韩产业结构既竞争又互补,两国需要处理好这种关系。一是两国共建区域共同体,面向世界市场,互相信任、共同合作,找出合作点,互补竞争点,实现资源要素的有机结合,产生更有利的效益,共建战略性互补与合作机制;二是挖掘各自优势,放大合作的优势点,积极扩大产品的市场份额;三是积极改造传统产业,利用新技术、互联网、信息化等提升传统行业,提升生产效率,以新材料、新技术、新方法改造传统产品,提升产品的技术、质量和档次;四是根据市场中消费者需求,实现产品细分,从粗加工向精细化、精益生产方向转变,积极开发多层次、精细化、多系列产品,不断提高生产效率,提高产品竞争力;五是中国应积极拓宽贸易范围,提高出口的种类和市场份额,在高新材料、生物医药工程等领域寻求新经贸增长点,积极争取在国际产业链中占据主导地位,占据有利位置。

此外,《中韩自贸协定》的实施为两国消费者带来许多实实在在的好处。

对中国消费者来说,一些家电产品、日用化工品、韩国特色食品、服装、鞋帽等赴韩旅游购物或韩国代购的热门产品将更加便宜。在家电产品方面,电冰箱、电饭锅、电炒锅、电烤箱、电磁炉、微波炉以及一些按摩仪、美容仪等将在10年内取消目前15%的关税。在日用化工品方面,牙膏等口腔清洁用品将在10年内取消目前10%的关税,洗发沐浴产品和护肤品也将在5年内部分降税20%—35%。在韩国特色食品方面,海苔的关税将在10—20年内从目前的15%降为零,泡菜目前25%的关税将在20年内取消,此外,鳕鱼、冻蟹等近90%的水产品将在10年内逐步取消关税。在服装、鞋帽方面,许多产品的关税将在10—20年内从目前的约15%的关税降为零。整体上,在《中韩自贸协定》中,我国对韩国化妆品开放程度不高,香水、口红、眼霜等大部分化妆品都列为例外,但包括防晒霜等在内的护肤品将有部分降税,5年内税率将从目前的6.5%降至5.2%,降幅为20%。

对韩国消费者来说,也将以更加优惠的价格买到来自中国的农水产品、服装和鞋类、家电等产品。在农水产品方面,鹅等部分禽类产品目前20%—30%的关税将在20年内取消;目前关税为10%—20%的鱼、冷水虾及虾仁等部分水产品将在5—20年内实现零关税;芹菜、豆类等部分蔬菜和菠萝、梨等部分水果的关税,也将在15—20年内从目前的30%左右降为零。在服装和鞋类方面,目前韩国平均关税分别约为25%和10%,部分产品将在10—20年实现零关税。在家电产品方面,电冰箱和取暖设备的关税将在10—20年内从8%降为零。

第三节 《中韩自贸协定》货物贸易领域相关规则解读

一、《中韩自贸协定》整体介绍

《中韩自贸协定》除序言外共22个章节,包括初始条款和定义、国民待遇和货物市场准入、原产地规则和原产地实施程序、海关程序和贸易便利化、卫生与植物卫生措施、技术性贸易壁垒、贸易救济、服务贸易、金融服务、电信、自然人移动、投资、电子商务、竞争、知识产权、环境与贸易、经济合作、透明度、机构条款、争端解决、例外、最终条款。此外,协定还包括货物贸易关税减让表、服务贸易具体承诺表等18个附件。

二、中韩自贸协议货物贸易关税降税幅度和降税周期

就《中韩自贸协定》关于降税的具体安排而言,中韩自贸区建成后,韩国92%的产品将对我国实现零关税,覆盖自我国进口额的

91%；我国 91% 的产品也将对韩国实现零关税，覆盖自韩国进口额的 85%。这也是一个利益大体平衡的结果，将对促进和扩大中韩双边贸易起到积极的推动作用。

从总体开放水平看，中韩双方绝大多数产品和贸易将逐渐实现零关税。经过最长 20 年过渡期后，中国 91% 的产品将对韩国实现零关税，这些产品覆盖 2012 年中国自韩国进口总额的 85%；如再加上部分降税产品，中方参与降税的产品将达到 92%，覆盖中国自韩国进口总额的 91%。同时，韩国 92% 的产品将对中国实现零关税，这些产品覆盖 2012 年韩国自中国进口总额的 91%；如再加上部分降税和关税配额等产品，韩方参与降税的产品将达到 93%，覆盖韩国自中国进口总额的 95%。

韩方承诺在 20 年内消除对 92% 的中国产品的关税，占进口额的 91% 的商品将成为零关税。具体减让商品分类表如表 3-2 所示。

表 3-2　韩国减让商品分类表

减让分类	韩国减让商品分类表			
	商品数	比例（%）	进口额（中国）	比例（%）
立即取消	6108	49.9	41853	51.8
无关税	1983	16.2	33811	41.9
有关税	4125	33.7	8042	9.96
5 年取消	1433	11.7	3098	3.8
10 年取消	2149	17.6	17330	21.5
（10 年内）	9690	79.2	62281	77.1
15 年取消	1106	9	7951	9.8
20 年取消	476	3.9	3406	4.2
（20 年内）	11272	92.2	73638	91.2
削减	87	0.7	2276	2.8
现行关税 + 关税配额	21	0.2	596	0.7

续表

减让分类	韩国减让商品分类表			
	商品数	比例（%）	进口额（中国）	比例（%）
排除协定	16	0.1	77	0.1
排除减让	836	6.8	4209	5.2
合计	12232	100	80768	100

中方承诺在 20 年内消除对 91% 的韩国产品的关税，占进口额的 85% 的商品将成为零关税。具体减让商品分类表如表 3-3 所示。

表 3-3　　　　　中国减让商品分类表

减让分类	中国减让商品分类表			
	商品数	比例（%）	进口额（中国）	比例（%）
立即取消	1649	20.1	73372	44
无关税	691	8.4	64658	38.8
有关税	958	11.7	8714	5.2
5 年取消	1679	20.5	5830	3.5
10 年取消	2518	30.7	31250	18.7
（10 年内）	5846	71.3	110453	66.2
15 年取消	1108	13.5	21917	13.1
20 年取消	474	5.8	9375	5.6
（20 年内）	7428	90.7	141744	85
削减	129	1.6	10014	6
现行关税 + 关税配额				
排除协定				
排除减让	637	7.8	14994	9
合计	8194	100	166752	100

中韩双方大多数零关税产品将在 10 年内取消关税。中国 71% 的产品将在 10 年内取消关税,覆盖中国自韩国进口总额的 66%;韩国 79% 的产品将在 10 年内取消关税,覆盖韩国自中国进口总额的 77%。此外,中韩双方部分降税产品基本均在 5 年内完成协定规定的降税,关税配额产品的配额内税率将在协定生效后立即降为零。例如,中韩自贸区在制造业和农水产业两个主要领域,中韩双方自由化水平各有高下。在制造业方面,中方最终零关税产品为"税目 90%、进口额 85%",其中,10 年内零关税产品为"税目 72%、进口额 66%";韩方最终零关税产品将达到"税目 97%、进口额 94%",10 年内零关税产品将达到"税目 90%、进口额 80%"。在农水产业方面,中方最终零关税产品将达到"税目 93%、进口额 56%",韩方为"税目 70%、进口额 40%"。

表 3-4 《中韩自贸协定》附件 2—A 关税削减或取消方式

适用对象	降税分类	适用方式(自《中韩自贸协定》生效之日起)
双方通用	0	关税完全取消。
	5	5 年内等比减让,自第 5 年 1 月 1 日起免除关税。
	10	10 年内等比削减,自第 10 年 1 月 1 日起免除关税。
	10-A	第 1 至 8 年保持基准税率,自第 9 年 1 月 1 日起 2 年内等比削减,自第 10 年 1 月 1 日起免除关税。
	15	15 年内等比削减,自第 15 年 1 月 1 日起免除关税。
	20	20 年内等比削减,自第 20 年 1 月 1 日起免除关税。
	PR-10	5 年内等比削减基准税率的 10%,自第 5 年 1 月 1 日起保持基准税率的 90%。
	PR-20	5 年内等比削减基准税率的 20%,自第 5 年 1 月 1 日起保持基准税率的 80%。
	PR-30	5 年内等比削减基准税率的 30%,自第 5 年 1 月 1 日起保持基准税率的 700%。
	E	保持基准税率。

续表

适用对象	降税分类	适用方式（自《中韩自贸协定》生效之日起—）
中方减让表	15-A	第1至10年保持基准税率，自第11年1月1日起5年内等比减让，自第15年1月1日起免除关税。
	PR-8	第1至10年保持基准税率，自第11年1月1日起5年内等比减让，自第15年1月1日起免除关税。
	PR-15	5年内等比削减基准税率的8%，自第5年1月1日起保持基准税率的92%。
	PR-35	5年内等比削减基准税率的35%，自第5年1月1日起保持基准税率的65%。
	PR-50	5年内等比削减基准税率的50%，自第5年1月1日起保持基准税率的50%。
韩方减让表	20-A	第1至10年保持基准税率，自第11年1月1日起10年内等比削减，自第20年1月1日起免除关税。
	20-B	第1至12年保持基准税率，自第13年1月1日起8年内等比削减，自第20年1月1日起免除关税。
	PR-1	削减基准税率的1%。
	PR-130	从价计10年内等比削减基准税率的130%，自第10年1月1日起保持从价计130%的税率。

当然，中韩两国都各有一些高度敏感的产品。经过反复深入磋商，双方最终在确保利益大体平衡的原则下，妥善解决了高度敏感产品问题。从双方降税安排看，中方的高度敏感产品主要是汽车、机械、化工、钢铁、电子等制造业领域的一些中高端产品，韩方的高度敏感产品主要集中在农水、纺织、汽车等领域。

从对敏感产品的处理看，中韩双方实现了开放水平最大化和高度敏感产品保护之间的比较精准的平衡。中韩两国生产门类都非常齐全，相互之间竞争性较强，因此，双方几乎对各个细分产业甚至产品都有核心关注，双方在谈判中也都寸步不让，因为每一个税目,每一个百分点的关税降幅都意味着巨大的经济利益。最终,双方在确保利益大体平衡的原则下,实现了对高度敏感产品的精准定位,找到了开放和保护之间的细微平衡点。一方面,实现了开放水平最大化。中方除部分化工产品、机电产品、钢铁等产品外,韩方除部分农水产品、纺织品和服装、木材及木制品等产品外,其他非高度敏感产品都将逐步取消关税;另一方面,使真正需要保护的高度敏感产品得到了适当的保护。双方针对各自不同敏感度的产品,通过过渡期、部分降税、关税配额、例外等方式,进行了有区别的妥善处理。

三、从中韩自贸区协定看,韩国农产品市场开放水平偏低,但制造业领域开放水平高

自贸协定水平的高低是相对的。第一,要对协定进行整体评价,不能只看其中某一个行业或领域。中韩双方最终总体自由化水平都超过了两国在此前模式谈判中约定的"税目90%、贸易额85%"的目标,其中韩方达到了"双90%"以上。如果再加上部分降税和关税配额等,双方参与降税产品的比例更高。第二,还要考虑协定所涉及的绝对贸易额,不同国家和地区间贸易额不同,不能只看相对的自由化比例。2013年中韩双边贸易额2742亿美元,超过韩国与美国、欧盟贸易额之和。因此,中韩自贸区超过"税目90%、贸易额85%"的自由化产品所体现的经济利益,远高于中韩两国其他现有的自贸协定水平。

客观地说,韩国农水产品开放程度的确不高。原因是中国与韩国其他自贸伙伴不同,两国地理相邻、生产品种相近、口味相似,韩方担心中国农水产品,特别是水果、蔬菜等生鲜食品给韩国带来较大冲击。中方理解韩方农水产品的敏感性,同时,考虑到农水产品在中韩双边贸易中只占4%,因此,在确保"利益大体平衡"的前提下,同意将韩方农水产品自由化水平最终定为"税目70%、贸易额40%"。

同时，我们也可以通过自贸协议看到，韩方大部分制造业领域对我国实现了相当程度的开放。总体上，韩国97%的工业品都将对我国实现零关税，覆盖自我国进口总额的94%。按照世贸组织WTO分类，除纺织服装领域零关税税目和进口额比例分别为88%和61%外，韩方其他制造业领域零关税比例均达到相当高的水平。例如，电子电气设备产品将全部实现零关税；99%的金属制品将实现零关税，覆盖自我国进口额的99%；99.6%的化学化工品将实现零关税，覆盖自我国进口额的98%；99.2%的机械设备产品将实现零关税，覆盖自我国进口额的96%；91%的交通运输设备产品将实现零关税，覆盖自我国进口额的96%。

四、在《中韩自贸协定》中，有关自然人移动章节的主要内容

中韩双方就签证便利化、临时入境准予、透明度、自然人移动委员会等方面设定了相关义务。考虑到韩国劳动市场的特殊性和敏感性，以及两国双向贸易和投资的巨大潜力，该章节与我国以往对外签署的自贸协定的自然人移动章节略有不同，重点就双方具有共同关注的签证便利化和投资促进作出了对等的优惠安排，为便利两国人员流动，密切两国经济融合，促进双向贸易和投资创造了有利条件。

主要体现在：对商务人员临时入境，双方允许在首次合法入境且无不良记录离境后，即可申请一年多次往返签证，每次停留时间为30天；对公司内部流动人员和投资者，韩国公民在我国办理就业证、外国专家证和居留证件时即可获得两年有效期，并在办理延期时给予加速审批。我国公民在韩国办理外国人登陆证时享受同等待遇。这是我国首次在自贸协定中对此作出承诺；对与投资相关的人员，两国政府主管部门将作出特殊安排，便利人员往来。

五、在《中韩自贸协定》中，有关规则领域的主要内容

在自贸区谈判中，除了货物贸易、服务贸易、投资三大领域外，其他议题都被称为"规则领域"。在《中韩自贸协定》全部17个领域、22个章节中，规则领域总共涉及11个领域、16个章节。

大体上，这些规则领域可以分为两大类：一类是与货物贸易相关的"跨边境"规则，目的是为货物市场准入提供制度保障。具体包括原产地规则、海关程序和贸易便利化、贸易救济、卫生与植物卫生措施（SPS）、技术性贸易壁垒（TBT）等；另一类是"边境后"的规则，目的是通过交流合作，促进两国国内规则的整合，进一步消除两国间各领域市场准入的制度性障碍，降低两国间商业活动和经贸往来的成本。主要包括知识产权、竞争政策、电子商务、环境、经济合作（含政府采购）、一般条款（含透明度）等。

六、在《中韩自贸协定》的原产地规则章节中，对原产货物的判定标准的具体规定

在协定的原产地规则章节中，对原产货物的判定标准做出具体规定。原产货物主要包括三大类：第一类是在一方完全获得的货物；第二类是全部使用原产材料生产的货物；第三类是使用进口非原产材料在一方经过实质性加工的货物。对于第三类情况，产品特定原产地规则清单对全税则所有5205个6位子目（2012版HS）逐一制定原产地标准。在实施程序方面，协定对原产地证书申领和签发、进口申报、原产地核查等均作出详细规定，企业可按照协定中的具体要求进行申领。

七、在《中韩自贸协定》中，海关程序和贸易便利化章节主要内容

在《中韩自贸协定》中，海关程序和贸易便利化章节主要包

括法律法规公开透明、简化通关手续、加强海关合作、运用风险管理和信息技术等手段加快货物放行、为双方企业提供高效快捷通关服务、共同维护双边货物秩序等内容。根据协定，双方将及时在互联网上公布与中韩双边贸易相关法律、法规及规章，就商品的税则归类、所适用的原产地规则等做出预裁定，同时，将采用或应用简化的海关程序高效放行货物，允许提前申报、担保放行等。

八、在《中韩自贸协定》中，有关贸易救济章节主要内容

《中韩自贸协定》贸易救济章节共有16个条款，三部分内容，对双边保障措施及全球保障措施、反倾销和反补贴、贸易救济合作等领域做了比较详细的规定。第一，双方保留了世贸组织协定项下有关反倾销、反补贴和全球保障措施的权利和义务。在符合法定条件时，我国国内产业仍可申请使用上述贸易救济措施维护自身利益。第二，对国内产业而言，双边保障措施也提供了一个安全阀，《中韩自贸协定》贸易救济条款在双边保障措施机制的设计方面参考全球保障措施协议的相关规定，同时在实施条件、期限、次数和补偿等方面保持一定的灵活性。

九、在《中韩自贸协定》中，有关卫生与植物卫生措施（SPS）领域的主要规定

SPS章节主要包括目标、范围和定义、重申、技术合作、委员会等条款。双方承诺将世贸组织（WTO）《SPS协定》的内容纳入自贸协定，WTO有关便利贸易的原则得以体现。同时，双方专门设立技术合作条款，同意在风险分析、疫情监管与控制、微生物与农药残留检测等领域加强合作并开展联合研究，共同确保进出口食品安全。此外，双方成立了SPS委员会，明确技术磋商程序及渠道，及时解决贸易中出现的技术壁垒问题。

十、在《中韩自贸协定》中,有关技术性贸易壁垒(TBT)领域的主要规定

技术性贸易壁垒(TBT)章节主要包括目标、范围和定义、标准、技术法规、合格评定程序等条款,纳入了协调国际标准、鼓励合格评定结果互认等贸易便利化原则,并在常规条款的基础上增加了标签、消费品安全、新技术和新功能产品等新要素。在透明度、边境措施等方面规定了相应纪律和义务,鼓励双方加强合作和信息交流,共同提升技术水平。TBT章节在确保质量安全的同时,将进一步便利双边贸易。

十一、在《中韩自贸协定》中,双方在竞争政策方面做出的主要承诺

在竞争政策章节中,双方主要承诺包括四个方面:一是竞争执法应遵循透明、非歧视和程序公正原则;二是竞争章节平等适用于包括公用企业在内的所有经营者,不影响双方赋予企业以特殊或排他性权利;三是提高竞争执法合作水平,双方应互相通报可能对对方重要利益产生实质性影响的执法活动,与对方就其提出的重要关注进行磋商;四是竞争章节不影响双方竞争执法的独立性,双方在竞争章节实施过程中产生的争端应通过协商解决。

在《中韩自贸协定》中,双方明确了共同遵循的竞争执法原则,有利于外界进一步了解中国反垄断执法的相关情况;规定的多种合作形式对于双方合作制止损害双边贸易和投资的垄断行为、促进双边贸易自由化和投资便利化具有重要意义。

十二、《中韩自贸协定》在知识产权议题方面的规定

《中韩自贸协定》在知识产权章节以中韩双方的国内现行知识产权法律体制为基础,参考双方各自此前对外签署的自贸区知识产权章节的相关内容,对双边经贸关系中重点关注的知识产权

问题进行了较全面规定。既包括国民待遇、建立知识产权委员会促进合作等横向内容，也涉及知识产权与公共健康、版权和相关权、商标、专利、遗传资源、传统知识和民间文艺、植物新品种保护、未披露信息等具体知识产权议题。同时，该章节也在知识产权的保护和执法方面做出了较详细规定，将版权技术措施的保护、权利管理信息的保护等较新问题纳入其中。总体而言，《中韩自贸协定》在知识产权方面具有较高水平，并体现了一定的时代性。

十三、在《中韩自贸协定》中，有关电子商务领域的主要内容

《中韩自贸协定》在电子商务章节共9个条款，包括总则、与其他章节关系、关税、电子认证和签名、电子商务中个人信息保护、无纸贸易、电子商务合作、定义及争端解决不适用条款。

双方主要承诺：保持目前世贸组织WTO做法，不对电子传输征收关税；电子签名法律不得否认电子签名的法律效力，允许交易双方共同确定电子签名和认证方法，认证机构可向司法或行政部门证明其电子认证符合法律要求，鼓励数字证书在商业中应用，努力实现数字证书和电子签名互认；采取措施保护电子商务用户的个人信息，并就此交流信息和经验；努力向公众提供电子贸易管理文件，探索使电子贸易管理文件与纸质文件具有同等法律效力；就电子商务法律法规、规则标准和最佳实践等交流信息和经验，鼓励研究和培训等能力建设合作，鼓励企业间交流合作；双方还承诺在地区和多边论坛中加强合作。

《中韩自贸协定》中首次纳入电子商务等"21世纪经贸议题"，设立电子商务专门章节，是将《中韩自贸协定》定位于全面高标准自贸协定的具体体现。该章节的签订为便利我国电子商务企业走出去，推动中韩两国电子商务企业的合作及两国电子商务的发展共赢营造了有利的国际规则环境。

十四、根据协定规定,在经济合作方面,中韩双方加强合作的内容

双方承诺将进一步加强农渔、林业、钢铁、中小企业、信息技术、纺织、政府采购、能源和矿产资源、科技、海洋运输、旅游、文化、医药、化妆品等领域合作。此外,双方还首次在自贸协定纳入地方经济合作和产业园建设条款,将山东威海和仁川自由经济区作为地方合作示范城市,也是加强中韩合作的一个创新之处。主要有两方面考虑:一是中韩两国地理相邻、人文相近,通过自贸区建设进一步加强两国地方合作,有利于促进地方经济发展,同时从地方层面促进两国经济实现深度融合;二是让两国地方更多地参与中韩自贸区建设,有利于充分发挥地方的积极性,对促进两国企业更好地利用《中韩自贸协定》、提升协定的实施效果具有重要意义。

第四章 服务贸易与投资领域的商机与规则解读

第一节 服务贸易领域的商机

一、中韩服务贸易概况及比较

(一) 中韩服务贸易总量及比较

我国从20世纪90年代开始注重服务业在国民经济中的地位,并加快了对产业结构的优化调整,我国服务业和服务贸易发展进入了新阶段。特别是进入21世纪以来,随着我国加入WTO和经济全球化的发展,我国服务贸易规模增长迅速。从图4-1不难发现,除了2008—2009年间我国服务贸易进出口受金融危机影响略有下降之外,2005—2015年间我国服务贸易进口和出口均在上升,其中进口年均增长率达到18.77%、出口年均增长率达到13.83%。随着我国服务贸易规模的扩大,我国服务贸易占世界服务贸易的比重也在不断上升,进出口总额占世界服务贸易额的比重由2005年的3.1%连续上升到2015年的7.91%,其中我国服务贸易出口总额占世界服务贸易出口额的比重从2005年的2.95%上升到2015年的5.94%,我国服务贸易进口额占世界服务贸易进口额的比重从2015年的3.25%上升到2015年的9.91%(如图4-1所示)。

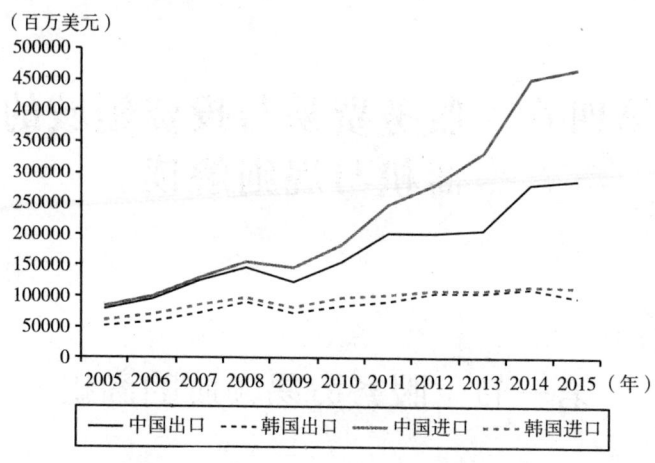

图 4-1　中韩 2005—2015 年服务贸易额

相比中国，韩国服务贸易起步较早，20 世纪 80 年代早期就进入了快速发展阶段，在 1982—2008 年间韩国服务贸易规模增长了近 26 倍，年均增长率达到了 12.9%，高于同期世界服务贸易规模的年均增长率。但韩国服务贸易的发展同样没能摆脱金融危机的影响，贸易规模在 2008—2009 年间出现了下滑，之后虽有小幅增加但增幅有限、发展缓慢，2005—2015 年间其服务贸易出口年均增长率仅为 6.79%，服务贸易进口年均增长率也仅为 6.61%。受其经济体量和产业结构的影响，韩国服务贸易规模不论是出口还是进口均低于我国，且差距逐年加大。总体上韩国属于中等服务贸易国家，韩国服务贸易出口占世界服务贸易出口额的比重从 2005 年的 1.91% 缓慢增长到 2015 年的 2.03%，韩国服务贸易进口占世界服务贸易进口额的比重则从 2.11% 缓慢上升到 2015 年的 2.21%。

表4-1 中韩服务贸易额占世界服务贸易额的比重(%)

年份	2005	2006	2007	2008	2009	2010	2011	2012	2013	2014	2015
出口比重											
中国	2.95	3.13	3.49	3.60	3.40	3.95	4.54	4.43	4.29	5.46	5.94
韩国	1.91	1.90	2.00	2.26	2.02	2.13	2.05	2.28	2.15	2.18	2.03
进口比重											
中国	3.25	3.48	3.77	4.00	4.19	4.79	5.78	6.34	7.03	8.98	9.91
韩国	2.31	2.43	2.48	2.50	2.36	2.55	2.41	2.45	2.34	2.30	2.40
进出口总比											
中国	3.10	3.30	3.63	3.80	3.79	4.37	5.15	5.37	5.64	7.20	7.91
韩国	2.11	2.16	2.23	2.38	2.19	2.34	2.23	2.36	2.25	2.24	2.21

资料来源：根据 UNCTAD 数据库整理。

总之，从服务贸易额的角度看，中韩服务贸易存在以下特点：

第一，因双方经济体量悬殊，因此无论是进口额还是出口额，我国近年来的服务贸易规模均远远大于韩国，以2015年为例，我国服务贸易出口额和进口额分别是韩国出口额和进口额的2倍多和4倍多。

第二，近十年来，我国服务贸易增长速度远大于韩国服务贸易增长速度，尤其是我国服务贸易进口的年均增长速度几乎达到了韩国服务贸易年均增长速度的3倍，不过我国服务贸易的出口速度在各年度差别较大，如2011—2013年间就未能保持持续的高增长率；而韩国服务贸易增长率近十年来尽管不高，但增长稳定；这从一个侧面反映了我国服务贸易相比韩国服务贸易还处于快速发展但层次较低的发展阶段，且我国服务贸易日益开放。

第三，从量上看，我国属于服务贸易大国，在2014年服务贸易规模既已进入世界前五名，无论是出口还是进口，我国服务贸易额占世界服务贸易额的比重近十年来均在不断上升，特别是服务贸易进口额占世界服务贸易额的比重在2015年已经接近10%；而韩国服务贸易进出口额占世界服务贸易进出口额的比重尽管略有差异,但近十年来均在2%左右,从规模角度看,韩国属于服务贸易中等国家。

(二)中韩贸易平衡状况及比较

无论是我国还是韩国,从表4-2不难看出,服务贸易均处于逆差状态,但我国服务贸易逆差近十年来不断扩大,而韩国总体上逆差额比较稳定,逆差并不严重。事实上,与近年来我国货物贸易长期巨额顺差形成鲜明对比的是,我国服务贸易一直处于逆差状态,在2008年之前,我国服务贸易逆差并不明显,在少数年份还曾出现过盈余,然而随着我国在21世纪初加入世界贸易组织并且履行服务贸易部门开放的承诺,我国服务贸易在高速发展的同时,服务贸易逆差也在扩大,在2008—2015年间我国服务贸易逆差额的年均增长率接近50%,远远高于我国服务贸易额的增长速度。

表4-2　　　　　　中韩各自服务贸易差额

年份	2008	2009	2010	2011	2012	2013	2014	2015
服务贸易差额(百万美元)								
中国	-11054	-23416	-28411	-46797	-79724	-123602	-172355	-182356
韩国	-6542.9	-9589.9	-14238.4	-12279.1	-5213.6	-6499.2	-3678.5	-15708
服务贸易差额占服务进口比重(%)								
中国	-7.07	-16.04	-15.53	-18.88	-28.34	-37.39	-38.06	-38.89
韩国	-6.68	-11.65	-14.60	-11.90	-4.79	-5.90	-3.18	-13.83
服务贸易差额占GDP比重(%)								
中国	-0.24	-0.46	-0.47	-0.63	-0.94	-1.30	-1.65	-1.63
韩国	-0.65	-1.06	-1.30	-1.02	-0.43	-0.50	-0.26	-1.16

资料来源:根据UNCTAD数据库整理。

韩国服务贸易进出口规模尽管增长较慢，但基本上齐头并进。事实上，从 1990 年开始韩国服务贸易就基本处于逆差状态，但其服务贸易逆差并未明显扩大。韩国政府曾针对服务贸易逆差较大的部门如旅游业出台大量扶持政策并且取得了较好成效，其服务贸易逆差在 2012—2014 年一度下降明显，不过在 2015 年受其他因素的影响，其服务贸易逆差又反弹回来。

总之，从服务贸易平衡状况来看，中韩服务贸易有以下特点：

第一，从绝对额看，中韩两国都属于服务贸易逆差国，反映了两国服务部门竞争力总体上都处于较低水平，不过我国服务贸易逆差规模快速扩大而韩国服务逆差总体平稳，2008 年我国服务贸易逆差额为韩国服务贸易逆差额的 1.7 倍，到 2015 年我国服务贸易逆差额已经飙升为韩国服务贸易逆差额的 11.6 倍，这反映了我国服务业竞争力总体上与韩国相比处于劣势且差距不断拉大。

第二，从贸易差额的相对额看，中国服务贸易差额占服务进口比重处于较高水平，特别是 2013 年以来均在 30% 以上；而韩国服务贸易差额占服务贸易进口比重相对较低，2008—2015 年间的最高水平也未超过 15%。这进一步说明了中国服务贸易逆差比韩国服务贸易逆差更加严重的状况。

第三，从贸易差额占 GDP 的比重来看，我国在 2011 年以前相比韩国还是比较低的，均在 1% 以下，不过从 2012 年开始这一指标水平比韩国高出不少，特别是 2013 年以来我国贸易差额占 GDP 比重已经超过 1%，总体上对 GDP 的影响在上升，成为我国经济发展过程中不可忽视的现象，需要我国给予足够重视。

（三）中韩服务贸易开放度及比较

尽管加入 WTO 以来我国服务贸易发展迅速，服务贸易规模增长迅速，但受我国产业结构和服务业竞争力制约，我国服务贸易开放度总体上仍然处于较低水平，以贸易规模占 GDP 比重指标为例，我国远低于世界平均水平，从表 4-3 不难看出，近十年来我国服务贸易出口和进口占 GDP 比重总体上变化不大，其中，服务贸易出口占

GDP 比重总体上略有下降而服务贸易进口占 GDP 比重总体上略有上升。这说明我国服务贸易总体开放度仍然较低,还有很大开发潜力。

表 4-3　　中韩及世界服务贸易占 GDP 比重 (%)

年份	2005	2006	2007	2008	2009	2010	2011	2012	2013	2014	2015
出口占比											
中国	3.42	3.42	3.54	3.18	2.42	2.57	2.70	2.38	2.17	2.69	2.57
韩国	5.65	5.65	6.38	9.11	8.07	7.61	7.56	8.47	7.95	7.95	7.21
世界	5.62	5.87	6.22	6.38	6.01	5.97	6.10	6.14	6.33	6.59	6.47
进口占比											
中国	3.66	3.66	3.65	3.43	2.88	3.05	3.33	3.32	3.47	4.34	4.20
韩国	6.66	6.96	7.56	9.77	9.13	8.91	8.58	8.89	8.44	8.21	8.37
世界	5.47	5.66	5.93	6.18	5.81	5.82	5.89	5.96	6.14	6.44	6.31
进出口平均占比											
中国	3.54	3.54	3.59	3.31	2.65	2.81	3.02	2.85	2.82	3.52	3.39
韩国	6.16	6.31	6.97	9.44	8.60	8.26	8.07	8.68	8.19	8.08	7.79
世界	5.55	5.77	6.07	6.28	5.91	5.89	5.99	6.05	6.24	6.52	6.39
进出口总和占比											
中国	7.09	7.08	7.19	6.61	5.30	5.62	6.03	5.70	5.65	7.03	6.77
韩国	12.31	12.62	13.94	18.88	17.20	16.52	16.14	17.36	16.39	16.16	15.59
世界	11.09	11.53	12.15	12.56	11.82	11.79	11.98	12.10	12.47	13.03	12.77

资料来源:根据 UNCTAD 数据库整理。

20 世纪 80 年代以前,韩国产业结构的重心在制造业,从 20 世纪 90 年代开始,韩国服务业和服务贸易发展成效显著,服务贸易开放度处于较高水平,根据表 4-3 不难发现,韩国服务贸易占 GDP 比重在近十年来一直处于高位,不论是出口占 GDP 比重还是进口占 GDP 比重,韩国均高于世界平均水平,更远高于我国水平。

总之,对比表 4-1 和表 4-3,可以发现,尽管从总量上看,我国服务贸易规模很大而韩国服务贸易规模较小,但考虑到两国经济总量的差异,我国服务贸易出口、进口占 GDP 的比重均低于世界平均水平,而韩国均高于世界平均水平,我国服务贸易开放度远小于韩国,服务贸易还有很大发展潜力。

(四)中韩服务贸易结构及比较

1. 服务贸易进口结构及比较

我国服务贸易发展不平衡,在进口方面,随着我国居民收入水平的提高,境外旅游人数和支出明显上升,旅游业已经成为我国服务贸易进口的主要部门,旅游服务进口占我国服务贸易进口额比重从 2005 年的 26% 上升到 2015 年的 62% (如图 4-2 所示),其中 2014—2015 年该比重上升均超过 10%;而世界范围内旅游服务进口占服务贸易额的比重一般在 25% 左右。从与世界平均水平的对比上看,我国旅游服务进口近几年的这种增长,造成了我国服务贸易进口结构的"畸形",这可能源于两方面原因:一方面,旅游服务进口壁垒低,在我国居民出境限制放松和对旅游服务多样化需求增强的情况下,我国越来越多的居民可以也有能力去境外旅游;另一方面,我国服务贸易总体开放度不高,其他行业服务贸易进口由于多种因素的制约还未能较快增长。两相对比,造成了我国旅游服务进口的独大。

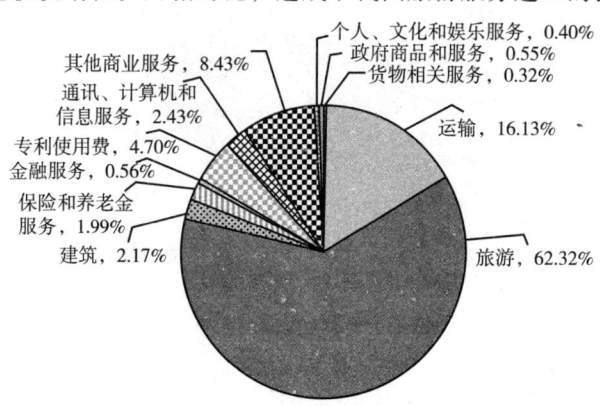

图 4-2 中国 2015 年服务贸易进口结构

除了旅游服务,运输服务进口占的比重也较大,在 2012 年以前一直位居第一,2012 年以后被旅游业超越,排名第二。根据近十年的数据,在 2013 年我国运输服务进口占我国服务贸易进口的比重一直高于世界平均水平,不过 2013 年以后这一比重明显低于世界水平,如 2015 年我国运输服务进口额占服务贸易额的比重为 16%,而同年世界平均水平为 23%。需要指出的是,这并非意味着我国对运输服务进口的依赖下降,而是其他服务部门、特别是旅游服务进口的快速上升造成的相对结果。

另外,其他商业服务①进口占比也比较高,2015 年为 8.43%(如图 4-3 所示),与旅游、运输构成了我国服务贸易进口的三大部门;专利使用费、建筑、保险和养老金服务,通讯、计算机和信息服务等的进口占比 2015 年也都在 1% 以上;而个人、文化和娱乐服务、货物相关服务、金融服务等的进口相对规模较小,2015 年占比均在 1% 以下。

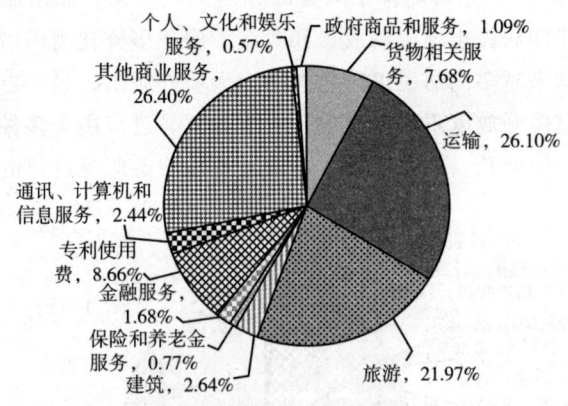

图 4-3　韩国 2015 年服务贸易进口结构

---

① "其他商业服务"主要包括研究和开发,专业和管理咨询,技术、贸易相关和其他商业服务。

根据近十年数据,在韩国服务贸易进口中,运输服务在2015年以前长期占比最大,但在2015年被其他商业服务超越,约为26%,相对世界平均水平高于3%左右。其他商业服务进口增长明显,其在2008年之前占比居于第三位,2008年超过旅游服务进口占比居于第二位,2015年又超越运输服务居于第一位。

韩国旅游服务进口在2008年之前一直居于第二位,在25%左右,与世界平均水平接近;2008年以来该比重下降为第三位,也低于世界平均水平,如2015年韩国旅游服务进口占韩国服务贸易进口比重为22%左右,低于世界平均水平约4%。

除了运输、其他商业服务、旅游三大进口部门,韩国货物相关服务、专利使用费的进口支出也较大,在2015年均超过了7%;建筑、通讯、计算机和信息服务、金融服务等的进口也超过了1%,而个人、文化和娱乐服务、保险和养老金服务的进口则不足1%。

对比中韩两国服务贸易进口结构,进一步分析,可以得到以下结论:

第一,旅游、运输均是传统进口部门且规模巨大,但与世界平均水平相比,我国旅游服务进口比重畸高而韩国旅游、运输服务进口结构与世界平均水平比较接近。

第二,除去旅游和运输这两大传统进口部门以及政府商品和服务部门,在其他服务中,我国和韩国"其他商业服务"进口占比均较高,但韩国更高,2015年我国这一比重为41%而韩国为61%[①]。

第三,扣除旅游、运输、其他商业服务,以及政府商品和服务,在其他服务中,中韩专利使用费均较高,建筑服务、通讯、计算机和信息服务进口比重排在其次;韩国保险和养老金服务进口比重较低而我国较高,韩国金融服务进口较高而我国较低;个人、文化和娱乐服务进口比重都不高。

---

① 此比重与图4-3和图4-4不同,是因为扣除了旅游、运输及政府商品和服务等项目。

2. 服务贸易出口结构及比较

我国服务贸易出口部门中最大的是旅游业,其次是"其他商业服务",再次是运输部门(如图4-4所示)。其中旅游服务出口占服务贸易出口额的比重曾在2011—2013年间回落为世界平均水平(24%左右),但近两年又有大幅上升,2015年已接近40%;其他商业服务的出口比重则起伏较多但幅度不大,2005年该比重为18%左右,2011年达到峰值28%,2011—2013年一度超过旅游业出口比重,2015年则回落在20%左右;近十年来,运输服务出口比重在2011年之前一直居于第二位,2011年以后被其他商业服务超越位于第三位,其占我国服务贸易的比重总体上趋于下降趋势,由2005年的20%下降为2015年的13%。

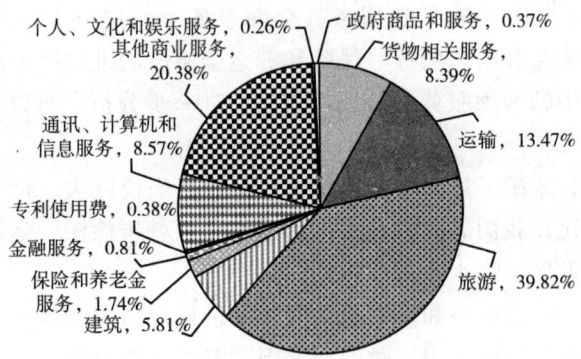

图4-4 中国2015年服务贸易出口结构

除去旅游、其他商业服务、运输三大出口部门,近年来通讯、计算机和信息服务、货物相关服务、建筑服务出口比重也比较高,其中货物相关服务出口比重总体上处于下降趋势,由2005年的17%下降为2015年的8%;通讯、计算机和信息服务出口比重则总体上处于上升趋势,由2005年的3%上升为2015年的9%左右;建筑服务出口比重则先上升后下降,由2005年的3%上升为2010年的9%再下降为2015年的6%左右。

保险和养老金服务、金融服务、专利使用费、个人、文化和娱乐服务出口比重则较低，除了保险和养老金服务出口比重由2005年的0.7%上升为2015年的1.7%以外，其他服务贸易出口比重近十年来从未超过1%。

根据近十年来的数据（如图4-5所示），韩国三大服务贸易出口部门依次为运输部门、其他商业服务、建筑部门。其中运输服务出口比重长期独占鳌头，不过总体上处于下降趋势，由2005年的47%逐渐下降为2015年的33%，不过相比世界平均水平依然高出15%，反映了韩国服务贸易出口对运输业的严重依赖；其他商业服务出口比重则先下降后回升，由2005年的19%下降为2009年的14%又上升为2015年的20%；建筑服务出口比重除了2005年和2015年略低于旅游服务出口比重之外，2006—2014年均明显高于旅游服务出口比重，总体上起伏较多，2005年其比重尚不足10%，2009年和2013年分别达到20%，但在2015年又回落为14%，这可部分归因为建筑行业对世界经济周期反应敏感这一特征，总体上建筑服务出口是在韩国服务贸易出口中占有重要地位。

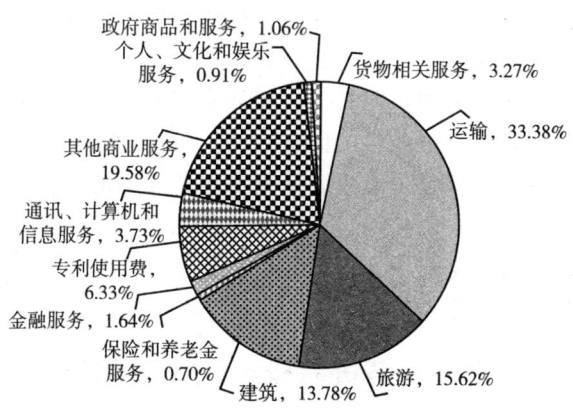

图4-5 韩国2015年服务贸易出口结构

旅游服务出口比重总体上处于上升趋势，2005年为11%，2015年接近16%，一度超过建筑服务出口比重达到第三位，不过相对世界平均水平仍低9%。

另外，专利使用费、通讯、计算机和信息服务收入占韩国服务贸易出口额比重近年来呈上升趋势，其中专利使用费比重由2005年的4%波动上升为2015年的6%，通讯、计算机和信息服务比重由2005年的0.6%上升到2015年的4%。货物相关服务出口收入则长期波动在3%左右，2015年为3.27%。金融服务出口比重则长期徘徊在2%左右，2015年为1.63%。个人、文化和娱乐服务、保险和养老金服务出口比重虽然不高，近十年来从未超过1%，但呈现稳步增长趋势，其中个人、文化和娱乐服务出口比重由2005年的0.2%上升到2015年的0.9%，保险和养老金服务出口比重由2005年的0.3%上升为2015年的0.7%。

对比中韩两国服务贸易出口结构，不难发现：

第一，在传统服务行业中，我国更依赖旅游业，韩国更依赖运输业，且两者均超过世界平均水平，反映了两国服务贸易出口对传统服务贸易部门的依赖；不过，韩国对建筑服务出口的依赖远远超过了我国，这意味着两国在传统服务行业也有一定的互补性。

第二，在其他服务部门，我国货物相关服务比重虽高但总体上趋于下降趋势而韩国则长期波动在较低水平；通讯、计算机和信息服务、保险和养老金服务出口比重，两国总体上均曾上升趋势。上述现象一定程度上反映了两国服务贸易出口结构的改善。

第三，另外，专利使用费、金融服务出口比重方面，韩国高于我国；两国个人、文化、娱乐服务出口比重均不高，但韩国总体上高于我国且呈现稳步增长趋势。

二、中韩双边服务贸易概况及比较优势

（一）中韩双边服务贸易概况

随着中韩经贸关系的加强，中韩双边服务贸易额也在快速增

长,由图4-6可以看出,除了2008年金融危机造成双边服务贸易额双双下降之外,两国2003—2014年间服务贸易进出口均在同步增长,年均增长率为13.5%,其中韩国从我国服务进口年增长率为10.7%,出口年均增长率为15.9%[①]。

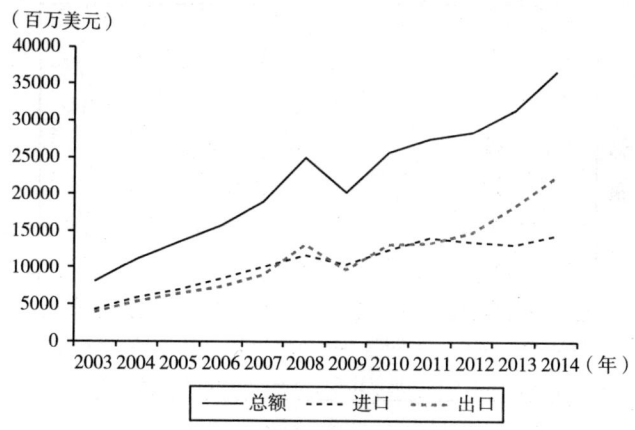

图4-6 韩国对我国2003—2014年双边服务贸易额

进一步地,根据2003—2014年数据,中韩双边服务贸易可以分为三个阶段:

第一阶段,2008年以前,规模稳步增长、我国略有盈余。

第二阶段,2008—2012年,规模波动增长、双方互有盈余。

第三阶段,2013年以后,规模快速增长、韩国盈余扩大。

从韩国服务贸易进出口的地区结构看,我国是韩国服务贸易的重要合作伙伴,自2003年以来我国占韩国服务贸易进、出口比重均在10%以上,其中我国对韩国服务贸易出口比重(即中国占韩国进口比重)一直波动在10%—13%之间,而我国从韩国进口比重(即中国占韩国出口比重)自2004年以来明显高于我国对韩国服务贸易出口比重,这一比重虽有波动但总体上呈上升趋势,特别

---

① 根据OECD数据库计算得出。

是 2012 年以后上升速度更快，2014 年已达到 20%。换句话说，我国作为韩国服务的出口市场比我国作为韩国服务的进口来源更重要，且这一重要性近年来正在加强。

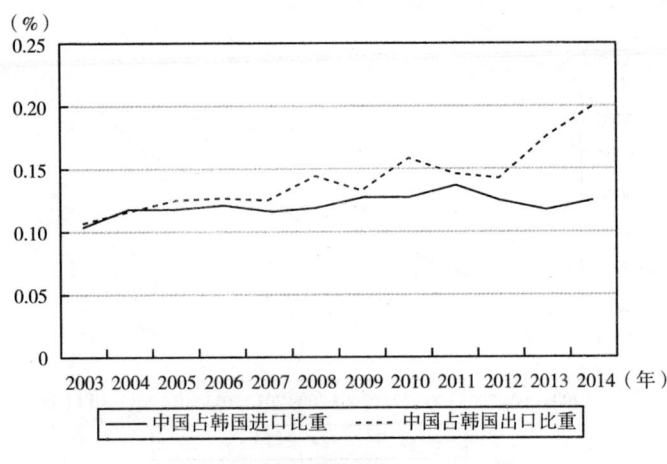

图 4-7 中国占韩国服务贸易比重

（二）中韩服务贸易比较优势

1. 贸易竞争力指数分析

贸易竞争力指数，又称 TC 指数，是指一国某一产品或产业的净出口与进出口总额之比，用来说明该产品或产业的国际分工和行业竞争优势状况。其计算公式为：

$$TC = (X_{ij} - M_{ij})/(X_{ij} + M_{ij})$$

其中，X_{ij} 为 i 国 j 产品的出口，M_{ij} 为 i 国 j 产品的进口，$X_{ij} - M_{ij}$ 为 i 国净出口，$X_{ij} + M_{ij}$ 为 i 国 j 产品的进出口总额。

TC 指数取值范围为 [-1, 1]，当其值接近 0 时，说明竞争优势接近平均水平；越接近 1，竞争力越强；反之，则竞争力越弱。

我们利用 UNCTAD 数据，可以作出 2003—2015 年中韩两国各服务贸易出口部门的贸易竞争力指数（如图 4-8 所示），可以发现：

第四章 服务贸易与投资领域的商机与规则解读

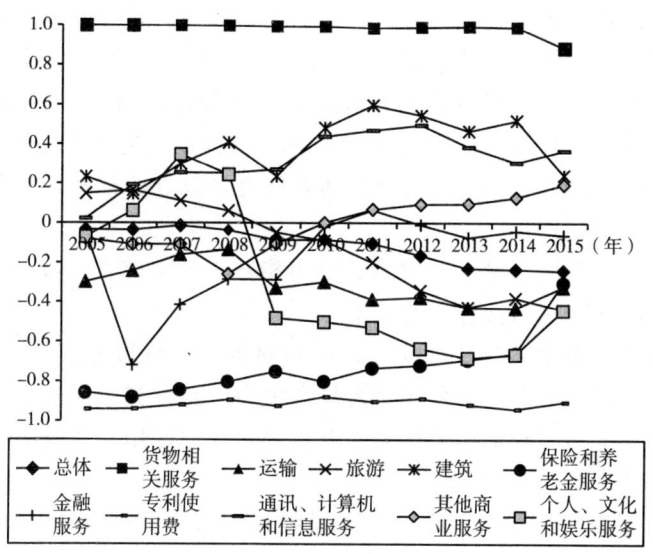

图 4-8 我国服务贸易竞争力指数

第一，总体上我国服务贸易缺乏竞争力且贸易竞争力在下降，2005—2015 年我国服务贸易总体竞争力指数由 -0.03 下降为 -0.24，反映了我国服务业总体竞争力的不足，不过该指数依然处于可控状态。

第二，我国服务贸易竞争力最强的部门为货物相关服务，2003—2014 年我国货物相关服务贸易竞争力指数接近于 1，2015 年略有下降但仍高达 0.88。货物相关服务主要涵盖对他人所有的物质投入的生产服务和维修服务，该类服务部门明显为劳动力密集型部门，与我国货物贸易关系密切，因而是我国服务贸易竞争力最强的部门。

第三，我国建筑，通信、计算机和信息服务，其他商业服务也有较强的竞争力，建筑服务是我国传统的竞争力较高的服务部门，2005—2015 年间的贸易竞争力指数多数在 0.5 左右，不过从 2011 年开始略有下降，这部分原因可能归因于我国劳动力成本的提高。

通讯、计算机和信息服务与高新技术联系密切,其竞争力总体上呈上升趋势,一定程度上反映了我国科学技术水平和产业结构的提升。其他商业服务贸易竞争力从2011年开始由负数转为正数并呈持续低速上升趋势,2015年其贸易竞争力指数接近0.2,这可部分归因为我国产业结构的提升及伴随对外直接投资的技术、管理服务输出增加。

第四,我国金融服务贸易竞争力指数近年来略低于0,反映了我国金融业竞争力接近平均水平。

第五,保险和养老金服务、旅游服务、运输服务,以及个人、文化和娱乐服务,专利使用费贸易竞争力不足,其中保险和养老金服务贸易竞争力很低但呈逐步上升趋势,专利使用费贸易竞争力最低,2005—2015年该指数一直接近-1。

采用相同的办法,我们可以得到韩国服务部门2005—2015年贸易竞争力指数(如图4-9所示),分析发现:

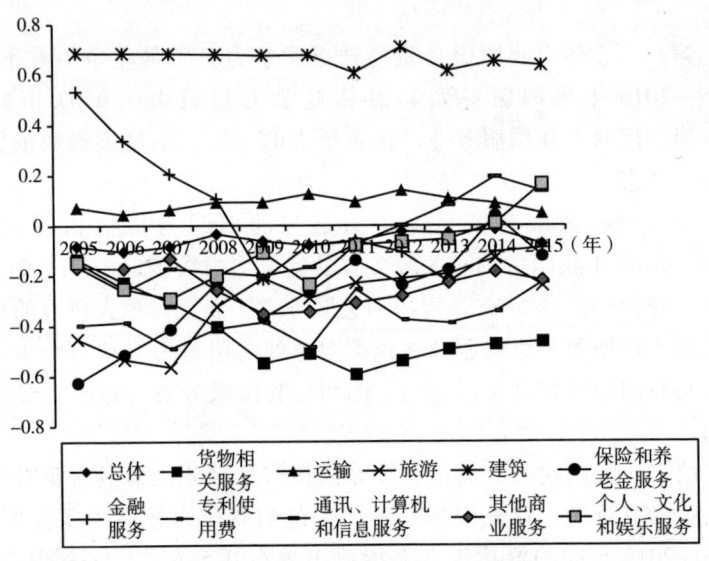

图4-9 韩国服务贸易竞争力指数

第一,韩国服务贸易总体上竞争力略低于平均水平,2005—2015年其贸易竞争力指数一直略低于0,2005年为-0.08、2015年为-0.07,这与韩国服务贸易总体上逆差较小且可控的状况一致。

第二,韩国建筑服务贸易竞争力最强,2005—2015年其贸易竞争力指数一直在0.6以上,这与其较大的建筑服务出口额和较小的建筑服务进口额一致。

第三,韩国运输服务,通讯、计算机和信息服务,个人、文化和娱乐服务,这三个部门近年来表现出一定的竞争力。其中运输服务贸易竞争力指数在0.1上下波动,通讯、计算机和信息服务的贸易竞争力指数则从2012年开始由负转正,个人、文化和娱乐服务从2014年由负转正,反映了韩国服务贸易结构的优化。

第四,韩国保险和养老服务、金融服务、旅游、其他商业服务、专利使用费、货物相关服务贸易竞争力总体不足。

2. 显示性比较优势指数

显示性比较优势指数,又称RCA指数,是指一国某产品或产业在该国出口中所占的份额与世界该产品或产业在世界出口中所占份额的比重。其计算公式为:

$$RCA_{ij} = (X_{ij}/X_{it})/(X_{wj}/X_{wt})$$

其中,X_{ij}表示i国j种某产品的出口值,X_{it}表示i国某产品的出口总值;X_{wj}表示世界j种某产品的出口值,X_{wt}表示世界某产品的总出口值。一般认为,若$RCA \geq 2.5$,表明该产品或产业具有极强的国际竞争力;若$1.25 \leq RCA \leq 2.5$,表明具有较强的国际竞争力;若$0.8 \leq RCA \leq 1.25$,表明国际竞争力一般;若$RCA < 0.8$,则国际竞争力较弱。

利用2005—2015年的数据,根据显性比较优势指数的计算公式,我们可以计算出我国服务业各部门的显性比较优势指数(如图4-10所示)。分析发现:

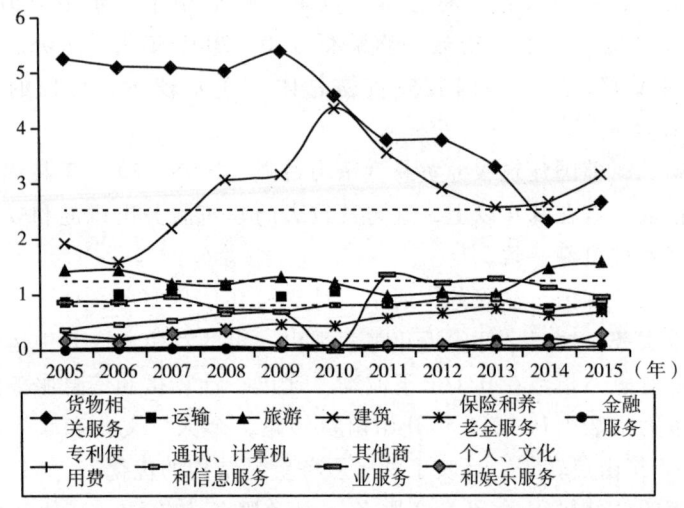

图 4-10 我国服务业显性比较优势指数图

第一,我国具有极强国际竞争力的服务业部门为货物相关服务、建筑服务部门,2005—2015 年间其显性比较优势指数绝大部分在 2.5 以上,不过这两个部门的显性比较优势指数波动也较大。

第二,旅游业总体上属于国际竞争力一般的服务业部门,近年来有上升为较强国际竞争力部门的趋势。

第三,其他商业服务、运输以及通讯、计算机和信息服务部门近年来国际竞争力一般。

第四,保险和养老金服务无国际竞争力,不过近年来有提升为国际竞争力一般部门的趋势;其他服务业部门无国际竞争力。

采用同样的方法,我们可以得到 2005—2015 年韩国服务业各部门的显性比较优势指数(如图 4-11 所示),对其分析得到:

第一,韩国建筑服务国际竞争力极强,2005—2015 年其显性比较优势指数均在 5 以上,在 2013 年一度接近 10。

第二,韩国运输服务具有较强竞争力,尽管从 2005 年开始其显性比较优势指数呈现轻微下降趋势,但在 2015 年依然达到 1.8。

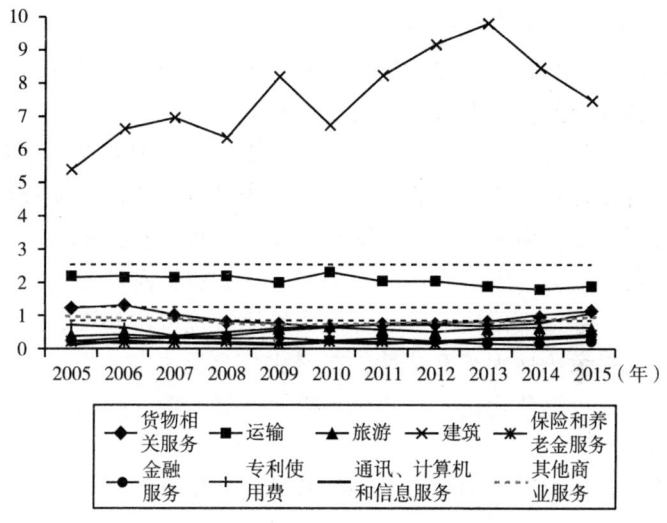

图 4-11 韩国服务业显性比较优势指数图

第三,韩国个人、文化和娱乐服务,货物相关服务、其他商业服务、专利使用费近三年来国际竞争力呈现上升趋势,晋升为国际竞争力一般部门。

第四,旅游服务无国际竞争力,不过呈现出接近国际竞争力一般服务部门的趋势;其他服务行业无国际竞争力。

三、中韩服务贸易领域的商机

基于上文对中韩服务贸易的概况及比较以及中韩服务贸易比较优势分析,我们可以发现中韩两国总体上服务贸易竞争力在世界范围内较低,对一些传统服务贸易部门,如旅游、运输服务的依赖较大。不过,两国在不同的服务业部门依然具有不同的比较优势,两国服务贸易具有较强互补性,《中韩自贸协定》的签订和实施有助于双边服务贸易的扩大和深化。

结合中韩两国的贸易竞争力指数和显性比较优势指数,我们可以推断中韩服务贸易的商机。

(一) 贸易竞争力指数与商机

根据中韩服务业各部门贸易比较优势的强弱，可以推断中韩服务贸易各部门的贸易潜力，推断规则如下：

第一，如果两国同一服务部门贸易比较优势强弱有别，我们可推断具有较强贸易比较优势的一方在《中韩自贸协定》实施后，可以充分利用双边服务贸易进入壁垒下降的契机，从而扩大对贸易比较优势较弱的另一方的出口，因而双边服务贸易商机大。

第二，如果两国同一服务部门贸易比较优势均较强，我们可推断双方贸易竞争性大于互补性，在《中韩自贸协定》实施后该服务业部门可能以竞争为主，双边贸易规模增加有限，因而我们认为其商机小。

第三，如果两国同一服务部门贸易比较优势均较弱，随着《中韩自贸协定》的实施，双边服务贸易壁垒的下降，该服务部门的双边贸易可能有不同的结果：若一方能率先发挥本国该部门服务贸易的竞争潜力，那么自贸协定将增加其扩大对另一方出口的可能性；若双方该部门均未开发出竞争潜力，那么双边贸易规模将仅有小幅度增长或不增长；如果双方都重视该部门竞争潜力的开放并同时取得一定效果，那么自贸协定的实施意味着双方将处于竞合关系，有可能取得市场扩大带来的规模效应。

根据这一规则，在《中韩自贸协定》实施后，我国货物相关服务、金融服务、其他商业服务可能迎来较大商机，而韩国运输、个人、文化和娱乐服务可能迎来较大商机，旅游、保险和养老金服务、专利使用费的商机则不确定。

(二) 显性比较优势指数与商机

根据中韩服务业各部门显性比较优势指数，我们也可以推断中韩服务业各部门的贸易潜力，类似地，推断规则如下：

第一，若两国同一服务部门显性比较优势不同，则我们推断显性比较优势较大的一方将更有可能利用市场规模扩大的机遇。

表4-4 中韩服务贸易比较优势与商机

		货物相关服务	运输	旅游	建筑	保险和养老金服务	金融服务	专利使用费	通讯、计算机和信息服务	其他商业服务	个人、文化和娱乐服务
TC	中国	强	弱	弱	强	弱	一般	弱	强	强	弱
TC	韩国	弱	强	弱	强	弱	弱	弱	强	弱	强
商机	双边	大	大	不确定	小	不确定	大	不确定	小	大	大
RCA	中国	极强	一般	一般	较强	无	无	无	一般	一般	无
RCA	韩国	一般	较强	无	较强	无	无	一般	无	一般	一般
商机	双边	大	大	大	小	不确定	不确定	大	大	不确定	大
结论	商机	大	大	大	小	不确定	大	大	大	大	大

资料来源：作者整理。

第二，若两国同一服务部门显性比较优势均为较强或极强，则两国该部门竞争性大于互补性，贸易潜力较小。

第三，若两国同一服务部门显性比较优势均为一般或无，则两国该部门贸易潜力和贸易方向取决于该部门能否及哪国开发出竞争优势。

根据这一规则，《中韩自贸协定》实施后，我国货物相关服务、旅游、通讯、计算机和信息服务将获得贸易发展机遇，而韩国运输、专利使用费、个人、娱乐和文化服务将获得更大商机，保险和养老金服务、金融服务、其他商业服务的商机不确定（如表4-4所示）。

（三）服务贸易领域商机

结合贸易竞争力指数和显性比较优势指数以及我们分别对中韩服务贸易商机的推断结论，我们认为《中韩自贸协定》后，双方建筑服务的商机较小，保险和养老金服务的商机不确定；除此之外，其他服务业部门均存在较大商机。其中：

1. 我国具有较大商机的服务业部门为

（1）货物相关服务；

（2）旅游服务；

（3）金融服务；

（4）通讯、计算机和信息服务；

（5）其他商业服务。

2. 韩国具有较大商机的服务业部门为

（1）运输服务；

（2）专利使用费；

（3）个人、文化和娱乐服务。

当然，由于服务业部门的特殊性，一些竞争力较弱的行业，如果能在《中韩自贸协定》实施后抓住机遇提升自己竞争力，也是可能使用市场扩大效应获得发展机会从而实现较大商机的。

第二节　服务贸易领域的规则解读

《中韩自贸协定》涉及服务贸易的主要为第八章《服务贸易》、第九章《金融服务》、第十章《电信》、第十三章《电子商务》,以及附件8—B《合作拍摄电影》、附件8—C《电视剧纪录片动画片共同制作》。其形成背景为韩国对我国的出口重心从货物贸易向服务贸易的转移,韩方希望获得我方在旅游、健康医疗、影视文化、金融等以消费为中心的服务贸易领域更多的开放政策,我方希望韩方降低建筑、物流等服务贸易领域的壁垒。博弈的结果即将金融和电信予以单独规定,电视剧、动漫、电影等文化产业以附件形式规定。由于第十章《电信》明确指出"本章不得解释为作出除在第八章(服务贸易)附件8—A(具体承诺减让表)所列之外的额外承诺",因此我们对附件8—A予以解读而不再对该章单独解读。

一、服务贸易条款一般规定

(一)适用范围(协定第8.2条)

第8章适用于双方采取或实施的服务贸易的措施,但不适用于:一缔约方提供的政府支持贷款、担保和保险;各自领土内行使政府职权时提供的服务;海洋运输服务中的沿海和内水运输服务;航空业务权(但不包括航空器的修理和保养服务、空运服务的销售和营销、计算机预订系统服务);金融服务;签证、永久居留权、赋予国籍等措施。另外,国民待遇和市场准入规定不适用于政府采购。

(二)市场准入(协定第8.3条)

对于服务提供方式实现的市场准入以及服务和服务提供者的待遇,不得低于附件8—A具体承诺减让表中同意和列明的条款、限制和条件。作出市场准入承诺的部门,除非在其具体承诺减让表中另有列明,不得再采取数量限制等限制措施。

(三) 国民待遇(协定第 8.4 条)

对于列入具体承诺减让表的部门,在遵守其中所列任何条件和资格的前提下,应该给予不低于本国同类服务和服务提供者的待遇。形式上相同或不同的待遇,若改变竞争条件,对本国同类服务或服务提供者更有利的待遇,视为违反国民待遇原则的"不利的待遇"。

(四) 国内规制(协定第 8.7 条)

关于服务贸易领域的国内法,协定要求在已做出具体承诺的部门中所有影响服务贸易的普遍适用的措施应以合理、客观和公正的方式实施;维持或尽快设立司法、仲裁或行政庭或程序,迅速审查受影响的服务贸易提供者的请求并适当补救;若作出具体承诺的服务需要得到批准,则应规定合理期限并通知申请人。若对服务贸易准入规定资格要求和程序、技术标准和许可要求的各项措施的,中韩双方应根据世界贸易组织《服务贸易总协定》有关规定共同审议并将这些谈判解决措施纳入自贸协定;在上述规定生效之前,不得以其为理由确认协定的准入时效或者低于承诺的措施;在已就专业服务作出具体承诺的部门,应规定适当程序核验对方专业人员的能力。

(五) 透明度(协定第 8.8 条)

协定规定中韩双方应迅速公布影响服务贸易章节规定的措施或者签署的国际协定。若一缔约方制定或变更了具体承诺所涵盖的服务贸易有重大影响的任何新的法律、法规、行政准则,应迅速通知自贸协定规定的服务贸易委员会。另外,自贸协定生效之日 2 年内设立咨询点答复另一方对措施和国际协定的请求。

(六) 承认(协定第 8.9 条)

为使服务提供者获得授权、许可或证书的标准或准则,应承认其在另一缔约方已获得的教育或经历、已满足的要求、已给予的许可或证明。若一缔约方承认非缔约方服务提供者获得的教育或经历、已满足的要求、已给予的许可或证明，并不意味着另一缔约方可以自动获得该承认，但应向另一缔约方提供充分机会获得类似承认。缔约一方给予承认的方式不能构成各国之间进行歧视的手段或对服务贸易的变相限制。协定规定缔约方应在生效之日起12个月内，向服务贸易委员会通知其现有的承认措施、给予非缔约方的承认措施以及对现有措施的重大修改。在适当情况下，承认应以多边议定的准则为依据，并与有关政府间组织和非政府组织合作，以制定和采用关于承认的共同国际标准和准则、有关服务行业和职业实务的共同国际标准。

（七）支付与转移（协定第8.10条）

除了世界贸易组织《服务贸易总协定》第十二条认定的保障国际收支的限制情况，一缔约方不得对与其具体承诺有关的经常项目交易的国际转移和支付实施限制。

（八）利益的拒绝给予（协定第8.11条）

在遵守事先通知和磋商的前提下，一缔约方可拒绝将本章项下的利益给予另一缔约方的服务提供者，当该服务是由法人提供，同时：(1) 由非缔约方的人拥有或控制且在另一缔约方领土内未从事实质性商业经营；(2) 由作出拒绝的一缔约方的人拥有或控制且在另一缔约方领土内未从事实质性商业经营；(3) 由非缔约方的人拥有或控制，且作出拒绝的一缔约方对该非缔约方或非缔约方的人采取或维持禁止与该法人交易的措施，或如果给予该法人本章项下的利益，该项措施就会遭到违反或规避。

（九）垄断和专营服务提供者（协定第8.12条）

各缔约方应保证在其领土内的任何垄断服务提供者在有关市场提供垄断服务时，不得违反协定具体承诺的义务，若垄断提供者直接或通过附属公司参与其垄断权范围之外的服务竞争，缔约方应当保证该提供者不滥用其垄断地位实施与承诺不一致的行为。受到影响的缔约方可要求另一缔约方提供上述该垄断者的具体经营信息。若一缔约方在形式上或事实上授权或设立少数几个服务提供者,并且实质性阻止这些服务提供者在其领土内相互竞争,则可将它们视为垄断或专营服务提供者。

(十)补贴(协定第8.13条)

双方参照世界贸易组织《服务贸易总协定》第十五条项下关于补贴的纪律审议与纪律事项,若一缔约方认为受到另一缔约方补贴的不利影响,应其请求,缔约双方应就此事项进行磋商。

(十一)服务贸易委员会(协定第8.14条)

双方约定设立服务贸易委员会,该委员会每年应举行会议,负责审议服务贸易协定章节的执行和运用情况,确定并推荐促进服务贸易增长的措施;并在一缔约方的要求下,对本章出现的任何问题进行磋商。

(十二)商业惯例(协定第8.15条)

除了垄断和专营服务提供者,若各缔约方认识到服务提供者的某些商业惯例可能会抑制竞争,可在另一缔约方的请求下进行磋商,请求方要求取消该商业惯例,被请求方应给予充分考虑并提供相关信息。

二、韩国具体承诺减让表(附件8—A—1)

附件8—A—1和8—A—2分别列举了韩国和中国的具体承诺减让。总体上,在市场准入方面,韩国对我国自然人和法人收购其现有能源和航空企业的发行股票有部分限制,对投资其新私有化企业也会有部分限制。另外,韩国对于收购其土地一般不适用国民待遇,但根据《外国人收购土地法》允许基于合法商业目的的外国企业及其分支机构经批准获得土地,即用于正常商业活动期间的服务;根据相关法律向企业高级职工提供住房;根据相关法律用以满足土地占有需求。此外，允许拥有土地租赁权。对于金融市场投资，被《金融投资服务和资本市场法》视为外国人的居民在韩国投资股票市场，可享有其国民待遇。分部门看，韩国对我国服务部门的减让承诺如下：

（一）咨询相关服务

1. 法律咨询服务

韩国允许我国取得律师资格的服务提供者提供司法管辖有关的咨询服务以及与国际公法有关的服务，但以下四方面内容除外：代理法院或其他政府机关中的司法或法定程序，并为这些程序准备法律文件；委托代理公证证书的文书准备；有关劳务的咨询服务或法律案件，其目的为收购、出让或变更韩国境内相关不动产权、知识产权、采矿权或其他因在韩国政府机构注册而产生的权利；有关家庭关系或继承的法律案件，其中涉案一方是韩国国民或涉案财产地在韩国。另外，我国法律顾问也可代理国际商事仲裁案件，前提是其有资格在韩国适用相应的程序性和实体性法律提供法律服务。不过，在市场准入方面，韩国允许我国律师事务所以设立代表处的形式提供法律服务，但不允许雇佣韩国执业律师或同等资格的律师。

2. 会计、审计和簿记服务

韩国对我国以跨境交付和境外消费形式提供的审计服务不作承诺，仅允许根据韩国《执业会计师法》设立获得注册会计师执照的独资企业、审计组和会计公司（有限责任公司），仅允许上述有限责任公司中的注册会计师提供审计服务，但我国受雇于国际会计师事务所的注册会计师可以自然人临时入境的方式在韩国提供国外会计和审计标准的咨询、注册会计师培训、审计技术转让及信息交流服务，临时入境韩国的时间不能超过1年。

3. 税务服务

韩国对以跨境交付和境外消费形式提供的税务调解和税务代理服务不作承诺，仅允许根据韩国《注册税务会计法》获得注册税务会计师资质的独资企业、税务调解小组和税务代理公司（有限责任公司）。仅允许税务对账组和税务代理公司（有限责任公司）中的税务会计师提供税务调解服务。

（二）建筑、建筑设计与工程服务

韩国对于建筑服务，跨境交付模式只允许开工前调查服务，境外消费和商业存在模式则没有限制。韩国对于建筑设计服务的境外消费和商业存在模式没有限制，对于建筑设计服务的跨境交付要求以商业存在的形式，不过不必是法人。允许与韩国法律认证的建筑师签署了共同合约的外国建筑师提供服务。对于工程服务、集中工程服务、城市规划和景观建筑服务则没有限制。

（三）医疗服务

相对我国对韩国医疗市场的开放程度，韩国除了兽医服务的境外消费模式，其他医疗领域均为对我国开放。

（四）计算机服务及研发服务领域

韩国对计算机硬件安装相关的咨询服务、软件实施服务、数据处理服务、数据库服务均未设限制。在研发服务方面，韩国对自然科学研发服务的商业存在不做承诺；对于海洋科学研究，外国自然人、外国政府或由外国自然人拥有或控制的韩国企业计划在韩国领海或专属经济区进行海洋科学研究，需事先获得海洋和渔业部的核准和同意；韩国在社会科学研发服务方面没有限制；对跨学科研发服务的商业存在形式未作承诺。

（五）房地产中介服务

与我国对韩国该服务的全方位开放相比，韩国在房地产服务和评估服务方面未开放跨境交付模式，只以允许境外消费和商业存在模式存在。

（六）无经营者出租或租赁服务

韩国对于船舶租赁、其他交通工具租赁、其他机械设备租赁、私人用品或家庭用品出租服务未作限制；对于飞机租赁，只允许合资企业这种商业存在模式,其中外资股份须低于50%、法人代表须是韩国公民。

(七) 其他商业服务

在广告服务、市场调研和民意调查服务、管理咨询服务、项目管理服务、技术检测服务、与农业和畜牧业有关的服务、与林业和伐木相关的服务(空中消防和消毒除外)、与采矿相关的服务、与新产品制造技术相关的咨询服务、地质、地球物理和其他科学勘探服务、设备保养和维修、包装服务、印刷服务、出版服务、会议服务、速记服务、笔译和口译服务、专业设计服务方面,韩国均未作限制。

在成分和纯度技术测试和分析服务方面,跨境交付和境外消费模式均未作限制,但对商业存在形式的进入模式,须根据韩国国内现有提供者的数量及其对国内现有提供者的影响、公众健康、安全及环境等标准进行经济测试。在人员安置服务方面,韩国允许外国服务提供者根据《商业法》的规定以企业的形式提供服务,该企业应遵循韩国劳动就业部宣布制定的服务费用规则,且实缴注册资本应在5000万韩元以上。对以跨境交付和境外消费模式存在提供的与渔业有关的咨询服务、摄影服务,韩国不作承诺。以跨境交付模式提供的地面勘探服务、地图绘制服务不作承诺。

(八) 通信服务和电信服务

中韩双方均未开放邮政服务市场。韩国对于通信服务中的速递服务,跨境交付服务仅限于空运和海运方式;境外消费模式没有限制;商业存在模式中,获得国内货运执照需要进行经济需求测试,但获得现有国内速递服务提供者资格的自然人,无须重新获得国内货运执照,只要该申请人在被收购方运营执照的授权许可范围内提供服务。

在电信服务方面,韩国规定采取跨境交付模式的服务需要在韩国进行注册相关服务的程序,对境外消费模式没有限制,商业存在模式仅向韩国法人授予公共电信设备服务许可或非公共电信设备服务登记。不授予外国政府及其代表机构或外国个人广播电台执照。不授予外国政府、法人或外国法人总投票股权超过49%的视同外国法人公共电信设备服务许可。外国政府、法人或视同外国法人在公共电信设备服务供应商中的总投票股权不得超过49%。不允许外国政府、法人或视同外国法人成为韩国电信公司（KT）最大股东。

对于电子邮件、语音邮件、在线信息和数据检索、电子数据交换、增值传真服务（包括存储和转发、存储和检索）、编码和规程转换、在线信息和/或数据处理（包括交易处理）、在线数据库和远程计算机服务在内的增值电信服务领域，韩国没有限制。

（九）视听服务

韩国对于电影和录像制品生产和分销服务（不包括有线电视广播服务）、录音制品分销服务没有限制。

（十）分销服务

对于佣金代理服务，韩国对药品和医疗产品以及经经济需求测试未通过领域的跨境交付模式不作承诺，其他模式则没有限制。对于批发服务，韩国对药品、医疗产品、功能性食品以跨境交付模式存在的批发服务不作承诺，对于商业存在模式的二手车批发贸易、气体燃料及相关产品批发贸易需要进行经济测试。

对于零售服务，韩国对于药品、医疗产品、功能性食品以及经经济需求测试未通过领域的跨境交付模式不作承诺。二手车和气体燃料的零售服务通过经济需求测试。不允许通过电话或电子商务销售酒精饮料。只允许已在韩国设立办事处且获得眼镜商或验光师资格的自然人在韩提供眼镜或验光服务。只允许注册眼镜商或验光师设立经营办事处，且每一个眼镜商或验光师只能设立一家办事处。提供药品（包括中草药）零售分销服务的提供者不能以企业的形式，且不得设立一个以上药店。另外，为保护公众健康，（药店）只允许有执业资格的药剂师才能直接向公众销售药品。

对于特许经营，韩国则未设限制。

（十一）教育服务

韩国未对中小学教育领域开放。在高等教育领域，未承诺跨境交付模式；在境外消费模式下，在韩国内外其他高等教育机构获得认证的学分不得超过毕业所需总学分的一半；在商业存在模式下，只有获得教育部批准的学校法人才能在教育部授权范围内设立教育机构。另外，韩国对于跨境交付和商业存在的国民待遇原则未作承诺，境外消费模式则无限制。

成人教育领域，韩国未对健康和医学相关的承认教育服务进行承诺，境外消费模式没有限制；商业存在模式，允许符合《私人教学机构和课外辅导机构的设立和运营法》以及《终身教育法》有关规定设立的教育机构。

（十二）环境服务和旅游与旅游相关服务

在环境服务领域，除了排污服务、工业废物处理的跨境交付模式未获承诺，其他环境服务领域均予以开放。

在旅游及与旅游相关服务领域，韩国对于饭店和餐馆、旅行社和旅游经营者、导游服务等领域基本上全部开放。

（十三）运输服务

在海运服务方面，除了沿海运输服务，韩国未对境外消费和跨境交付模式予以限制。在商业存在模式方面，韩国对于设立注册公司以经营悬挂韩国国旗的船队的国际海上客运不做承诺，海上货运仅允许根据《商业法》约定的股份有限公司；其他商业存在形式则没有限制。

对于海运理货服务、港口储存服务、海运报关服务、集装箱堆场服务领域、拖吊服务、理货、测量和勘测服务方面，韩国除了跨境交付模式不作承诺，其他模式则不予限制。海运代理服务、带船员的船舶租赁服务完全开放。海上货物运输服务、航运经纪服务在商业存在方面只允许按照商业法案规定的股份公司开展业务。船舶的保养和修理方面,跨境交付模式未予承诺,商业存在模式则仅允许股份公司提供服务。

在航空运输服务方面,韩方未限制计算机预定系统、航空运输服务的销售和市场营销;航空器的保养和维修服务,跨境交付不做承诺,其他模式没有限制。

对于铁路运输服务,韩国对铁路客运和铁路货运的跨境交付模式不做承诺;在商业存在模式方面对现有运营不做承诺,新建运营需经济需求测试。

公路运输服务方面,跨境支付模式未予承诺,商业存在模式只授予国际航运公司许可证且货物仅限于进出口集中箱货物。

管道运输领域,仅允许商业存在模式。仓储服务、联合运输服务、铁路运输的货运代理的跨境交付模式未作承诺。

三、金融服务规定

(一)适用范围(协定第9.1条)

第9章《金融服务》协定适用影响金融服务提供的措施,但不适用于规范政府部门为政府目的而购买金融服务的法律、法规或要求,也不能用于阻止一缔约方或其公共实体提供以下服务:

1. 构成公共退休计划或法定社会保障制度组成部分的活动或服务;

2. 包括公共实体在内的,代表该缔约方,或由该缔约方担保,或使用该缔约方财务资源的活动或服务;

3. 中央银行或货币当局或任何其他公共实体为实行货币或汇率政策而从事的活动。

(二)国民待遇(协定第9.2条)

按照约定,一方针对影响另一方金融服务提供者的所有措施所给予的待遇,不得低于其给予本国同类金融服务和金融服务提供者的待遇。不管形式上是否相同,只要改变了竞争条件,使对方同类金融服务和金融服务提供者相比己方处于不利地位,则此类待遇应被视为低于国民的待遇。

(三) 金融机构的市场准入 (协定第9.3条)

对于作出市场准入承诺的部门,除非另有规定,否则一缔约方不得采取如下措施:

1. 以数量配额、垄断、专营服务提供者的形式,或以经济需求测试要求的形式,限制金融服务提供者的数量;

2. 以数量配额或经济需求测试要求的形式,限制金融服务交易或资产总值;

3. 以配额或经济需求测试要求的形式,限制金融服务业务总数或以指定数量单位表示的金融服务产出总量;

4. 以数量配额或经济需求测试要求的形式,限制特定金融服务部门或金融服务提供者可雇佣的、提供具体金融服务所必需且直接有关的自然人总数;

5. 限制或要求金融机构通过特定类型法律实体或合营企业提供服务的措施;

6. 以限制外国持股最高百分比或限制单个或总体外国投资总额的方式限制外国资本的参与。

(四) 透明度 (协定第9.6条)

为了便利金融服务提供者进入彼此市场并投入运营,双方承诺并将采取措施提高金融服务领域的监管透明度:

1. 应提前公布准备采取的任何与本章有关的普遍适用的法规及其目的,给予利害关系人和另一缔约方对此类法规草案发表意见的合理机会;

2. 在合理范围内,各缔约方应努力在普遍适用法规最终公布日期与生效日期之间留出一段合理时间;

3. 各缔约方应建立和维持适当渠道,以接收关于本章涵盖的普遍适用措施的咨询;

4. 缔约方的监管机构应将关于金融服务提供的申请要求公之于众，包括为完成提供金融服务的申请所必需的任何文件要求；

5. 一缔约方的监管机构应在相关法规规定的时间内告知该申请人其申请的状态，如要求申请人提供补充信息，则监管机构应及时通知申请人。

6. 对另一缔约方金融服务提供者提出的关于提供金融服务的完整申请，一缔约方的监管机构应在相关法规规定的时间内，做出行政决定并立即通知申请人。只有在收到所有必要信息之后，才能被视为完整的申请。如无法在180天之内做出决定，则监管机构应毫不延迟地通知申请人，并应努力在相关法规规定的期限内做出决定。

7. 应申请失败的申请人的要求，拒绝其申请的监管机构应在可能的范围内告知申请人拒绝的理由。

（五）支付和清算系统（协定第9.7条）

根据给予国民待遇的条款和条件，一缔约方应给予另一缔约方在其领土内设立的金融机构进入公共实体运营的支付和清算系统的权利，以及在正常业务经营中获得官方融资和再融资安排的权利。但该条规定并不意味着给予任一缔约方获得最终贷款人便利的权利。

（六）审慎例外及审慎措施的承认（协定第9.5、9.8条）

双方约定了审慎原因的例外，即缔约方可以为审慎原因采取措施保护投资人、存款人、投保人、保单持有人、金融服务提供者对其负有信托责任的人，或为保证金融体系完整和稳定而采取措施。若一方与非缔约方达成承认审慎措施的安排，则应向另一缔约方提供谈判加入该协定或安排的充分机会，或谈判达成类似的协定或安排，且如适当，还可达成关于各方信息共享的程序。

四、金融服务领域具体承诺减让

在保险行业，韩国对于寿险仅允许外国寿险公司设立商业存在；非寿险中除了海洋进出口货物和航空保险外，跨境交付模式不作承诺，其他非寿险只允许外国寿险公司设立商业存在。再保险和转分保服务允许境外支付模式和境外消费模式，其他如保险经纪和代理服务、保险辅助服务仅允许商业存在模式。

在银行业，只允许在本国提供相同金融服务的外国金融机构（除融资租赁外）设立商业存在，并规定了限制条件：未经有关部门特别批准，允许最多持有 10% 的银行股份（非金融服务实体最多为 4%）和 15% 的省级银行股份；经有关部门特别批准，允许持有银行和省级银行 100% 股权；外汇头寸受到调控，即期外汇空头为 500 万美元，或资本的 3%（最大值）；如房屋认购定金在内的特别存款只能由指定机构处理；证券储蓄和信贷发放受到上限和运行的限制；信用卡贷款受到限制，信用卡服务最大限度应适用于各种利率，如手续费和利率；CDs 的到期日应超过 30 天；基本交易和凭证要求适用于外汇交易；远期交易下不需要原始凭证；要求向中小型公司的强制性贷款；外币贷款受到上限和用途的限制。

另外，韩国要求所有金融服务遵循以下规定：

1. 根据韩国法律设立提供金融服务的法人在司法形式上不受歧视限制。

2. 外国投资者必须拥有或控股一家金融服务提供者，且在其本国境内提供同个金融服务部门下的服务，才能在韩国设立或收购金融服务提供者的控股权，韩国的承诺将受到该条件的限制。

3. 为了进一步明确，本协定不限制韩国要求根据韩国法律设立的金融服务提供者的首席执行官居住在其境内的权力。

4. 出于金融服务审慎的原因，不得阻止韩国采取有关母公司要求、最低注册资本、最低运营资金、工人许可证和批准业务要求的相关措施。

5. 一个金融机构根据相关法律规定只能申请一个经营业务范围，因此不能从事其他法律规定的经营活动。

6. 即使韩国允许其领土内任一自然人及韩国国民购买位于中

国的金融服务提供者提供的跨境金融服务,该许可并不意味着韩国允许这样的服务提供者在韩国经营或参与招标。因此,韩国将定义"经营"和"招标",前提是该定义不违反韩国对跨境金融服务所做承诺。

7. 在不影响采取其他审慎手段监管跨境金融服务的前提下,韩国可能需要中国跨境金融服务提供者及金融产品的登记或授权。韩国可能需要中国的跨境金融服务提供者提供其在韩国境内的金融服务信息,该信息仅供参考或统计目的。韩国将保护这些商业秘密信息,避免损害提供者的竞争地位。

8. 跨境金融服务及通过消费者移动提供的金融服务可不用韩币结算。设立商业存在后,金融机构只能以韩币与韩国居民进行交易、计价和结算。以外币计价、结算或与非居民之间的交易需经审批。

9. 分支机构的资产应留在韩国境内。总部资金不得被分支机构当作决定资金和借贷活动的依据。

10. 活期存款利率受到管制。

11. 金融机构的资产管理和运作受到限制。

12. 金融机构不得拥有非营业不动产。

13. 包括衍生工具在内的新金融产品的引入需经批准。

第三节 投资领域的商机

一、我国对外投资概况

从我国对外投资流量看,2015 年全球对外直接投资流出量排名前三甲的分别为美国、中国和日本,其中,美国对外直接投资流量为 2999.7 亿美元,同比下降 5%,但仍然以绝对优势保持全球第一;日本对外投资流出量为 1286.5 亿美元,同比上升 13%,排名第三；中国对外直接投资流量高出日本170.2亿美元，首次位居全球第二，规模接近美国同期的50%，达到日本同期的1.1倍，全球占比9.9%，成为全球第二大对外直接投资国。中国对外直接投资实现历史性突破，首次超过同年吸引外资金额，并首次成为资本净输出国，中国成为当之无愧的国际投资大国。

从我国对外投资存量看，截至2015年末，全球对外直接投资存量为25.04万亿美元，同比2014年的25.9万亿美元下降3%。根据《2015年度中国对外直接投资统计公报》，2015年中国对外直接投资存量为10978.6亿美元，较2014年提高2152亿美元，占全球对外投资存量的4.4%，较2014年占比上升1%，继续位列全球第八。2015年中国对外直接投资存量分别相当于美国、德国、英国、法国、日本当期存量的18.4%、60.6%、71.4%、83.5%、89.5%，比2014年分别提高了4.3%、4.9%、15.7%、14.5%和15.5%，与美国、德国、英国等发达国家的投资存量差距进一步缩小。

从东道国经济发展水平看，与全球FDI主要流向发达经济体截然相反的是，我国对外直接投资主要流向发展中经济体。2015年，中国对外直接投资主要流向发展中经济体，达到1032.3亿美元，同比上升53.8%，占比达到70.9%，高于2014年的54.5%；流向发达经济体的对外投资流量为365.7亿美元，同比下降20.5%，占比为25.1%，低于2014年的37.4%；流向转型经济体的对外投资流量为58.7亿美元，同比下滑41.2%，整体比重为4%，低于2014年的8.1%。

从跨国并购的行业分布看，我国与全球资本流向基本一致。2015年全球跨境并购投资流向最大的行业是制造业，中国对外并购投资流向的最大行业也是制造业。2015年全球制造业跨境并购大幅上升，并购额达到3880亿美元，占比53.7%，同比上升105.3%；2015年中国跨境并购流向制造业137.2亿美元，占比25.2%，同比增长13.4%，位居首位。另外，2015年我国在制造业、金融业和信息传输/软件和信息技术服务业等价值含量较高的领域投资增长也较快,在全球价值链中的地位不断上升。2015年我国制造业、金融业、信息传输、软件和信息技术服务业、研究和技术服务业、文化、体育和娱乐业、水利、环境和公共设施管理业、住宿和餐饮业等领域的对外投资快速增长,增速同比分别达到108.5%、52.3%、115.2%、100.5%、236.6%、148.1%和195.5%。

从对外投资方式看,我国企业跨国并购数量略有下降但在发达经济体活跃。据统计,2015年全球跨境并购达到7215亿美元,同比上升近67%,是全球对外直接投资跃升的最重要驱动因素。2015年联合国贸发会议投资促进机构调查显示,中国跨国企业海外并购日渐活跃,2016—2018年最具前景的投资母国和地区经济体排名中,中国首次超越美国跃居首位,成为最具前景的投资国。2015年全球跨境并购合计有10044起,同比温和上升1%,发达经济体国家跨国并购数量同比上升2.4%,发展中经济体和转型经济体跨国并购数量则均下降。中国跨境并购579起,实际交易总额544.4亿美元,同比下滑4.3%;不过,2015年中国跨境并购在发达经济体的并购额占比67%,同比上升了近8%。

从投资区域分布看,我国对外投资仍以亚洲为主,"一带一路"国家增长显著。2015年,中国对亚洲、拉美和北美地区的投资快速增长,分别为1083.7亿美元、126.1亿美元、107.2亿美元,分别占比74.4%、8.6%、7.4%。中国企业对"一带一路"沿线国家的投资流量达189.3亿美元,同比增长38.6%,是对全球投资增幅的2倍,占当年流量总额的13%,对其他地区的投资则有不同程度的减少。

二、韩国投资环境简介

(一)硬件环境分析

1. 地理位置优越

韩国位于朝鲜半岛南部,属温带季风气候,东西南三面环海,通过黄海、渤海和东海与中国沿海省市的通商贸易非常方便;通过南海可进入东南亚诸国；出东海进入太平洋，可与澳洲、太平洋诸国、美洲和拉丁美洲各国及欧洲国家进行贸易往来；韩国与日本仅一海相隔，韩国东面的日本海通过鞑靼海峡与俄罗斯的鄂霍次克海相连，与俄远东和西部地区的贸易也很方便。因此，从地理位置上看，韩国对外来投资者来说具有很强的吸引力，尤其在经济与贸易全球化的时代，韩国良好的通商条件具有更重要的区位价值。

2. 交通运输、通信等基础设施便利

公路运输方面，韩国公路运输网络较为发达。1968年建成的首尔—仁川高速公路全长24公里，是韩国第一条现代化高速公路。两年后，425.5公里长的京釜高速公路竣工，成为韩国建设和扩大其现代化交通网络的里程碑。截至2014年末，韩国公路总长10.6万公里，其中高速公路4139公里，一般国道13950公里。首尔至各道均有高速公路相通，至国内任何地方均可在1日之内到达。截至2015年底，韩国登记的汽车数量达2098.99万辆。

铁路运输方面，截至2014年底，韩国铁路线（不含地铁和城铁）总长达3590公里，年输送旅客量为12.75亿人次，共输送货物3737万吨。年输送旅客量中，高速铁路（KTX）输送6053.5万人次，一般列车输送7495.7万人次，地铁输送11.4亿人次。韩国铁道公社共有17782台机车，其中有1160台高速铁路机车。为保证交通安全并提高效率，韩国铁道公社采用中央交通控制系统（CTC）管理首尔周围的线路以及京釜、中央、太白、湖南和岭东等干线的共1778公里铁路段。所有这些线路都装配有防止铁路事故的自动停车系统。高速铁路（KTX）成为重要旅客城际交通手段，2004年4月，韩国首都首尔至南部港口城市釜山的京釜线高铁投入使用，京釜线将首尔与釜山间的运行时间从4个半小时缩短到2小时40分钟。随后，韩国又在2010年后开通了庆全线（庆州全州，连接全罗道和庆尚道）和全罗线，于2015年4月开通了湖南线（首尔—木浦）。

空运方面，目前韩国有 8 家航空公司，开通国内航线 19 条，运行班次为 1525 次/周。此外，韩国已同 32 个国家和 73 个国际航空公司签订航空服务协定，开通国际航线 421 条（其中 73 家外国航空公司航线 217 条）。可飞往 48 个国家、139 个城市，运行班次为 4321 次/周。现有仁川、金浦、济州、金海、清州、大邱、襄阳、光州 8 个国际机场和群山、丽水、浦项、蔚山、光州、原州等 117 个国内航线机场。大韩航空公司和韩亚航空公司共拥有 232 架客机和货机的飞机队伍（其中大韩航空 158 架，韩亚航空 83 架），这两家公司已成为亚洲地区重要的航空公司。大韩航空公司目前同世界各地的 129 个城市（中国 29 个城市）和韩国国内的 12 个主要城市开通了航线，2014 年货运量 152.8 万吨，客运量 2326 万人次。韩亚航空目前同世界各地的 74 个城市（中国 25 个城市）和韩国国内的 11 个主要城市开通了航线，2014 年货运量为 78 万吨，客运量 1579 万人次。釜山航空、济州航空等韩国廉价航空公司也已开通至中国张家界等城市的航线。

海运方面，韩国也比较发达，与南美、北美、欧洲、澳大利亚、中东和非洲等地的许多国家有客、货轮往来。2015 年，韩国港口的年吞吐量为 14.49 亿吨，同比增加 3.2%。2015 年港口集装箱吞吐量计 2568.1 万标箱（TEU），同比增加 3.56%。釜山港位于韩半岛东南端，起着连接太平洋和亚洲大陆的枢纽作用，是韩国的第一大港口。釜山港负责处理韩国海运出口货物总量的 64.7%、集装箱货物的 75.3%；2015 年釜山港货物吞吐量为 3.6 亿吨，同比增加 3.7%；集装箱吞吐量 1946.9 万标箱（TEU），同比增加 4.2%。韩国于 2005 年开始兴建釜山新港，总投资 16.7 万亿韩元，建设总面积为 944.3 万平方米，预计 2020 年竣工。目前新港建成部分已投入使用，2015 年釜山新港集装箱吞吐量为 1287.8 万标箱（TEU）。另外，仁川港是韩国第二大港，是韩国西海岸的最大港口，也是韩国首都首尔的外港，相距不到 40 公里，港口附近设有出口加工区。2015 年仁川港货物吞吐量为 1.58 亿吨，同比增加

5.3%；集装箱吞吐量为237.7万标箱（TEU），同比增加1.8%。

通信方面，韩国邮政业务和电话、互联网建设均有成效。近年来，韩国邮政在发展物流业务、金融业务、信息技术、国际业务等方面进行了不懈的努力，目前具备了较为发达的设施和便捷的服务。截至2014年12月，韩国邮政下设3542个邮局，主要提供基本邮政服务（一般邮件和包裹）、特殊邮政服务（挂号邮件、本地产品邮购等）和邮政储蓄、邮政保险服务。韩国是世界信息技术强国，生产和出口大量信息技术相关产品与新开发的国家级先进技术，并广泛使用大量互联网和移动通信设备。几乎每位韩国国民都拥有移动电话。日常生活的各个方面，从外出就餐到公共交通都与计算机有关，高速互联网几乎接入到每一个家庭。2001—2015年，韩国的信息技术呈现腾飞式发展，截至2015年2月，有线宽带互联网用户从最初的781万增加到1929.9万人；无线宽带网络从无到有，用户数量已达5271.8万人，网络普及率达100%。从2001年到2014年，韩国固定电话用户数量呈缓慢下降趋势，移动电话用户则逐年增多。截至2015年初，韩国固定电话用户为1684万人，移动电话用户则从2001年的2906万人增至5717万人，其中智能手机用户为4106.4万人。

能源供应方面，截至2015年3月，韩国装机容量为9536.5万千瓦。其中，燃煤2703.6万千瓦，燃油425.5万千瓦，天然气3185.6万千瓦，核电2071.6万千瓦，水电470万千瓦，新再生能源608.4万千瓦；其最大负荷为7879万千瓦。韩国电力供应状况能够满足工农业生产基本需求，2014年韩国年发电量为5267.6亿千瓦时。

（二）软件环境分析

韩国主管投资及外国投资的政府部门是产业通商资源部，主要负责相关政策、法规制定、数据发布等涉及外国投资的有关工作。具体的投资备案或前置审批手续均由该部下属的大韩贸易投资振兴公社Invest KOREA进行办理。该部长官（部长）依法担任跨部门的"外国人投资委员会"委员长,由企划财政部、未来创造科技部等12个部门的次官(副部长)以及各市道政府负责人(首尔市为副市长)以及其他相关部委的次官和大韩贸易投资振兴公社社长组成,负责讨论决定吸引外资的基本政策和减免税等相关鼓励政策,协调各部门出台改善投资环境政策、指定外国人投资地区等特殊经济区等。该委员会在产业通商资源部设立"外国人投资事务委员会",由产业通商资源部次官、其他部委的高级公务员和各市道的副负责人(首尔市为1级公务员)、专家、Invest KOREA 负责人和外国投资监察官组成,负责该委员会交办的政策执行工作,办公室设在产业通商资源部的贸易投资室。该事务委员会还设立了由产业通商资源部局长担任的招商分委会。

《外国人投资促进法》是韩国外资管理领域的基本法律,与《外汇交易法》《关税法》及其他专项法律、法规等构成了韩国外资管理体系的基本框架。《外国人投资促进法》是韩国关于外商投资的基本法律,不含附则共8章37条。该法对外商投资的范围、允许投资类型、投资程序、投资支援、外商投资地区、投资的事后管理以及技术引进合同等方面进行了规定。《外国人投资促进法》围绕吸收外商投资修改有关规定、制度,同时下放权力给地方政府,为吸收外商投资创造制度性软环境。《外国人投资促进法》的下级法包括《外国人投资促进法施行令》《外国人投资促进法施行规则》及《外国人投资和技术引进规定》等。该法还授权产业资源部每年以负面清单方式汇总韩国各个法律对于外资准入的限制措施,称之为《外国人投资统合公告》,以提高相关法律限制的透明度,有利于外资企业全面迅速掌握韩国对外国投资的限制情况。在制度方面,最大限度地减少对外商投资的管理事项,简化登记审批制度,简化投资手续。韩国在大韩贸易投资振兴公社设立投资支援中心,向外国投资者提供一站式服务;扩大在税收方面的优惠力度,实行提供包括补助金等方式的投资支援制度。这些制度的着眼点在于把此前以限制、管理为主的投资管理模式转换为以促进、支援为主的外商投资管理模式。在下放权力方面，允许地方政府在地方税减免、土地租赁费减免、外商投资地区候补用地选定等方面拥有决定权，对地方政府吸收外商投资给予财政支援。需要特别说明的是，除与外国人投资有关的法律规定外，由于在韩国投资的外资企业也是韩国当地企业，同等适用于各项国内法，如韩国国内法规定需要向政府报批的事项，外资企业也需向有关部门报批。

韩国政府对于外国投资的准入管理采取负面清单的形式，分为限制类和禁止类两种。相关清单由产业部以公告形式公布。依据的基本法律包括《外国人投资促进法》及其施行令、施行规定，外国人投资及引进技术相关规定，外国人投资等相关租税减免规定等。其他法令包括外汇交易法，自由经济区域的指定及运行相关法等。韩国对涉及公共性的60多个行业，如影响国家安全或公共秩序的领域、不利于国民健康的领域以及违反其国内法律的领域，确定邮政、中央银行、共济基金、金融市场管理业、教育、艺术、宗教团体、社会团体等禁止外商投资。韩国对限制类领域采取许可方式，而且有股权限制。主要的限制领域包括农业、畜牧业、渔业、出版发行、运输、输电和配电、广播通信等领域。需要说明的是如果外国人拟投资的企业是兼有禁止和限制行业的企业，不得投资；如果该韩国企业有两个以上限制行业，则投资时其最高股比不得超过投资比例较低的那个行业的投资比例。除此之外的其他行业，政府积极支持利用外资。

（三）韩国利用外资情况

据韩国产业通商资源部统计，2015年韩国外资申报规模为209.1亿美元，同比增长10%；外资实际到位规模为159.5亿美元，同比增长32.3%，均创历史新高。从投资来源地看，美国对韩国投资规模居首位，达54.8亿美元，同比增长51.8%；其后依次为新加坡、欧盟、中国、日本、中国香港、加拿大，投资额分别为54.8亿美元、25.2亿美元、24.9亿美元、19.8亿美元、16.7亿美元、15.1亿美元、12.7亿美元。从投资领域看，对韩国制造业投资达45.6亿美元,同比减少40.3%;对韩国服务业投资达147.3亿美元,同比增长31.7%。制造业中,对零部件材料投资达34.1亿美元,同比减少26.1%,占对制造业投资总额的74.6%。从投资方式看,绿地投资为141亿美元,同比增长28%,并购投资达68亿美元,同比增长减少14.8%。

据联合国贸发会议发布的2016年《世界投资报告》显示,2015年,韩国吸收外资流量为50.42亿美元;截至2015年底,韩国吸收外资存量为1745.73亿美元。截至2015年底,共有252家世界500强跨国企业在韩国投资,其中美国企业73家,日本企业41家,中国企业25家,法国企业21家,德国企业18家,以上5国在韩国投资数量占跨国企业在韩国投资总规模的70.6%。从投资行业看,服务业占比48.8%,制造业占比48.4%,第一产业占比2.8%;位居前五位的行业分别是汽车及零部件、银行金融、电力及设备、炼油、保险。

三、我国对韩投资概况与机遇

(一) 中韩双向投资概况

在《中韩自贸协定》签订前,我国与韩国在双边投资领域已经开展了比较深入的政府合作,自贸协定签署后,在自贸区框架下双方又达成了开展产业园合作和中韩投资合作基金的谅解备忘录,这将促进中韩双边投资进一步加深。

表4-5　　　　　　　中韩双边投资相关协定

序号	协定名称	签署日期	生效日期
1	关于鼓励和相互保护投资协定(由1992年5月签署的民间协定升级)	1992年9月30日	1992年12月4日
2	关于对所得避免双重征税和防止偷漏税的协定	1994年3月28日	1994年9月28日

续表

序号	协定名称	签署日期	生效日期
3	关于促进和保护投资的协定（对1992年的协定进行修订）	2007年9月7日	2007年12月1日
4	中国人民银行与韩国银行关于在首尔建立人民币清算安排的备忘录	2014年7月3日	2014年7月3日
5	《中韩自贸协定》	2015年6月1日	2015年12月20日
6	中国商务部与韩国产业通商资源部关于在自贸区框架下开展产业园合作的谅解备忘录	2015年10月31日	2015年10月31日
7	中国商务部与韩国产业通商资源部关于在自贸区框架下研究成立中韩投资合作基金的谅解备忘录	2015年10月31日	2015年10月31日

资料来源：韩国产业通商资源部。

实践中，中韩之间的双向投资也在不断扩大。一方面，韩国是我国重要的外资来源国。据中国商务部统计，2015年韩国在华投资新批项目1958个，同比上升25.7%，实际到位韩资40.3亿美元，同比增长1.7%。截至2015年底，韩国累计对华投资项目数59740个，实际投资额639.5美元，是中国第四大外商直接投资来源国；另一方面，我国对韩国投资也在不断扩大和深入。如图4-12所示，我国对韩国投资在2013年以前增长比较缓慢，在2010年还出现了负增长的情况；不过随着我国经济结构的转型和韩国引进外资力度的增强，加上国内房企布局海外市场带动的对韩投资热、民企和互联网企业新经济企业进军韩国市场、韩流影响下，国内企业对韩流特色的韩国企业的并购等因素，2014年以来我国对韩国投资保持了较快增长，不仅投资幅度增大，投资动机和投资结构也日益多元化。据中国商务部统计，2015年当年中国对韩国直接投资流量13.25亿美元。截至2015年末，中国对韩国直接投资存量36.98亿美元。据韩方统计，2015年中国对韩国投资金额（申报标准）

19.8亿美元，项目685个。截至2015年底，中国在韩国投资项目多达9650多个，累计申报金额81.1亿美元。截至2015年底，累计到位金额45.6亿美元。其中超过4/5的企业从事餐饮和批发零售等服务业，其余从事制造业和农业、渔业等。

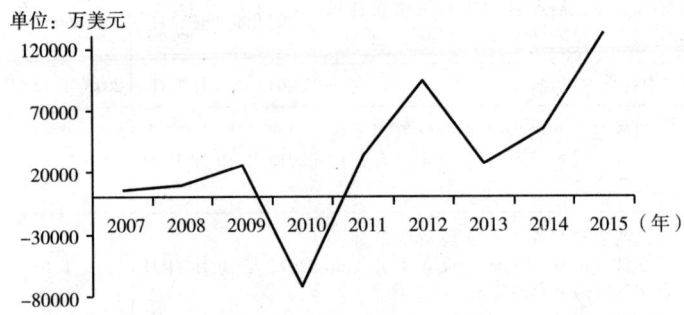

图4-12 我国2007—2015年对韩国投资流量

（二）我国对韩投资机遇

一般而言，外商直接投资常在自贸协议签订之后出现迅速增长的势头，这是由于关税壁垒的降低，吸引了关税规避型的投资；而且自贸区形成后，由于市场的扩大和由外向型经济所导致的收入增加及购买力的上升，会吸引市场寻求型的投资；同时，由于中韩两国间存在工资、租金等要素禀赋的差异，很好地促进了资本在两国内部的流动，如果通过自由贸易区建设，不断地深入发展，就会改善两国的外商投资环境，最终能够实现投资的自由化、便利化，就会促进中韩间的双向直接投资。

韩国目前仍属新兴工业化国家，存在着很多投资机会和发展机会。此外，韩国又是一个资源比较贫乏的国家，因此很多产品需要通过进口来满足国内市场的需求。对此，在《中韩自贸协定》建立以后可从以下四个角度把握对韩投资的战略思路。

（1）结合双方比较优势进行投资。由于两国要素禀赋、技术水平的差异，两国在不同要素密集度类型的产品生产上、同一产品的不同生产环节上具有各自比较优势,对此我国企业应结合双方比较优势,利用我国企业的比较优势投资于韩国具有比较优势的产品或零部件。

(2)结合韩国市场需求状况渐进投资。我国一些产品在韩国占据较大市场份额、当地市场认可度较高,根据国际商务的发展规律,可适时由出口转向设立办事处、建立分支机构、设立子公司等逐渐扩大对韩国的投资。

(3)利用产业园区发展深加工型投资。受国土资源限制,韩国自然资源比较匮乏,很多自然资源密集型产品依赖进口。我国企业可利用韩国已有加工贸易区和《中韩自贸协定》框架下的产业园区的优惠政策,在韩国设立资源深加工企业,从我国进口资源性产品到韩国进行深加工,实现当地加工、当地销售。

(4)抓住机遇对韩国进行技术寻求型投资。中韩在高新技术产业具有较强互补性,我国企业可抓住韩国经济低迷、企业业绩下滑、产业外包等机遇并购韩国具有技术优势的高新技术企业,结合双方的科技资源和人力资源,提升我国在全球价值链分工中的地位。

依据上述战略思路,我国企业在《中韩自贸协定》签署以后的对韩投资机遇更可能出现在以下领域:①中医中药领域;②农副产品深加工领域;③环保技术产品领域;④新材料、计算机相关产品、高端零部件生产领域;⑤建筑业领域;⑥商务服务业;⑦批发零售业;⑧金融业;⑨运输物流业;⑩软件行业;⑪娱乐业等。

《中韩自贸协定》签署以后,除了传统地通过在韩国投资实现当地生产、当地销售或返销我国这些方式以外,我国企业对韩国投资具有了更多的产业和模式选择:

1. 直接投资韩国"开放产业"

根据中韩自贸区协定,韩国一些产业降低了我国企业进入的门槛并为我国企业提供国民待遇,如我国速递公司可以在韩国从事航空运输和海洋运输领域的速递业务,我国建筑企业可以商业存在的方式在韩国提供建筑服务和建筑设计服务等（如图 4 – 13 所示）。对于这些韩国对我国企业开放的产业，包括允许我国企业以商业存在方式提供服务的服务行业，我国相关行业的企业可以抓住机遇对韩国投资，确保在韩国的市场影响力和市场推广。

图 4 – 13

2. "借道"韩国扩大与欧美贸易

除了与我国，韩国积极推动与主要经济伙伴的自贸区建设，截至 2015 年 12 月，它已和 51 个国家（地区）签署生效了 14 个自由贸易协定，主要包括美国、中国、欧盟 28 国、东盟 10 国、印度、澳大利亚、加拿大、新西兰、智利、新加坡、土耳其和越南等。这给我国利用韩国作为中转地扩大与欧美等国家的贸易提供了条件，其机理如图 4 – 14 所示。

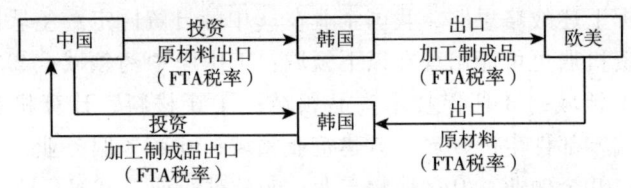

图 4 – 14

一方面，我国企业可通过对韩国投资带动原材料出口，在韩国进行加工、满足原产地标准后再向欧美等与韩国签署自贸协定的国家出口，即可享受较低甚至零关税成本又可扩大出口规模；另一方面，通过投资设立在韩国的分支机构或子公司从欧美等与韩国签署自贸协定的国家以低关税或零关税进口原材料，在韩国加工、满足原产地规则后再出口到我国,即可节省进口成本又可扩大进口规模。

3. 通过对韩投资深化中间品分工

当代国际贸易的重心已从产品间贸易深化到中间品贸易,国际分工的模式也从比较优势产品分工的深化到全球价值链的分工,因此,中韩自贸区的建立对东亚乃至全球生产网络的影响是深远的。由于劳动、资本、土地、技术、自然资源等要素禀赋和技术水平差异以及法律法规、企业组织结构等制度性差异,中韩双方在不同产品生产部门、同一产品生产的不同生产环节具有各自比较优势。自贸协定对关税等交易成本的削减将扩大两国之间的分工合作,基于两国比较优势的不同,以中间品分工为例,从我国角度看,与韩国之间的分工模式可分为两大类(见图 4-15):第一类,我国企业基于研发、销售等总部特定优势在韩国设立生产基地实现对韩国的顺向投资,此时我国母公司主要处于全球价值链的高端环节;第二类,我国企业基于资本、劳动力价格优势、国内市场优势等在韩国设立研发中心、并购韩国优势企业等实现对韩国的逆向投资,此时我国母公司主要处于全球价值链的低端环节。

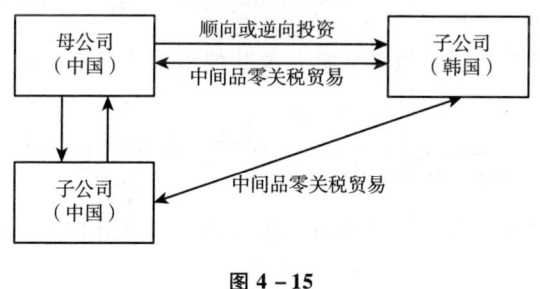

图 4-15

第四节　投资领域的规则解读

《中韩自贸协定》第十二章为《投资》章节,共有 19 条和 3

个附件。与我国此前签署的自贸协定相比,该章通过"非歧视性义务""最低标准待遇""禁止规定履行要件""透明性""比较要素""投资纠纷解决制度"等内容对双边投资给予了较高水平的保护;另外,第 18 条指出了服务贸易和投资章节的关系:投资章节关于最低标准待遇、征收和补偿、转移、代位、投资者与一缔约方之间的投资争端解决、习惯国际法(附件 A)、征收(附件 B)、转移(附件 C)的规定,经必要调整后,适用于服务提供者的商业存在模式;上述规定加上特殊程序和信息要求、拒绝授惠等规定适用于金融服务提供者在对方领土内的商业存在模式。

一、投资的定义(协定第 12.1 条)

《中韩自贸协定》对投资的定义:投资者直接或间接拥有或控制的、具有投资性质的各种财产,例如资本或其他资源投入、收益或利润预期或风险承担等,投资的形式可包括:

(1)企业及其分支机构;

(2)企业的股份、股票或其他参股形式,以及由此衍生出的权利;

(3)债券、信用债券、贷款及其他形式的债券,以及由此衍生出的权利;

(4)合同权利,包括统包、建设、管理、生产或者收益分配合同;

(5)金钱请求权,以及请求履行具有与投资相关经济价值的合同的权利;

(6)知识产权,包括著作权及相关权利、专利权,以及与实用新型、商标、工业设计、集成电路布图设计、植物新品种、商号、产地标识、地理标识及未披露信息相关的权利;

(7)依据法律法规或合同授予的权利,如特许权、许可、授权和许可证;

(8)任何其他有形及无形财产,动产、不动产以及任何相关的财产权利，如租赁、抵押、留置权、质押权。

相应地，投资者是指在另一缔约方领土内投资的一缔约方的自然人或企业。其中一缔约方自然人是指依据一缔约方的适用法律法规拥有该国国籍的自然人；一缔约方企业指依照一缔约方的适用法律法规组建或组织的任何法人或任何其他实体，不论是否以盈利为目的，是否私有或由政府所有或控制，包括企业、公司、信托、合伙、独资企业、合营、社团或组织。

二、投资促进及保护（协定第 12.2 条）

双方约定在有关外资所有权和控股权在内的法律法规内鼓励对方投资者在己方领土内投资并为之创造有利的环境。这一规定具体落实在第 12.3 条—第 12.10 条。

（一）国民待遇（协定第 12.3 条）

即一方在其领土内给予另一方投资者及涵盖投资的待遇，不得低于其在类似情形下就投资行为给予本国投资者及其投资的待遇。对投资给予的待遇一旦承认，在任何情形下都不应低于原始的投资行为做出时给予的待遇。对于依据其法律法规维持的、在本协议生效前已经存在的、与本协议不符的任何措施，如果可行，应采取一切适当措施逐步消除。

（二）最惠国待遇（协定第 12.4 条）

即一方在其领土内给予另一方投资者及涵盖投资的待遇应不低于在类似情形下给予任何非缔约方投资者及其投资的待遇；不过，存在以下不适用最惠国待遇的例外情形：关税同盟等区域经济合作机制；边境贸易等国际协定；涉及航空、渔业、海洋事务的国际协定。

（三）最低标准待遇（协定第 12.5 条）

即一方应当根据习惯国际法给予另一方投资者包括公平公正待遇和充分保护和安全在内的待遇。这里的"习惯国际法"约定为国际法惯例中给予外国人的最低标准待遇,即保护外国人经济权益的所有习惯国际法原则(附件 12 – A)。

(四) 国内法救济(协定第 12.6 条)

双方约定一方在其领土内给予另一方投资者在行使和维护投资者权利、向各级法院及行政法庭、行政机构寻求救济方面的待遇,应不低于在相似情形下给予本国和非缔约方的投资者的待遇。

(五) 禁止性业绩要求(协定第 12.7 条)

双方约定将《世贸组织协议》附件 1A 中《与贸易有关的投资措施协定》有关条款经必要调整后纳入本章。这一规定意味着,中韩双方不得对投资者规定根据《与贸易有关的投资措施协定》中"解释性清单"所列举的被禁止的与贸易有关的 5 种投资措施,例如那些要求购买或使用特定数额国产品的措施(即"当地含量要求")和把进口的数额限制在与出口水平相应幅度上的措施(即"贸易平衡要求")。

另外,双方约定,不得在其领土范围内,就技术出口或技术转移的业绩要求,对另一缔约方投资者的涵盖投资采取不合理或歧视性措施。

(六) 透明度(协定第 12.8 条)

即双方应及时公布或用其他方式公开提供该方的法律、法规、行政程序、普遍适用的行政裁决和司法判决,以及该缔约方缔结的、与投资行为有关或影响投资行为的国际协定;双方政府应让公众容易获得主管该法律、法规、行政程序及行政裁决的机关的名称及地址。

(七) 征收和补偿(协定第 12.9 条)

任何一方均不得对涵盖投资实施征收或国有化,或采取与征收或国有化等同的任何措施;除非为了公共目的、在非歧视的基础上、依照其法律和正当法律程序的国际标准,给予补偿。这里涉及的"国际标准"依然参考习惯国际法(源自各国出于对法律义务的遵循而进行的普遍和一致的实践,附件 12—A);这里涉及的"征收"包含了直接征收(即投资被直接国有化或者直接通过所有权的正式转移或完全没收等方式直接征收)和间接征收(即一项或一系列行为虽未通过所有权的正式转移或完全没收,但具有与直接征收同等效果)两种情形。对于间接征收的认定,需以事实为依据进行个案调查(附件 12—B)。

(八)转移(协定第 12.10 条)

双方应允许所有与涵盖投资有关的转移自由、无迟延地进出其领土,包括:投入的资本;利润、股息、资本利得、全部或者部分出售涵盖投资所得,或者全部或部分清算涵盖投资所得;利息、专有权利使用费、管理费以及技术援助和其他费用;根据包括贷款协议在内的合同所付款项;因征收所获补偿款项;由争端所获款项;与投资相关工作的收入和报酬。不过,双方依然保留了采取或维持与支付和资本流动相关的临时保障措施,以及作为《国际货币基金组织协定》条款成员所享有的权利和应承担的义务(附件 12—C)。

二、投资者与一缔约方之间的投资争端解决(协定第 12.12 条)

若投资对象国(争端缔约方)违反本章项下的义务而使缔约方投资者(争端投资者)遭受损失或损害,则适用于争端解决规定。对投资争端,应尽可能通过友好协商解决,书面协商请求应由争端投资者在投资争端提交仲裁之前提交给争端缔约方。若书面协商请求提交后 4 个月内未解决,则可根据适用性,将投资争端提交依据《国际投资争端解决中心公约》进行的仲裁、或根据《国际投资争端解决中心附加便利规则》进行的仲裁、或根据《联合国国际贸易法委员会仲裁规则》进行的仲裁以及经争端缔约方同意、依据其他仲裁规则进行的任何仲裁。仲裁庭作出的裁决应当是终局的,而且对于投资争端的当事双方具有约束力。

三、拒绝授惠和环境措施

(一) 拒绝授惠（协定第 12.15 条）

《中韩自贸协定》要求受惠企业是独立的缔约方企业,一缔约方有权拒绝将投资章节所规定的权益给予另一缔约方投资者及其投资,若后者由非缔约方的投资者所有或控制,且:

(1) 拒绝缔约方与非缔约方无正常经济联系或正采取相关限制措施;

或者:

(2) 该企业在另一缔约方领土内无实质性商业行为。

(二) 环境措施

为了保护环境,双方均承认,通过放松环境措施来鼓励另一缔约方投资者进行投资是不适当的。为此,各缔约方均不得放弃或以其他方式减损此类环境措施去鼓励在其领土内设立、收购、扩展投资。

四、投资委员会和提升环境联络点

(一) 投资委员会（协定第 12.17 条）

为了实现投资章节的目标,双方设立投资委员会,每年举行一次会议,通过一致同意做出决定。其职能包括:

(1) 讨论及审议本章的实施和运作;

(2) 讨论与本章相关的其他投资相关事项,包括缔约方国内不符合国民待遇原则的措施;

(3) 讨论本协定项下任何影响一缔约方的投资者在另一缔约方领土内投资的设立、收购、扩展、管理、经营、运营、出售或其他处置行为的事宜。

(二) 提升投资环境联络点 (协定第 12.19 条)

为提升投资环境和促进在其领土内投资的目的,中韩双方指定联络点受理对方投资者对于政府行政行为的投诉,协助解决对方投资者的困难。双方的联络点将尽可能提供设立、清算、投资促进方面的咨询服务。韩国的联络点为产业通商资源部大韩贸易投资振兴公社或其继任者;另外,双方也应在其地方政府维持当地联络点以便迅速回应对方投资者的投诉和困难。

第五章 《中韩自贸协定》原产地规则

《关税与贸易总协定》(General Agreement on Tariffs and Trade, GATT)第24条8款乙项规定，自由贸易区应理解为两个或两个以上关税领土组成的集团，集团内各成员方之间对原产产品的贸易基本取消关税和其他限制性措施（必要时，第11条、第12条、第13条、第14条、第15条及第20条准许者除外）[1]。自由贸易区的特点是，集团内成员国（地区）之间相互取消原产产品关税或其他贸易措施，但各成员国（地区）对原产于集团外的产品仍然征收关税或实施其他贸易措施。因此，具体实施时，判断产品是否原产于集团内显得尤为重要，原产地规则和标准也始终是自由贸易协定的重点内容。

《中华人民共和国政府和大韩民国政府自由贸易协定》（以下简称"《中韩自贸协定》"）正文原产地规则共有14条，遵循了由简至繁的逻辑顺序，从基本定义入手逐步展开至复杂概念。第3.1条对原产地规则中涉及的基本概念进行了界定，第3.2条阐述了"原产产品"的概念及标准，第3.3条针对《中韩自贸协定》中一类特定货物的判定标准进行了单独说明，第3.4—3.14条规定了赋予原产资格的一般性规则。本章将对上述规则逐一分析、解读。

---

[1] 英文原文："A free-trade area shall be understood to mean a group of two or more customs territories in which the duties and other restrictive regulations of commerce (except, where necessary, those permitted under Articles XI, XII, XIII, XIV, XV and XX) are eliminated on substantially all the trade between the constituent territories in products originating in such territories"。

一、第3.1条 定义

与我国商签的其他自由贸易协定类似,《中韩自贸协定》原产地规则以"定义"开头。定义通常设定原产地规则中所使用的各种术语的名称,并对其具体含义做一定的解释和阐述,具有法律约束力。定义中的术语将在原产地规则中反复出现,每次出现时其含义均应当按照定义中的解释理解或执行。

水产养殖是指对水生生物体的养殖,包括从卵、鱼苗、鱼虫和鱼卵等胚胎开始,养殖鱼类、软体类、甲壳类、其他水生无脊椎动物和水生植物等。养殖通过如规律的放养、喂养或防止捕食者侵袭等方式对饲养或生长过程进行干预,以提高蓄养群体的生产量。

农水产品是《中韩自贸协定》谈判的核心问题。本条明确水产养殖(aquaculture)应从卵、鱼苗、鱼虫和鱼卵等胚胎开始,对饲养或生长过程进行干预,目的在于提高生产量,具体包括规律的放养、喂养和防止捕食者掠食等方式。

授权机构是指根据出口方国内法律法规规定授权的原产地证书签发机构。

授权机构(Authorized Body)用英文直译应是被授权机构,即被授权签发原产地证书的机构。就我国而言,国内法明确授权中国贸促会为签发原产地证书的机构。《中华人民共和国进出口货物原产地条例》第十七条规定"出口货物发货人可以向国家质量监督检验检疫总局所属的各地出入境检验检疫机构、中国国际贸易促进委员会及其地方分会(以下简称签证机构),申请领取出口货物原产地证书"。2009年,中华人民共和国海关总署以海关公告的形式明确中国贸促会可签发优惠贸易协定项下出口货物原产地证书。

CIF是指包括运抵进口国进境口岸或地点的保险费和运费在内的进口货物价格。该价格应根据《海关估价协定》来确定。

FOB是指包括无论以何种运输方式将货物运抵最终外运口岸或地点的运输费用在内的船上交货价格。该价格应根据《海关估价协定》来确定。

对 CIF 和 FOB 的定义都涉及《海关估价协定》，即《关于实施 GATT 1994 第七条的协定》。GATT 1994 第七条海关估价（Valuation for Customs Purposes），规定了海关对进口商品估价的一般原则，《海关估价协定》则详细规定了适用这些一般原则的具体规则。

《海关估价协定》一般介绍性说明明确，"本协定项下完税价格的首要依据是第 1 条所定义的'成交价格'"。第 1 条规定"进口货物的完税价格应为成交价格，即为该货物出口销售至进口国时依照第 8 条的规定进行调整后的实付或应付的价格……"。第 8 条的规定"……每一成员在制定法规时，应对将下列各项内容全部或部分地包括或不包括在完税价格之中做出规定（a）进口货物运至进口港或进口地的费用；（b）与进口货物运至进口港或进口地相关的装卸费和处理费；及（c）保险费。"因此，在计算进口的非原产材料（或者产地不明的材料）的价格时，应当适用我国国内法中确定进口产品完税价格的规定，具体来说即适用《中华人民共和国海关审定进出口货物完税价格办法》第五条、第七条、第十一条至第十五条、第三十五条的规定。

可互换材料是指出于商业目的可以互换的材料，其性质实质相同，仅靠视觉观察无法加以区分。

可互换材料（fungible materials）一词多见于英美法系民商事法律法规中。《美国商法典》第二章一般定义和解释原则中使用"可替代货物"这一表达，规定：可替代货物指：（1）根据行业性质或惯例，其任何组成部分等效于其他任何类似组成部分的货物；或者（2）根据协议视作等效的其他货物。可互换材料性质相同，具有可互换性和在构成最终货品时的不可区分性。使用时，人们通常不关心其个体属性差异。例如，某人将 100 包小麦存放在粮仓中，日后当他想制造面包而从粮仓取出小麦时，他只关心取出 100 包小麦的品种和质量是否与当初存入时相同，并不关心这 100 包小麦是否是他当初存入的那 100 包。在生产和生活中，可互换材料随处可见。原油为可互换材料,一桶西德州中级原油可与任何一桶相同种类和等级的原油互换。相反,钻石不是可互换货物,因为每一颗钻石的切割工艺、成色、等级、大小都能不同,难以互换。

公认的会计原则是指一缔约方有关记录收入、支出、成本、资产及负债、信息披露以及编制财务报表方面所认可的会计准则、共识,或者权威标准。上述准则既包括普遍适用的概括性指导原则,也包括详细的标准、惯例及程序。

就我国而言,在自贸协定原产地规则中所涉及的公认的会计原则一般指的是中国《企业会计准则》。

货物是指任何商品、产品、物件,或者材料。

国际贸易除了国际货物买卖之外,还包括技术贸易和服务贸易。世界贸易组织协议即涵盖货物、服务和知识产权。多数自由贸易协定也是如此。此处对货物进行界定,有助于与其他两者进行区分。

协调制度(HS)是指世界海关组织编制的《商品名称及编码协调制度》,包括总则、类注、章注。

《商品名称及编码协调制度》是目前国际上应用范围最为广泛的国际贸易商品分类目录,由世界海关组织编制。各国以《协调制度》为基础编制税则目录,税则号的前六位数字必须与 HS 编码相同,保证了商品税则归类在世界范围内的一致性。其结构主要包括以下四个层次:第一层次——类,共分为 21 大类;第二层次——章(2 位数),共有 97 章,原则上按照产业部门划分;第三层次——品目(4 位数),原则上每一章的品目按产品的加工程度顺序排列;第四层次——子目(6 位数),与品目构成《协调制度》最主要的组成部分。为适应国际贸易和商品的发展,世界海关组织每 4 至 6 年对《协调制度》进行一次较大范围的修改。根据《协调制度》的修改变化,各国需要对本国进出口税则和统计商品目录进行相应调整。2017 年版《协调制度》分为 97 章共 1222 个 4 位数品目,5387 个 6 位数子目。

《中韩自贸协定》的这一定义并未明确《协调制度》的版本。但附件3—A（产品特定原产地规则）第一部分总体解释性说明第一条规定："本附件的产品特定原产地规则依据2012版《协调制度》制定。如与世界海关组织制定的《协调制度》法定条文中的商品描述不一致，应当以《协调制度》的商品描述为准。"

材料是指组成成分、零件、部件、半组装件，及（或）以物理形式构成另一货物的组成部分或者用于生产另一货物的货物。

材料在成品的生产过程中通常作为投入品用于各种制造加工装配过程。由于原产资格判定的各种规则，尤其是在含有非原产成分产品的原产资格判定过程中，需要对于非原产材料的价值、税则归类以及加工工序做详细的界定，因此，材料的概念显得非常重要。

材料流动于整个生产过程中，在每一个生产环节，都有可能有材料的投入。从供应链的角度，材料分为两种：一是主材料（Primary Material），指供应链中某个生产环节所投入的原材料；二是次材料（Secondary Material），指在供应链的某个生产环节中用于生产主材料所投入的原材料。主次材料为相对概念，供应链中某个环节的主材料有可能是后一个环节的次材料。主次材料的概念通常被用于含有非原产成分的产品的原产地判定和溯源中。

中性成分是指在另一货物的生产、测试或检验过程中使用，本身不构成该货物组成成分的货品。

中性成分（Neutral Elements）是指在产品生产过程中所使用的能源、燃料、工具、机器设备等材料，这些材料虽然用于生产，但未构成最终产品的组成部分。世界范围内的自由贸易协定总体上使用两种术语来指称这些材料，以《北美自由贸易协定》为代表的贸易协定称其为"间接材料"（Indirect Material），欧盟模式的自由贸易协定称为"中性成分"。非原产货物或者材料是指根据本章规定不具备原产资格的货物或者材料，包括原产地不明的货物或者材料。

原产货物或者材料是指根据本章规定具备原产资格的货物或材料。

定义中的概念,将贯穿本章节始终。此处采用"根据本章规定具备(不具备)原产资格的货物或材料",意在最大限度地描述符合(不符合)原产资格的条件。需要注意的是,原产地不明的货物或材料,被视作非原产。

运输用包装材料及容器是指运输期间用于保护货物的货品,零售所用的容器或包装材料除外。

优惠原产地规则将包装总体分为两种:一是销售包装,一是运输包装。定义中出现"运输用包装材料及容器(packaging materials and containers for shipment)",主要是为了与"零售用包装及容器(packing materials and containers for retail sale)"相区别。《中韩自贸协定》没有对后者进行定义。《协调制度》指出只要适用于直接销售给用户而货物无须重新包装即为零售包装。这一规定较为粗浅,并没有设定统一、具体的判断标准。实际工作中,通常从其销售对象、包装形状和包装数量等几个方面来考虑是否零售包装。作为零售货品的销售对象通常应该是最终消费者,其包装上通常有商品名称、商标、生产厂家、成分、使用方法等,其数量通常是较小的,与最终消费者的消费相适应。只有综合各方面的内容才能判断其是否为零售的货品。[①] 实务中我国海关将"零售包装"理解为:为将商品销售给个人消费者或家庭使用而设计的包装。[②]

生产商是指在一缔约方境内从事货物生产的人。

生产是指任意形式的作业或加工,包括货物的种植、饲养、开采、收获、捕捞、水产养殖、耕种、诱捕、狩猎、捕获、采集、收集、养殖、提取、制造、装配。

[①] 钟昌元:"浅议进出口贸易中零售成套货品的归类方法[J]",载《对外贸易实务》,2009年第9期,第50—54页。

[②] 马寅岚:"如何判断零售包装[J]",载《中国海关》,2007年第10期,第38—39页。

对于"生产（production）"的定义实际上是按照生产的复杂程度对于生产加工方式所做的分类。这里将以表格的形式分析定义所列举的生产方法，同时结合"材料"的定义列举出不同生产方法所使用的材料和最终产品类别（如表5-1所示）。

表5-1　不同生产方法所用的材料和最终产品类别

生产方法	投入品（材料）	成品（获得品）
种植、收获、收集、采集	不适用	谷物及谷物制品；蔬菜及水果；咖啡、茶、可可、香料及其制品；牲畜饲料；烟草及烟草制品
开采、提取	不适用	原矿物；金属矿；煤、焦炭及煤砖；石油、石油产品及有关原料；天然气
捕获、捕捞	不适用	鱼（非海洋哺乳动物）、甲壳动物、软体动物和水生无脊椎动物
饲养、繁殖、诱捕；狩猎	不适用	活动物
制造、生产、加工或装配	以物理形式构成另一货物的组成部分或者用于生产另一货物的货物	《国际贸易标准分类》第2部门至第9部门的商品

二、第3.2条　原产货物

除本章另有规定外，符合下列情况的货物应当视为原产于一缔约方：

（一）该货物是根据本章第3.4条的规定，在一缔约方完全获得或者生产；

（二）该货物在生产中全部使用原产材料，并完全在一缔约方生产；

（三）该货物在生产中使用了非原产材料，并完全在一缔约方生产，且货物符合附件3—A。并且货物满足本章其他适用的规定。

确定原产地总体要求的条款，是优惠原产地规则的核心，详细解释在某一自贸区中货物获得原产资格所需要满足的条件。通常被置于原产地规则的开头,统领其他各条规则,一般规定两大类原产要求:完全获得标准(当只有一国参与产品的生产时)和实质性改变标准(当产品的生产中使用了来自多个国家的投入品)。

完全获得标准无一例外地出现在世界主流原产地体系中。从原产地规则立法技术的角度,完全获得标准除了以专门条款及清单的模式出现在原产地规则的正文条款中,还有可能被纳入附件产品特定原产地规则中。

根据1973年《京都公约》,实质性改变标准可以采用下列方法表述:(1)采用要求在特定的税则目录中发生税则归类改变的规则加以表述,另附例外清表;(2)采用制造或加工工序清表加以表述,其中列明赋予或者不赋予货物原产国的制造或加工工序(在该国进行的);(3)采用从价百分比标准加以表述,其中既可以用所使用的材料价值所占百分比加以表述,也可以用增值百分比所达到的一定水平加以表述。

《中韩自贸协定》在第3.4条"完全获得或生产的货物"中分类列举了可以作为判定完全获得或生产的货物的原产地判定具体标准;在第3.5条"区域价值成分"和附件3—A"产品原产地特定规则"中对使用了非原产材料的产品判定标准(即实质性改变标准)进行了说明;在第3.6条至第3.14条对特殊情形下能否判定货物具备原产资格的标准进行了说明。

三、第3.3条　特定货物处理

(一)尽管有第3.2条的规定,对于附件3—B所列货物使用一缔约方的出口材料在缔约方领土之外的地域(以下简称"境外加工区")上完成加工,并在完成加工后再复出口至该缔约方用于向另一缔约方出口的货物①,如符合下列条件应被视为该缔约方原产:

---

① 就本章而言,缔约双方同意,本条所述的货物加工区域仅限于本协定签署前在朝鲜半岛上的已运行的工业区。

1. 非原产材料的总价值不超过申明获得原产资格最终货物FOB价格的40%；

2. 货物生产中使用的一缔约方出口的原产材料价值不低于全部材料价值的60%。

（二）缔约双方应在联合委员会项下建立境外加工区委员会，以完成下述职责：

1. 监控本条第一款的实施。
2. 向联合委员会汇报工作情况并在必要时提供建议。
3. 审议和指定现有境外加工区的扩大及其他的境外加工区①。
4. 讨论联合委员会指定的其他议题。

（三）为进一步说明，除本条款另有规定外，本章的其他相关条款应适用于本条第一款所指的货物。

本条可以看作是中韩对在境外加工区（仅限于协定签署前在朝鲜半岛上的已运行的工业区）使用某一缔约方原产材料加工的货物，然后复出口至该缔约方后货物原产资格判定的特殊说明。协定强调在此情形下若想获得原产资格，必须同时满足两个条件：一是非原产材料价值同最终货物FOB价值的比值，不超过40%；二是出口缔约方的原产材料价值同总材料价值的比值，不低于60%。从这两个条件来看，第一个条件设定非原产材料总价值与货物FOB价格比值的最高临界值，主要目的在于保证加工过程中使用一定比值的原产材料；第二个条件限定出口缔约方的原产材料价值同总材料价值的比值的最低临界值，目的主要是限定非原产材料在境外加工区内应尽可能经过"实质性改变"加工。因此，这两个条件分别从原材料和加工要求两方面来限定在境外加工区生产的材料要求。

优惠原产地规则一般要求，在自由贸易区内开展的使得产品获得原产资格的生产加工不被中断。这里的"不被中断"，是指获得

---

① 就本款而言，境外加工区应指位于朝鲜半岛的工业区。缔约双方主管当局应讨论并就指定其他境外加工区及境外加工区的扩大事宜达成一致。

原产资格所需要的生产加工工序必须连贯地在自贸区内进行,生产加工工序的地理范围必须局限于自贸区的地理范围之内。如果产品在自贸区之外进行了加工,则会导致其丧失原产资格,或者导致本已获得原产资格的投入品丧失原产资格。本条"特定货物处理"规则实质上是对"不被中断"这一要求的放松。

四、第3.4条 完全获得或者生产的货物

本条明确了《中韩自贸协定》原产地规则中"完全获得或生产"的具体含义,并且列明完全获得或生产的货物清单。应当注意的是,"完全获得或生产"并不完全禁止进口因素的存在,例如下列清单包括在中国或韩国境内种植、采摘的蔬菜,但是并不排除由进口蔬菜种子长成的蔬菜产品。

就第3.2条第(一)项而言,下列货物应当视为在一缔约方完全获得或生产:

(一)在一缔约方出生并饲养的活动物:

本项中的动物应当包括一切生命形式的动物。具体包括哺乳动物、鸟类、鱼类、甲壳动物、软体动物、爬行动物、细菌及病毒。

(二)从上述第(一)项所述活动物中获得的产品:

《中韩自贸协定》原产地规则将从活动物中获得的产品单独列为第(二)项。这些产品是指从活动物获得的未经进一步加工的产品,包括奶类、蛋类、天然蜂蜜、毛发、羊毛、精液及粪便等。

(三)在一缔约方种植,并收获、采摘或采集的植物及植物产品:

本项中植物及植物产品包括但不限于:谷物;水果,花,蔬菜,树木,海藻,真菌等。

(四)在一缔约方的陆地领土、内水或领海内狩猎、诱捕、捕捞、水产养殖、采集或捕捉获得的货物;

本项中的货物是指在一方内用上述方法获得的野生动物,不要求该动物是死是活,不要求是否在一方境内出生或者饲养。

根据《联合国海洋法公约》(1982年《蒙特哥湾公约》)的规定,本项所指"领海"被严格限定在12海里区域。涵盖范围更广的专属经济区(EEZ)(可达200海里)的存在与此无关。[①]《中华人民共和国领海及毗连区法》第二条至第五条规定,中方领海指邻接中华人民共和国陆地领土和内水的一带海域。中方领海的宽度从领海基线量起为十二海里。领海基线采用直线基线法划定,由各相邻基点之间的直线连线组成。领海的外部界限为一条其每一点与领海基线的最近点距离等于十二海里的线。

(五)从一缔约方陆地领土、领水及其海床或底土提取或得到的,未包括在上述第(一)项至第(四)项的矿物质及其他天然资源;

矿物产品包括但不限于各种矿石,天然蒸馏盐,天然矿物硫磺,天然砂,黏土,金属矿,原油,天然气,煤,其他无生命的天然生成物质包括但不限于天然土,普通天然水,天然矿泉水,自然冰,天然雪等。

(六)在一缔约方领海以外的水域、海床或底土得到的货物,只要该缔约方有权开发上述水域海床或底土;

本项中"缔约方领海以外的水域、海床或底土"的描述涉及大陆架问题。沿海国的大陆架包括其领海以外依其陆地领土的全部自然延伸,扩展到大陆边外缘的海地区域的海床和底土,包括沿海国陆块没入水中的延伸部分,由陆架、陆坡和陆基的海床和底土构成。《联合国海洋法公约》第七十七条规定:沿海国为勘探大陆架和开发其自然资源的目的,对大陆架行使主权权利。一九九六年我国第八届全国人民代表大会常务委员会第十九次会议决定批准《联合国海洋法公约》,同时声明如下:"一、按照《联合国海洋法公约》的规定,中华人民共和国享有二百海里专属经济区和大陆架的

---

① [意] 斯特凡诺伊那马:《国际贸易中的原产地规则》,海关总署关税征管司译,中国海关出版社2012年版,第196页。

主权权利和管辖权。二、中华人民共和国将与海岸相向或相邻的国家,通过协商,在国际法基础上,按照公平原则划定各自海洋管辖权界限。三、中华人民共和国重申对1992年2月25日颁布的《中华人民共和国领海及毗连区法》第二条所列各群岛及岛屿的主权。四、中华人民共和国重申:《联合国海洋法公约》有关领海内无害通过的规定,不妨碍沿海国按其法律规章要求外国军舰通过领海必须事先得到该国许可或通知该国的权利。"

此外,"一缔约方领海以外的水域、海床或底土"还包括公海。《联合国海洋法公约》第八十六条对于公海的定义:公海是指不包括在国家的专属经济区、领海或内水或群岛国的群岛水域内的全部海域。公海对所有国家开放,不论其为沿海国或内陆国。

(七)由一缔约方注册或登记并悬挂其国旗的船舶在一缔约方领海以外的水域、海床或底土捕捞获得的鱼类及其他海洋产品;

《联合国海洋法公约》要求,每个国家应确定对船舶给予国籍、船舶在其领土内登记及船舶悬挂该国旗帜的权利的条件。船舶具有其有权悬挂的旗帜所属国家的国籍。本项对于"船舶"采用注册或登记并悬挂国旗的要求,与我国目前国内法相符。《中华人民共和国船舶登记条例》第三条规定,船舶经依法登记,取得中华人民共和国国籍,方可悬挂中华人民共和国国旗航行;未经登记的,不得悬挂中华人民共和国国旗。

本项中的船舶一般指渔业船舶。《中华人民共和国渔港水域交通安全管理条例》第四条规定:渔业船舶是指从事渔业生产的船舶以及属于水产系统为渔业生产服务的船舶,包括捕捞船、养殖船、水产运销船、冷藏加工船、油船、供应船、渔业指导船、科研调查船、教学实习船、渔港工程船、拖轮、交通船、驳船、渔政船和渔监船。

(八)由一缔约方注册或登记并悬挂其国旗的加工船上,完全用上述第(七)项所述货物制造或加工的货物;

本项中的加工船又称渔业基地船,专用于在海上接受捕捞渔船的渔获物，将其加工成各种鱼品，在船上储藏或转运的船，实际上是海上浮动的鱼品加工厂。按捕捞的鱼类、捕捞方式、渔获物加工的成品种类，分为多种专业船，包括：鲑、鳟鱼母船、延绳吊母船、鱼粉加工船、捕鲸母船、蟹工船、虾工船等。各种加工船型，排水量大小不等，有几百吨到几千吨，特大型渔业加工船满载排水量达2万多吨，设有加工、制冷、动力等多种设备，有充裕的冷藏舱室及加工车间；有较广阔的作业甲板和较大的加工车间，以利处理和加工渔获物。

（九）在一缔约方制造或者加工过程中产生的，仅用于原材料回收或可用做另一货物生产材料的废碎料；或者在一缔约方收集的仅用于原材料回收的消费过的旧货；

本项废碎料原产地标准，要求必须是在一缔约方制造或加工过程中产生的，并且这些废碎料仅用于原材料回收或用作另一货物的生产材料，因此对废碎料原产地判定要求其生产国为原产地。而对于旧货则要求必须仅用于原材料回收，且在一缔约方经过消费，因此对于旧货原产地的判定要求不能以生产国为原产地，而只能以使用国为原产地。

（十）在一缔约方完全从上述第（一）项至第（九）项所指货物获得或生产的货物。

本项的适用条件非常苛刻。若适用该项，生产原产产品的任何原材料必须满足本条（第3.4条）所规定的完全获得或生产的标准。也就是说，无论如何追溯，在整个生产过程中，所有投入品全部属于本条完全获得或生产清单范围。实务中，越接近供应链的上游，越容易进行原产地的追溯，越容易满足本条清单的要求。因此，本条清单中的产品通常为农、林、牧、渔、矿等产业中所涉及的天然产品或初级加工品。

五、第3.5条 区域价值成分

（一）在适用附件3—A所规定的区域价值成分（以下简称

"RVC") 标准时,其 RVC 应当根据下列公式计算:

$$RVC = \frac{FOB - VNM}{FOB} \times 100\%$$

其中:RVC 为区域价值成分,以百分比表示;VNM 为非原产材料的价值。

(二) VNM 应当根据下列情况加以确定:

(1) 对于进口的非原产材料,VNM 应为在货物进口时的 CIF 价格;

(2) 对于在一缔约方获得的非原产材料,VNM 应为在该缔约方货物生产过程中最早确定的非原产材料的实付或应付价格。该非原产材料的价格不应包括将其从供应商仓库运抵生产商所在地的运费、保险费、包装费及任何其他费用。

(3) 具备一缔约方原产资格的产品在该缔约方被用作另一产品生产的原产材料,则在确定后一产品的原产地时,该原产材料中包含的非原产成分不应被计入后一产品的非原产成分中。

如前文所述,非原产投入品发生实质性改变的具体标准有:税则归类改变标准、从价百分比标准、加工工序标准以及以上三项的组合。其中,从价百分比标准要求产品生产过程中所产生的增加值必须达到产品价值一定比例。全球自贸协定的实践中由此产生了两种从价百分比模式:一是计算非原产成分的上限,货物在某一国家或地区制造加工,如果非原产成分占产品价值的百分比未超过一定限度,则视该国或该地区为产品的原产地;二是计算原产材料的下限,生产过程中所产生的原产价值占产品价值的比例等于或超过一定数值,则视该国或该地区为产品的原产地。

《中韩自贸协定》采用了第二种模式,即通过规定区域价值成分(以下简称"RVC")的最低限额来确定原产地。只有 RVC 超过规定百分比的才可判定原产资格。需要特别注意的是,在计算 RVC 时,非原产材料的价格不应包括从供应商仓库运抵生产商所在地的运费、保险费、包装费及其他任何费用。

六、第3.6条 累积规则

一缔约方的原产货物或材料在另一缔约方用于生产另一货物时,该货物或材料应当视为原产于后一缔约方。

累积规则允许自由贸易协定的缔约国在生产过程中使用来自于(原产于)另一缔约国投入品,最终产品仍然可以获得原产资格。即用协定拟制一个覆盖各缔约国的区域,在此区域内各缔约国共享生产过程,共同满足原产地规则。因为在现代生产的过程中,生产过程中使用来自于不同国家的两种或者两者以上的投入品是非常正常的现象。累积规则允许一缔约国的产品在另一缔约国被作为投入品进行进一步加工,该投入品视同原产于另一缔约国。通过这种方式,一国在进行生产的过程中被赋予了更多的选择机会,可以选择缔约国的投入品而不失去最终产品的原产资格。

《中韩自贸协定》累积规则的要件是:(1)被累积的货物或材料必须具有中国或韩国原产资格;(2)必须在韩国或中国用于另一货物的加工制造。例如,韩国可以使用从我国进口的织物制造夹克衫,如果该织物是在我国生产并取得原产资格,则在判定夹克衫的原产资格时,可将该织物视为原产于韩国。

七、第3.7条 微小加工或者处理

(一)对货物的本质特征影响轻微的加工或处理,无论是单独的还是相互结合完成的,不管货物是否满足附件3—A所列的产品特定原产地规则,均不得赋予原产资格:

(1)为确保货物在运输或储藏期间处于良好状态而进行的处理;

(2)把物品零部件装配成完整品,或将产品拆成零部件的简单装配或拆卸;

(3)更换包装、分拆和组合包装;

(4) 洗涤、清洁；除尘、除去氧化物、除油、去漆以及去除其他涂层；

(5) 纺织品的熨烫或压平；

(6) 简单的上漆及磨光工序；

(7) 谷物及大米的去壳、部分或完全的漂白、抛光及上光；

(8) 食糖上色或加味，或形成糖块的操作；部分或全部将晶糖磨粉；

(9) 水果、坚果及蔬菜的去皮、去核及去壳；

(10) 削尖、简单研磨或简单切割；

(11) 过滤、筛选、挑选、分类、分级、匹配（包括成套物品的组合）、纵切、弯曲、卷绕或展开；

(12) 简单装瓶、装罐、装壶、装袋、装箱或装盒、固定于纸板或木板及其他简单的包装工序；

(13) 在产品或其包装上粘贴或印刷标志、标签、标识及其他类似的区别标记；

(14) 同类或不同类产品的简单混合；糖与其他材料的混合；

(15) 测试或校准；

(16) 仅用水或其他物质稀释，未实质改变货物的性质；

(17) 干燥、加盐（或盐渍）、冷藏、冷冻；

(18) 动物屠宰；

(19) 第（1）项至第（18）项中两项或多项工序的组合。

（二）在确定某项产品的生产或加工是否是第一款所述的微小加工或者处理时，对该产品在一缔约方进行的所有操作都应被考虑在内。

（三）双方可就其他应视为微小加工的加工工序达成一致。

本条列明对于成品的生产只有微小效果的生产加工程序，即使最终产品完成了税则归类改变或者从价百分比规则，这些程序不足以赋予最终产品的原产资格。清单中列明的工序，无论是单独进行还是相互结合进行，均不能赋予产品原产地资格。需要指出的是：这一规则并不是说经过了上述工序的产品一概不具有原产资格，如果产品既发生了能够赋予其原产资格的实质性改变，又经过了上述工序中的一种或者几种，此时该产品仍然具有原产资格。

八、第3.8条 微小含量

货物不满足附件3—A规定的税则归类改变要求，但同时符合下列条件的，仍应视为原产货物：

（一）（1）对于协调制度第15章至第24章、第50章至第63章以外的货物，在货物生产中所使用的未发生规定税则归类改变的全部非原产材料的价值不超过该货物FOB价格的10%；

（2）对于协调制度第15章至第24章的货物，在货物生产中所使用的未发生规定税则归类改变的全部非原产材料的价值不超过该货物FOB价格的10%，且所使用的上述非原产材料的子目不同于最终货物的子目号；

（3）对于协调制度第50章至第63章的货物，在货物生产中使用了未发生规定税则归类改变的非原产材料，只要全部上述非原产材料的重量不超过该货物总重量的10%，或者全部上述非原产材料的价值不超过该货物FOB价格的10%。

（二）货物符合本章的所有其他规定。

大多数自贸协定的原产地规则中都有微小含量条款，允许区域原产货物中含有一小部分非原产材料，且不影响货物的原产资格。这一规则通常被作为税则归类改变规则的例外情况。例如，中国某制造商使用经鞣制或半硝处理后进一步加工的不带毛的牛皮革全粒面未剖层湿革（HS：4104.11）为原材料，制造粒面剖层干革（HS：4104.41）并出口至韩国。其中来自阿根廷进口的未剖层湿革原材料价值占最终制成品粒面剖层干革FOB价值的7%，其余的原材料来自中国。查询《中韩自贸协定》附件3—A可知，粒面剖层干革（HS：4104.41）适用的产品特定规则是品目改变，即从非原产材料（阿根廷进口的未剖层湿革）到最终制成品（粒面剖层干革）前四位税号需发生变化。但是，根据本条第一项之规定，只要非原产材料价值不超过该货物 FOB 价格的 10%，最终成品粒面剖层干革（HS：4104.41）仍可获得中国原产资格。

九、第 3.9 条　可互换材料

（一）在确定用于生产的材料是否具备原产资格时，任何可互换材料应当通过下列方法之一加以区分：

（1）可互换材料在保存中是物理分离的；

（2）使用了货物生产方公认会计原则承认的库存管理方法。

（二）如根据第一款的规定，对于某一项可互换材料选用了一种库存管理方法，则该方法应在一个财务年度内持续使用。

在货物的生产环节中，生产商很有可能需要使用可互换的货物或材料作为生产投入品，用于最终产品的生产过程中。一般情况下，生产商需要将原产材料和非原产材料分开储存，以便在原产地溯源时能够区分生产最终产品过程中所使用的不同产地的原材料，进而确定最终产品是否可以享受优惠待遇。但是在使用可互换材料进行生产时，由于可互换货物或材料的特性，其在库存阶段和生产阶段通常发生混合。想要判定混合后的可互换的货物或材料的产地，需要将混合物恢复到混合前的状态。在生产实践中有两种分离方法：一是物理分离，即采用物理方法将发生混合的可互换的货物或材料分开；另一种是会计分离，即采用公认会计原则中的一些库存统计方法来解决上述难题。

本条规定在确定用于生产的材料是否具备原产资格时，既可采用物理分离，也可使用货物生产方公认会计原则承认的库存管理方法，即我国《企业会计准则》中承认的库存管理方法。实践中，库存管理方法多种多样，常用的如"先进先出"（First In First Out）。具体如图 5-1 所示。

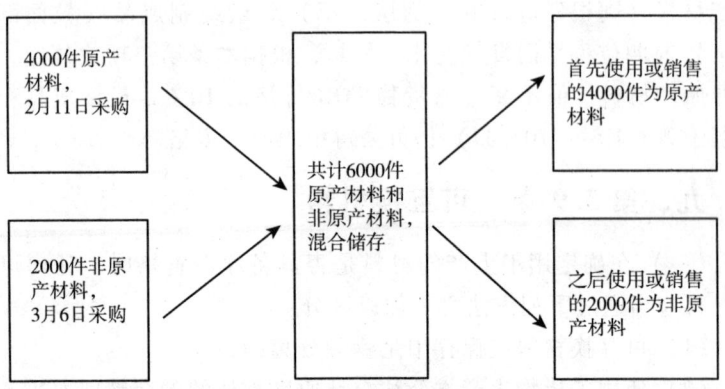

图 5-1 "先进先出"法判定可互换材料产地的流程

十、第 3.10 条　中性成分

在确定货物是否为原产货物时，下列中性成分的原产地不予考虑：

（1）燃料、能源、催化剂及溶剂；

（2）用于测试或检验货物的设备、装置及用品；

（3）手套、眼镜、鞋靴、衣服、安全设备及用品；

（4）工具、模具及型模；

（5）用于设备和建筑维护的备件和材料；

（6）在生产中使用或用于运行设备和维护厂房建筑的润滑剂、油（滑）脂、合成材料及其他材料；

（7）在货物生产过程中使用，虽未构成该货物组成成分，但能合理表明为该货物生产过程一部分的任何其他货物。

如前所述，中性成分是指在产品生产过程中所使用的能源、燃料、工具、机器设备等材料，这些材料虽然用于生产，但未构成最终产品的组成部分。本条明确，在中韩贸易协定项下对货物进行原产地判定时，对中性成分原产地不予考虑。

十一、第 3.11 条 成套货品

（一）对于协调制度归类总规则三所定义的成套货品，如果各组件均原产于一缔约方，则该成套货品应当视为原产于该缔约方。

（二）尽管有上述规定，如果部分组件非原产于一缔约方，只要按照第 3.5 条所确定的非原产货物价值不超过该成套货品 FOB 价格的 15%，该成套货品仍应视为原产于该缔约方。

实践中，成套的货物通常含有两件或者两件以上不同的产品，如果这些不同产品的产地不同，将给成套货物的原产地判定带来困难。本条旨在为这一难题给出解决路径。如果成套货物的各组件均原产，则该成套货物应视为原产；如成套货物中有组件非原产，只要按照第 3.5 条所确定的非原产货物价值不超过该成套货物 FOB 价格的 15%，则该成套货物仍具有原产资格。

十二、第 3.12 条 包装材料及容器

（一）在确定货物原产地时，用于货物运输的包装材料及容器不予考虑。

（二）如果零售用包装材料及容器与该货物一并归类，在决定生产过程中所使用的非原产材料是否发生了产品特定规则规定的税则归类改变时，这些零售用包装材料及容器应不予考虑。但是，对于必须适用区域价值成分要求的货物，在确定该货物原产地时，零售用包装材料及容器的价值应当视情作为原产材料或非原产材料予以考虑。

本条对运输用和零售用包装材料及容器进行了区分，在确定货物原产地时采用了不同的处理方法。对于运输用包装材料及容器，一律不予考虑。对于运输用包装材料及容器，若其与货物一起归类（例如，适合长期使用的照相机套、乐器盒、枪套、绘图仪器盒、项链盒），且整体货物的原产地需要适用税则归类改变规则判定，

则包装的原产地不予考虑；若整体货物的原产地需要适用区域价值成分规则判定，则包装的原产地需要明确。

十三、第 3.13 条　附件、备件及工具

（一）在确定货物的原产地时，与货物一同运输并报验进口的附件、备件或工具，同时符合下述条件的，应当不予考虑：

（1）附件、备件或工具与该货物一并归类，且不单独开具发票；

（2）上述附件、备件或工具在数量及价值上都是根据习惯为该货物正常配备的。

（二）对于适用区域价值成分要求的货物，在计算该货物的区域价值成分时，第一款中所述的附件、备件或工具的价值应当视情记入原产材料或非原产材料价值进行计算。

在判定产品原产地的过程中，需要首先确定产品的基准单位。如果产品带有附件、备件或工具，会在物理形态上超过一件。此时，是分别判定产品和附件，还是将产品和附件作为一个基准单位来进行判定？本条旨在解决这一问题。

如判定某一货物原产资格时适用区域价值成分要求，与货物一同运输并报验的附件、备件或工具，应当视实际情况计入区域价值成分的计算中；如该货物不适用区域价值成分要求，且相关附件、备件、工具为正常配备、与该货物一并归类且不单独开具发票，则在原产资格判定过程中不考虑该附件、备件或工具。

十四、第 3.14 条　直接运输

（一）申明享受优惠关税待遇的缔约方原产货物，应当在缔约双方之间直接运输。

（二）货物运经一个或多个非缔约方，不论是否在这些非缔约方转换运输工具或临时储存，只要满足下列条件，仍应视为在成员方之间直接运输：

(1) 货物的转运被证明是基于地理原因或者仅出于运输需要考虑；

(2) 货物在非缔约方未进入贸易或消费领域；

(3) 除装卸、因运输原因而分装，或使货物保持良好状态所需的处理外，货物在非缔约方未经任何其他处理；

依据本条规定货物在非缔约方临时储存的，货物在储存期间必须处于非缔约方海关监管之下。货物在非缔约方停留时间自其进入该非缔约方之日起不得超过3个月。如果因不可抗力原因导致货物停留时间超过3个月的，则停留时间最多不得超过6个月。

(三) 就本条第二款而言，在申报进口货物时，应当向进口方海关提交下列单证：

(1) 对于在非缔约方转运或者转换运输工具的，应提交如航空运单、提单或涵盖出口方至进口方的多式联运提单等运输单证；

(2) 对于在非缔约方存储或者改换运输用集装箱的，应提交如航空运单、提单或涵盖出口方至进口方的多式联运提单等运输单证，以及该非缔约方海关出具的证明文件。进口方海关可指定非缔约方的其他有资质的机构签发证明文件，并应将该信息通知出口方海关。

大部分的自由贸易协定中都包含有直接运输规则。直接运输规则是为了确保到达进口国的产品与离开出口国的产品完全一致，降低根据自由贸易协定可以享受优惠待遇的产品在运输途中遭到人为操纵或者被掺加非原产产品的风险，保证在自由贸易区内开展的使得产品获得原产资格的生产加工不得中断。从这个意义上说，直接运输规则并非严格意义上的判定原产的规则，而是一种行政手段，用来防止在运输途中对原产产品所进行的欺骗行为。

本条第二、三款规定了直接运输规则的例外情况。对于直运规则的突破必须遵循严格的规定：一是在转运和仓储的过程中不得对产品进行加工，二是且需要提供航空运单、提单或全程联运提单等佐证材料，三是对于在非缔约方存储或改换运输用集装箱的，货物还需要处于转运国海关的监控之下并提供非缔约方海关的证明文件。

十五、附件3—A 产品原产地特定规则

(一) 第一部分 总体解释性说明

(1) 本附件的产品特定规则依据2012版《协调制度》制定。如与世界海关组织制定的《协调制度》法定条文中的商品描述不一致,应当以《协调制度》的商品描述为准。

优惠原产地规则通常采用清单的模式规定特定原产地规则。清单的基础架构是基于《协调制度》的税则归类表,清单中商品的项目取决于税则归类表的复杂程度,通常以6位税则号最为常见。

(2) 适用于某一子目(6位编码)的特定规则或特定组合规则列于该子目(6位编码)之后。

如表5-2所示,《中韩自贸协定》产品特定原产地规则(中文版)采用6位税则号。第一至三栏显示产品的商品编码(2012版);第四栏显示产品的英文商品描述,第五栏显示中文商品描述,该描述以2012版为蓝本;第六栏、第七栏是产品对应的原产地标准,例如驴,原产地标准为"完全获得"。

表5-2 产品特定原产地规则

章	品目	子目 (HS2012)	Product Description	商品描述	适用的 产品特定 规则	适用的 产品特定 规则
01			Live animals	活动物		
	01.01		Live horses, asses, mules and hinnies	马、驴、骡		
			Horses	马		
		0101.21	Pure-bred breeding animals	改良种用	WO	完全获得
		0101.29	Other	其他	WO	完全获得
		0101.30	Asses	驴	WO	完全获得
	01.02		Live bovine animals	牛		

第五章 《中韩自贸协定》原产地规则

(二) 第二部分 产品特定原产地规则

(1) 如果一个子目适用可选择性的原产地特定规则（例如，表5-3中的章改变或者区域价值成分40%），满足可选择性标准中的任意一个即可视为符合该规则。

在可选择性原产地标准中，出口商/生产商可结合实际情况挑选最容易满足的规则来申请原产地证书。

表5-3　　　　可选择性的原产地特定规则举例

章	品目	子目(HS2012)	Product Description	商品描述	适用的产品特定规则	适用的产品特定规则
	62.01		Men's or boys' overcoats, car-coats, capes, cloaks, anoraks (including ski-jackets), wind-cheaters, wind-jackets and similar articles, other than those of heading 62.03	男式大衣、短大衣、斗篷、短斗篷、带风帽的防寒短上衣（包括滑雪短上衣）、防风衣、防风短上衣及类似品，但税号62.03的货品除外		
			Overcoats, raincoats, car-coats, capes, cloaks and similar articles:	大衣、雨衣、短大衣、斗篷、短斗篷及类似品		
		6201.11	Of wool or fine animal hair	改良种用	WO or RVC (40%)	章改变；或者区域价值成分40%
		6201.12	Of cotton	其他	WO or RVC (40%)	章改变；或者区域价值成分40%

· 125 ·

(2) 如果一个子目适用复合原产地特定规则（例如，表5-4中的品目改变且区域价值成分45%），同时满足其中的所有标准才可视为符合该规则。

复合原产地标准要求同时满足"适用的产品特定规则"所列所有标准，其主要目的在于增加原产地规则的限制性，促进自贸区内工业的发展，使得区域内生产的原材料比当地产的原材料更受优待。

表 5-4　　　　　　　复合原产地特定规则举例

章	品目	子目(HS2012)	Product Description	商品描述	适用的产品特定规则	适用的产品特定规则
	84.61		Machine-tools for planing, shaping, slotting, broaching, gear cutting, gear-grinding or gear finishing, sawing, cutting-off and other machine-tools working by removing metal or cermets, not elsewhere-specified or included.	切削金属或金属陶瓷的刨床、牛头刨床、插床、拉床、切齿机、齿轮磨床或齿轮精加工机床、锯床、切断机及其他品目未列名的切削机床		
		8461.20	Shaping or slotting machines	牛头刨床或插床	CTH and RVC (45)	品目改变且区域价值成分45%
		8461.30	Broaching machines	拉床	CTH and RVC (45)	品目改变且区域价值成分45%

(3) 如果特定原产地规则为税则归类改变标准，则在货物生产

中所使用的各非原产材料应发生规定的税则归类改变。税则归类改变的要求仅对非原产材料适用。

税则归类改变标准要求经过在一方或双方境内的加工，在特定的税则目录中发生税则归类改变。《中韩自贸协定》税则归类改变标准包括肯定标准和排除标准两类，其中肯定标准包括：章改变标准、品目改变标准、子目改变标准（如表 5-5 所示）。

表 5-5　　　　　　　　肯定标准举例

章	品目	子目（HS2012）	Product Description	商品描述	适用的产品特定规则	适用的产品特定规则
	25.18		Dolomite, whether or not calcined orsintered, including dolomite roughlytrimmed or merely cut, by sawing orotherwise, into blocks or slabs of arectangular (including square) shape; dolomite ramming mix.	白云石，不论是否煅烧、粗加修整或仅用锯或其他方法切割成矩形（包括正方形）的板、块；粘聚白云石（包括沥青白云石）		
		2518.10	Dolomite, not calcined or sintered	未煅烧或烧结的白云石	CTH	品目改变
		2518.20	Calcined or sintered dolomite	已煅烧或烧结的白云石	CTSH	子目改变

（4）如果特定原产地规则为税则归类改变标准，且规定了不能从《协调制度》的某些章、品目或者子目改变而来的例外情形（如表 5-6 所示），则应将原产地规则解释为只有当货物生产中使用的归入上述章、品目或者子目的材料为原产材料时，货物才具备原产资格。

表 5-6　　　　　　　　　　排除标准举例

章	品目	子目（HS2012）	Product Description	商品描述	适用的产品特定规则	适用的产品特定规则
19.01			Malt extract; food preparations of flour, groats, meal, starch or malt extract, notcontaining cocoa or containing less than 40% by weight of cocoa calculated on atotally defatted basis, not elsewherespecified or included; food preparationsof goods of headings 04.01 to 04.04, notcontaining cocoa or containing less than 5% by weight of cocoa calculated on atotally defatted basis, not elsewherespecified or included.	麦精；细粉、粗粒、粗粉、淀粉或麦精制的其他税号未列名的食品，不含可可或按重量计全脱脂可可含量低于40%；税目04.01至04.04所列货品制的其他税目未列名的食品，不含可可或按重量计全脱脂可可含量低于5%		
		1901.10	Preparations for infant use, put up forretail sale	供婴幼儿食用的零售包装食品	CC, except from chapter 4	章改变，但从第4章转变来的除外

（5）就本附件而言：

子目指《协调制度》规定的前六位编码；

品目指《协调制度》规定的前四位编码；

章指《协调制度》规定的前两位编码。

以上表中"1901.10"为例，19为章，1901为品目，190110为子目。

（6）就本附件的第五列而言：

章改变指货物生产中使用的所有非原产材料发生了前两位税则归类编码的改变；

品目改变指货物生产中使用的所有非原产材料发生了前四位税

则归类编码的改变；

子目改变指货物生产中使用的所有非原产材料发生了前六位税则归类编码的改变；

完全获得指货物根据第 3.4 条的规定须在一缔约方完全获得或者生产；以及区域价值成分 X% 指货物根据第 3.5 条规定计算的区域价值成分须不低于 X%。

第六章 中韩 FTA 优惠原产地证书的管理与操作

第一节 中韩 FTA《原产地实施程序》解读

一、原产地文件管理与制作

《中韩自由贸易协定》第 3.15 条原产地证书

一、如货物符合本章的各项规定，应出口商依据国内法授权的代理人、出口商或生产商的申请，附件 3—C 所示的原产地证书可由出口方授权机构签发。

【解读】

《中韩自由贸易协定》规定，原产地证书的申请主体可以是出口商依据国内法授权的代理人、出口商本身或生产商。出口商依据国内法可以授权代理人向原产地签发机构申请原产地证书，由出口商承担责任；出口商本身具有申请原产地证书的权利，但需要生产商提供证明货物原产资格的材料，如产品原材料清单、物料表、生产商声明等。生产商本身生产货物进行出口，也具有申请原产地证书的权利，自身可以提供证明原产地货物的文件。证明文件依据出口方授权机构要求提供。

出口方授权机构包括中国贸促会及地方机构和质检总局下属的出入境检验检疫机构。

二、原产地证书应当：

（一）具有不重复的证书编号。

【解读】

为了避免反复使用相同编号的原产地证书而影响进口国海关对进口货物原产资格的判断，需要签发带有不重复证书编号的原产地证书，更改的证书需要新的编号，可以有效地对原产地证书进行管理。

（二）注明货物具备本章所规定的原产地资格的依据。

【解读】

所谓"注明货物具备本章所规定的原产地资格的依据"，是指在原产地证第10栏注明货物享受优惠关税待遇所依据的原产地标准：WO，WP，PSR或者OP。详见证书背页填制说明第10栏。

（三）含有签名或印章样本等安全特征，并且印章应与出口方通知进口方的印章样本相符合。

（四）以英文填制。

（五）为打印格式，即原产地证书的签名和盖章由授权机构手工完成，或者原产地证书的签名和盖章为授权机构使用的电子格式。一份原产地证书正本仅能打印一次。

【解读】

在原产地证书制作方面，《中韩自由贸易协定》做出了直接而明确的规定，充分考虑到了原产地证书在使用中的安全性。

印章或签名与出口方通知进口方的印章样本符合，能够有效防止出现造假原产地证书的情况发生；以英文填制，有利于各个国家地区的海关对原产地证书上的资料得到清楚的认识，防止由于语言不熟悉而造成理解有误的情况发生；一份原产地证书正本只能打印一次，有遗失、损坏情况可按照《原产地实施程序》第五条的要求签发原产地证书副本。

关于原产地证书的格式，这里也要着重介绍下。通过与我国海关总署的沟通协调，贸促会积极争取、突破性实现贸促会中韩、中澳自贸协定项下电子原产地证书格式得到对方海关的认可和接受，为企业提供了安全便捷的自贸协定项下电子原产地证书签发服务模式。目前各贸促会优惠原产地签证机构可直接打印中韩、中澳自贸协定项下和 ECFA 项下原产地证书。

三、原产地证书应在货物装运前、装运时或装运后 7 个工作日内签发,并自出口方签发之日起一年内有效。

【解读】

在原产地证书签发时效方面,《中澳自由贸易协定》《中国—秘鲁自由贸易协定》《中国—瑞士自由贸易协定》《中国—新加坡自由贸易协定》和《中国—冰岛自由贸易协定》的规定相同,都是规定签发时间为货物出口前或出口时。当协定国地理位置接近时,往往货物即便通过海运都能够迅速到港,此时会发生出口商不能在装运前出证的情况,因此设计宽限期,有利于保障授权机构和出口商双方的权益,提高原产地证书的签发质量。《中韩自由贸易协定》《亚太自贸协定》《中国—东盟自由贸易协定》都属于这种情况。其中《中韩自由贸易协定》规定为货物装运前、装运时或装运后 7 个工作日签发,亚太贸易协定和中国—东盟自由贸易协定为 3 天。

在原产地证书的有效期方面,中国目前签订的自由贸易协定中规定基本一致,都是自签之日起 12 个月内有效。

四、如因不可抗力,非故意的错误、疏忽,或者其他合理原因,导致原产地证书未能在货物装运前、装运时或者装运后 7 个工作日内签发的,原产地证书可以在货物装船之日起 1 年内补发。补发的原产地证书应当注明"补发"字样。

【解读】

在原产地证书的补发这个问题上,《中韩自由贸易协定》与《中澳自由贸易协定》《中国—东盟自由贸易区原产地规则》《中国—秘鲁自由贸易协定》等现有的自贸协定规定一致,都是货物装船之日起 1 年内补发。其中,对于不可抗力,非故意的错误、疏忽,或者其他合理原因(包括但不限于上述三种)而导致原产地证书未能在规定时间内签发的,授权机构具有酌定权。

五、原产地证书被盗、遗失或损毁时，如果此前签发的原产地证书正本经核实未被使用，则出口商或生产商可以向出口方授权机构书面申请签发经核准原产地证书副本。经核准的原产地证书副本上应注明"原产地证书正本（编号日期）经核实的真实副本"字样。

【解读】

书面申请是指向原产地签发机构提交申请签发原产地证书副本的申请书。

关于原产地证书副本的使用着重说一下，《中韩自由贸易协定》规定了原产地证书被盗、遗失、损毁三中情形下使用证书副本的程序规则，在中国目前签订的自由贸易协定中，除了《中国—巴基斯坦自由贸易协定》外，原产地证书副本的使用规则高度一致，均适用于原产地证书被盗、遗失、损毁三种情形。

《中韩自由贸易协定》第3.16条授权机构

一、各缔约方应当将授权机构的名称及相关的联系信息通知另一缔约方海关。同时，一缔约方应当在其授权机构签发原产地证书之前，将该机构在相关表格和文件上所使用印章样本的具体信息提供给另一缔约方海关。

【解读】

出口国签证机构有职责提供给另一缔约海关有关授权机构的相关信息以及印章样本。关于这一条，《中韩自由贸易协定》与其他自由贸易协定并无不同。将授权机构的相关信息通知给进口国海关机构，并且提供印章样本，有利于对方海关在货物进口时确定原产地证书的真实有效性。

二、上述信息的变化应当立即通知另一缔约方海关，且应当在通知对方7个工作日后，或者在通知里注明的具体日期之日起生效执行。

【解读】

有利于更改的信息及时有效的传递到另一缔约海关，并且使得信息的改变能够有效地进行。若没有在通知里注明具体日期，则默认为通知后 7 天生效执行。

《中韩自由贸易协定》第 3.19 条提交原产地证书义务的免除

一、一缔约方应对完税价格不超过 700 美元或该缔约方币值等额的一批次原产货物免予要求提交原产地证书，并给予本章规定的优惠关税待遇。

二、如进口方海关确认该项进口实属为规避原产地证书的提交要求而实施或安排的一系列进口的一部分，则第一款的规定不予适用。

【解读】

完税价格，是指海关根据有关规定对进出口货物进行审定或评估后通过估价确定的价格，它是海关征收关税的依据。

规避原产地证书而实施的进口是指故意将一批次的进口货物拆分成是多次进口，将每次进口的货物价格控制在 700 美元之内以满足本条第一款并达到免予提交原产地证书和享受关税优惠待遇的目的。

我国对外签订的自由贸易协定中就免于提交原产地文件的规定类似，区别在于不同协定确定的完税价格门槛不一。例如，中国—东盟自贸区原产地规则第十六条规定：出口方的原产产品，其船上交货价（FOB）不超过 200 美元的，无需交验原产地证书（Form E），仅需出口商就有关产品原产于出口方作简要声明即可。船上交货价（FOB）不超过 200 美元的邮递物品应当照此办理。

《中韩自由贸易协定》第 3.20 条文件保存要求：

一、各缔约方应规定，生产商或出口商自原产地证书签发之日起 3 年内保存原产地相关文件。这些文件包括但不限于如下记录：

（一）货物的购买记录、成本及价值组成，或者支付记录；

（二）用于生产货物的所有材料（包括中性成分）的购买记录、成本及价值组成，或者支付记录；

（三）形成货物出口时状态的生产记录；

（四）各缔约方法律法规要求的其他记录。

二、各缔约方应要求进口商根据各自的法律法规保存与进口相关的文件。

三、各缔约方应当要求其授权机构保存原产地证书副本及能充分证明货物原产地的任何其他文件至少 3 年。

四、为确保迅速检索,出口商、生产商、进口商或授权机构可以根据各成员方国内法规的规定选择任意媒体介质保存第一款至第三款所述的记录,媒体介质包括但不限于数字、电子、光学、磁性或者书面等形式。

【解读】

《中韩自由贸易协定》对"文件保存要求"的规定有如下特点:

1. 对原产地文件的不同保存主体规定了不同的保存时间要求:生产商和出口商保存相应文件的时间要求为 3 年内;授权机构保存相应文件的时间要求为至少 3 年;对进口商保存相应文件的时间则未作明确要求。

2. 不同保存主体须保存的文件类型亦不相同。生产商和出口商须保存的文件包括但不限于如下记录:(一)货物的购买记录、成本及价值组成,或者支付记录;(二)用于生产货物的所有材料(包括中性成分)的购买记录、成本及价值组成,或者支付记录;(三)形成货物出口时状态的生产记录;(四)各缔约方法律法规要求的其他记录。进口商须保存的文件为根据各自的法律法规保存与进口相关的文件。授权机构则保存原产地证书副本及能充分证明货物原产地的任何其他文件。

3. 对文件保存的媒体介质作出了详细的规定。

保存文件有利于后续检查,出现进口方海关怀疑货物原产资格的时候能够拿出证据进行证明。

《中韩自由贸易协定》第 3.21 条微小差异和错误

尽管有第 3.23 条的规定,如进口方海关认定一份原产地证书存在微小差异和错误,如难以辨认,存在瑕疵,或者原产地证书信息和向海关书面申报的信息不一致等,进口方海关应给予进口商自要求之日起 5—30 个工作日的期限重新提交符合要求的原产地证书。

【解读】

微小差异和错误包括信息难于辨认,有纰漏瑕疵,证书信息与向海关申报的信息不一致等,一旦发现,需要进口商在5到30个工作日的期限重新提交符合要求的原产地证书。《中韩自由贸易协定》对微小差异和错误规定得比较明确,对于出现微小差异与错误的情况也进行了规定,有利于进口商出现类似情况有理可依,进行相应的补救行为。《中澳自由贸易协定》规定:如果对进口货物原产地无存疑,在原产地证书与实际货物相符的情况下,原产地证书上的微小印刷错误或文件的细微差异,或者原产地证书缺少背页说明不会导致原产地证书失效。相比之下,《中韩自贸协定》对微小差异和错误是零容忍。

《中韩自由贸易协定》第3.22条第三方发票:

在满足本章要求的前提下,进口方不得仅因为发票由第三方签发而拒绝原产地证书。

【解读】

对于第三方发票进行具体规定,避免由于第三方发票缺少明确规定而拒绝签发原产地证书的情况,这有利于出口商出口货物。中国—东盟自贸区原产地规则第二十三条对第三方发票也做了明确规定:"由驻在第三国的公司或者在出口方为该公司代销的出口商开具发票的,只要产品符合中国—东盟自贸区原产地规则的要求,进口方海关对原产地证书(Form E)应当予以接受。"

《中韩自由贸易协定》第3.24条保密

一、一缔约方对于另一缔约方根据本章规定提供的信息应予以保密,并保护该信息不被公开以侵害信息提供人的竞争地位。任何泄密行为应当依照各缔约方的法律规定予以处理。

二、如未经提供该信息的人或政府明确许可,第一款所指信息不得公开。

【解读】

一缔约方应该对另一方的提供信息予以保密,除非经过同意,否则不得公开。泄密行为会受到各缔约方的法律处理。

《中韩自由贸易协定》第3.27条原产地电子数据交换系统

根据《中华人民共和国海关总署与大韩民国关税厅战略合作安排》，缔约双方致力于按照共同确定的方式在本协议生效之前建立原产地电子数据交换系统，以确保本章的有效和高效实施。

【解读】

电子数据交换系统（Electronic data interchange，缩写EDI）是指按照统一规定的一套通用标准格式，将标准的经济信息，通过通信网络传输，在贸易伙伴的电子计算机系统之间进行数据的交换和自动处理。由于使用EDI能有效地减少直到最终消除贸易过程中的纸面单证，因而EDI也被俗称"无纸贸易"。它是一种利用计算机进行商务处理的新方法。目前，中韩两国海关已实现原产地证书电子联网和数据跨境交换。

《中韩自由贸易协定》第3.28条原产地规则分委员会

一、缔约双方特此设立一个原产地规则分委员会（以下简称"分委员会"），该分委员会由缔约双方海关组成并应向第4.16条（委员会和其他机构）定义的海关委员会报告。

二、各缔约方海关可对本章实施中引起的任何事项提出磋商要求。被请求的海关应在10日内确认接收请求并在60日内回复。为此，各方海关应指定联络点。

三、分委员会应至少每年召开一次，或在缔约双方协商同意时召开。

四、分委员会的职责包括：

（一）依据《协调制度》的转换版本，对附件3—A进行更新；

（二）确保对本章有效、统一和一贯的管理，并且在这方面加强合作；

（三）解决任何与本章实施和附件3—A相关的技术问题，例如税则归类改变、区域价值成分计算等；

（四）在协定生效之日后的第四年举行磋商，对本协定的第

3.4 条、第 3.5 条，以及原产地证据文件进行审议。

【解读】

海关委员会，为本章及第三章（原产地规则与实施程序）的有效实施与操作，在中韩自贸区联合委员会下成立海关委员会（以下简称"委员会"），由海关程序与贸易便利化分委员会和原产地规则分委员会组成。

海关程序与贸易便利化分委员会的职责应当包括：

（一）确保本章的合理实施并解决实施中发生的所有问题；

（二）对本章节解释与实施进行评估，同时酌情对本章进行修订；

（三）确认与本章有关的便利双方贸易的有关改进完善领域；

（四）向委员会报告。

海关程序与贸易便利化分委员会应当由双方海关当局代表组成。分委员会应当在双方同意的时间、地点会面。

协调制度的转换版本指 2012 年版的转换。

《中韩自由贸易协定》共用了九个条文规定原产地文件的管理与操作，分别规定于该协议的第 3.15 条"原产地证书"、第 3.16 条"授权机构"、第 3.19 条"提交原产地证书义务的免除"、第 3.20 条"文件保存要求"、第 3.21 条"微小差异和错误"、第 3.22 条"第三方发票"、第 3.24 条"保密"、第 3.27 条"原产地电子数据交换系统"、第 3.28 条"原产地规则分委员会"。

二、优惠关税待遇的申请程序

《中韩自由贸易协定》第 3.17 条申明享受优惠关税待遇

一、除本章另有规定外，申明享受优惠关税待遇的进口商应当：

（一）在进口报关单上作出书面申明，注明该进口货物为原产货物；

（二）在填制第（一）项所述的进口报关单时，持有有效的原产地证书；

（三）根据各自国内法律法规的规定，提交原产地证书正本以及与进口货物相关的其他证明文件。

【解读】

《中韩自由贸易协定》规定，进口商为享受优惠关税待遇，须做出书面声明，即在进口报关单上注明该进口货物为原产货物，同时须提交有效的原产地证书正本及与进口货物相关的其他证明文件。

二、当进口商有理由相信申报所依据的原产地证书上含有不正确的信息时，应当立即做出更正申报，并且缴纳所欠税款。

【解读】

协定中所指进口商有理由相信申报所依据的原产地证书上含有不正确的信息即是合理怀疑，包括但不限于：文件未经出口商签名（依据经核准的出口商出具的发票或商业单证所作的声明除外，不排除会出现这种情况）；优惠产地证书未经签证机构签署或者未署名日期；货物或包装上的原产地标记或其他随附文件上显示的原产地与原产地证书上所列的原产地不同；原产地证书上的细节显示，货物未经充分加工即赋予其原产地资格；签署文件所用的印章与备案印章不符等。一旦发现，应立即做出更正申报、缴纳税款，以最大限度地降低进口商的损失。

缴纳所欠税款，是指前一批原产资格未经怀疑的货物享受了优惠关税待遇而少缴纳的税款。

《中韩自由贸易协定》第3.18条货物进口后享受优惠关税待遇的处理

一、各缔约方应规定，当原产货物进口后，进口商可以在进口之日起一年内申请退还该货物未享受优惠关税待遇而多付的税款、保证金。进口商应向进口方海关提交下列文件：

（一）一份有效的原产地证书，证明该货物在进口时为原产货物；

（二）进口方要求提供的与进口该货物相关的其他文件。

【解读】

申请时间范围：一年内。

所需文件：一份有效的原产地证书以及进口方要求提供的与进口货物相关的其他文件。

特点：中韩 FTA 对货物进口后享受优惠关税待遇的处理有利于进口商减少由于原产地货物之前进口缺乏原产地证书而不能享受优惠关税的损失。

二、在不违背第一款规定的情况下，各方可根据各自法律法规要求进口商在进口时向海关正式申报以此作为享受优惠关税待遇的前提条件，否则进口商不得享受优惠。

三、原产地核查程序

《中韩自由贸易协定》第3.23条原产地核查

一、为确定从缔约一方输入另一缔约方的货物是否具备原产货物资格，进口方海关可以按以下顺序进行核查：

（一）要求进口商提供进口货物原产地相关的信息；

（二）要求出口方海关核查货物的原产资格；

（三）向出口方海关提出对出口方的出口商或者生产商开展核查访问；

（四）缔约双方海关共同商定的其他程序。

【解读】

协定第3.23条主要对核查的启动条件以及核查的顺序进行阐述。核查的启动条件主要是为确定从缔约一方输入另一缔约方的货物是否具备原产货物资格，从而判断该货物是否可以享受优惠关税待遇。

进口方海关首先向进口商要求提供相关信息，再要求出口方海关核查货物，之后由出口方海关提出对生产商或出口商进行核查访问，明确提出了申请核查的步骤，有利于进口商海关按部就班申请核查。

是否在核查方式的行使方面设定先后顺序以及设定何种先后顺序，取决于对不同核查方式在决定核查行为的真实性、可靠性及效率方面的认识。因此,不同的自贸协定所规定的核查步骤略有不同。

二、就第一款第(二)项而言:

(一)进口方海关应向出口方海关提供:

1. 提出该核查的原因;

2. 货物的原产地证书或者证书的副本;

3. 提出该核查请求的其他必要信息或者文件。

(二)出口方海关应自收到核查请求之日起6个月之内,向进口方海关反馈核查结果,并应尽可能包括事实及认定情况,以及出口商或生产商提供的相关证明文件;

(三)进口方海关应自接到出口海关反馈核查结果之日起3个月内,将所核查货物是否具备原产资格的决定通知出口方海关。

【解读】

提出核查的原因大致可分为两类:一是对原产地资格有质疑;二是对原产地证书的格式存疑。具体情况包括但不限于以下几种:文件未经出口商签名(依据经核准的出口商出具的发票或商业单证所作的声明除外,不排除会出现这种情况);优惠原产地证书未经签证机构签署或者未署名日期;货物或包装上的原产地标记或者其他随附文件上显示的原产地与原产地证书上所列的原产地不同;原产地证书上的细节显示,货物未经充分加工即赋予其原产资格;签署文件所用的印章与备案印章不符等。

其他必要信息或者文件可能有:货物包装上的原产地标记、备案印章样本等。

出口商或生产商提供的相关证明文件可能包括:出口报关单据,包括商业发票、装箱单、报关单等;产品成本明细单(进口商或生产商申报产品的工序说明及原材料组成的情况);国产原材料的采购发票;进口原材料的进口报关单等。

认定情况是指需要出口方海关对核查的结果进行认定,需要明确表示出现不合理现象的原因以及原产资格是否有效。

进口方海关提供的证据也有利于出口方海关进行核查,对于出口方海关反馈核查结果的时间（6个月）以及进口方海关反馈对货物原产资格的判定的时间（3个月）进行明确规定也有利于核查活动能够有效率的进行。

三、就第一款第（三）项而言，如果进口方海关对出口方海关反馈的核查结果不满意，在出口方海关同意的前提下，进口方海关可对出口商或者生产商的工作场所开展核查访问。核查访问期间，出口方海关全程陪同。

在开展核查访问之前，进口方海关应在预定核查访问日的30天前向出口方海关提交进行核查访问的书面请求。出口方海关应在收到请求之日起30天内决定是否接受该请求并回复进口方海关。

如出口方海关同意上述核查访问的请求，但需要推迟上述核查访问的时间，出口方海关应通知进口方海关其同意开展核查访问并需要予以推迟。推迟时间自进口方提出的预定核查访问之日起不超过60天。

如果出口方海关同意上述核查访问的请求，进口方海关应在出口方海关官员的陪同下对出口商或者生产商开展核查访问。

在开展核查访问之前，核查访问相关的事务应由双方海关商定一致。在核查访问过程中，进口方海关应通过出口方海关提出具体要求。

进口方海关应将货物是否具备原产资格的决定及核查访问结果书面通知出口方海关，并应尽可能包含法律依据和事实认定。

出口商或者生产商可以书面形式向出口方海关提交与货物享受优惠关税相关的意见或者文件。

进口方海关自收到出口方海关依据第三款第（六）项提供的意见或者文件之日起30天内，将货物是否具备原产资格的最终决定以书面形式通知出口方海关和进口商。

整个核查访问过程，从实际的核查访问开始到依据第三款第（七）项做出最终决定，应在6个月内完成。

核查访问的具体细节应由缔约双方海关提前共同商定一致。

【解读】

第三款主要是考虑进口方海关对于出口方海关反馈的结果不满意，而进行的对出口商或生产商工作场所开展核查访问。中韩FTA核查程序方面规定主要是出口方海关来对生产商或出口商进行核查，或者由进口方海关对生产商或出口商进行实地核查；中瑞主要是借由出口方海关以及相关的授权机构，如贸促会来进行核查。

四、在等待核查结果期间，进口方海关可以暂缓给予优惠关税待遇。但是，只要有关产品不属于禁止或限制进口产品且不涉嫌瞒骗，在采取相应的行政管理措施后，货物可予以放行。

【解读】

相应行政管理措施可能有要求支付该原产地证据文件涉及的所有产品全额关税的等值保证金等。

这样处理有利于减少货物由于等待核查而滞留在海关处增加的成本。

五、进口方海关可在下述情况下拒绝给予优惠关税待遇：

（一）进口商自收到补充提交信息的要求之日起 1 个月内未根据第一条第（一）项的要求予以反馈。

（二）自收到进口方海关核查请求之日起 6 个月内出口方海关未能依据第二款第（二）项的要求反馈核查结果。

（三）进口方海关收到的核查结果或者核查访问的结果未能包含确认所核查货物真实原产资格的必要信息。

（四）出口方海关对进口方海关提出的核查访问要求予以拒绝；或者出口方海关未根据第三款第（一）项的要求自收到进口方海关提出的核查访问请求之日起 30 天内予以反馈。

【解读】

第五款阐述了进口方海关拒绝给予关税优惠待遇的几种情况，主要是出口商或出口方海关未在规定时间内按照相关要求予以反馈核查结果，或不配合进口方海关的核查，使核查不能顺利进行，导致进口方海关未能确认所涉及货物的真实原产资格。中韩 FTA 对于反馈时间及核查程序方面给予了具体标准，有利于使得核查行动有效、快捷地进行。

六、本条所述的沟通应以英文完成。

【解读】

以英文完成，符合国际化的要求，有利于各方能够明确对方的观点和需求，能够保证原产地核查任务顺利进行。

四、拒绝给予优惠关税待遇的规则

《中韩自贸协定》第 3.25 条拒绝给予优惠关税待遇

在下列情况下，一方可以拒绝给予货物优惠关税待遇：

一、货物不符合本章的规定；

二、进口商、出口商或生产商未能遵守本章的相关规定；

三、原产地证书不符合本章的规定；

四、第 3.23 条第五款所列情况。

【解读】

货物不符合本章的规定指货物的原产地资格不确定；进口商、出口商或生产商未能遵守本章的相关规定包括原产地证书不符合，有出现欺瞒造假行为等；原产地证书不符合本章的规定包括印章签名与样本不一样，证书上信息与实际不符等。

五、特殊情形的处理

《中韩自贸协定》第 3.26 条关于运输或存储货物的过渡性条款

本章的规定可以适用于自本协定生效之日起处于运输过程中，在缔约方或在海关仓库暂存的货物。进口商应当在本协定生效之日起 3 个月内，向进口方海关提交补发的原产地证书，并同时提交证明货物符合第 3.14 条规定直接运输的有关文件。

【解读】

直接运输的有关文件包括：产品清单复印件、供应商发票、标明产品运输路线的提单等。

原产地规则下所涉已出口在途或存储货物的处理,涉及的是原产地规则的溯及力问题,即原产地规则是否能溯及协定生效之前的特定货物的进出口贸易。对此,《中韩自贸协定》规定可以适用于自本协定生效之日起处于运输过程中,在缔约方或在海关仓库暂存的货物。进口商应当在本协定生效之日起3个月内,向进口方海关提交补发的原产地证书,并同时提交证明货物符合第3.14条规定直接运输的有关文件。而《中澳自贸协定》规定,进口方海关应对在本协定生效之日处于从出口方到进口方运输途中的出口方原产货物给予优惠关税待遇。对于所述情形,进口商应在本协定生效之日起6个月内按照该协定原产地规则和实施程序一章第十六条相关规定申请享受优惠关税待遇。对比发现,《中澳自贸协定》在申请享受优惠关税待遇的时限方面较《中韩自贸协定》宽松,而在申请享受优惠关税待遇的条件方面,其较《中韩自贸协定》严格。

第二节 中韩FTA原产地证的申请流程、填制与核查

一、原产地证的申请流程与填制

如图6-1所示。

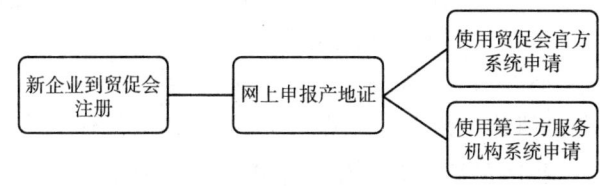

图6-1 原产地证申请流程示意图

(一) 新企业注册

根据《中华人民共和国进出口货物原产地条例》第十八条"出口货物发货人申请领取出口货物原产地证书,应当在签证机构办理注册登记手续"的规定,原产地证书的申办企业须先在贸促会办理注册登记手续,具体如下:

1. 注册企业的基本条件
(1) 在中华人民共和国境内合法注册成立;
(2) 具备进出口经营资质。

2. 注册流程
登录贸促会官方网站下载《申请原产地证书企业注册登记表》,按照注册须知填写并提交相应文件到申办部门。注册完毕便可获得贸促会为您提供的9位注册号。

＊企业须提供的资料:
(1) 合法有效的《营业执照》原件(正本或副本)和复印件一份;
(2)《对外贸易经营者备案登记表》或《外商投资企业设立备案回执》或《中华人民共和国台港澳侨投资企业批准证书》原件和复印件一份;
(3)《中华人民共和国海关进出口货物收发货人报关注册登记证》或《中华人民共和国海关报关企业报关注册登记证书》原件和复印件一份。

＊企业须填写并盖章的表格:
(1)《申请中华人民共和国货物原产地证明书注册登记表》;
(2)《原产地证明书手签人员授权书》;
(3)《含进口成分产品加工工序成本明细单》;
(4) 签证机构根据实际情况认为必要的其他材料。

(二)《中韩自贸协定》优惠原产地证书的申请

为了更好地满足企业申领证书需求,贸促会提供了网上办理

第六章 中韩FTA优惠原产地证书的管理与操作

原产地证的途径。企业使用任意一台电脑登录贸促会原产地证申报系统或第三方服务机构提供的系统申请产地证的方式。企业在网上注册开通相关系统的账号和密码后，即可登录系统申请制单。企业可选择使用完全免费、功能完整、高效便捷的贸促会原产地证申报系统（官方网址：co.ccpit.org）申办原产地证书，使用贸促会原产地证申报系统申请中韩产地证具体操作步骤如图6-2所示。

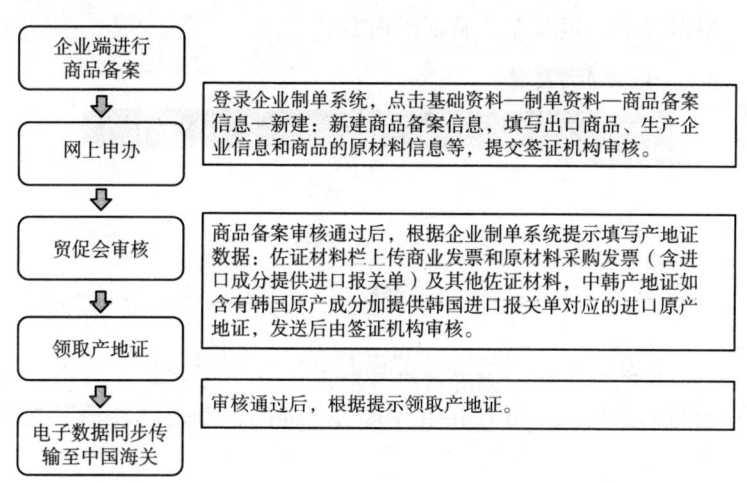

图 6-2 优惠证申请流程

1. 注册与登录

（1）注册（尚未注册账户的企业，注册后方可登录）。

在登录界面点击"注册"按钮，根据提示完成注册。

在注册页面，输入企业登记信息，点击下一步（企业注册号由当地贸促会分配）。

根据提示，填写图片验证码内容。

填写账户信息，接收并填写短信验证码，点击"注册"按钮，完成注册。

第六章 中韩 FTA 优惠原产地证书的管理与操作

完成注册后，自动登录成功，进入用户首页。

（2）登录（注册后，填写正确的用户名与口令）。

登录co.ccpit.org，点击贸促会原产地证申报系统（或打开浏览器输入网址：http://qiye.ccpiteco.net），输入账户和密码完成登录。

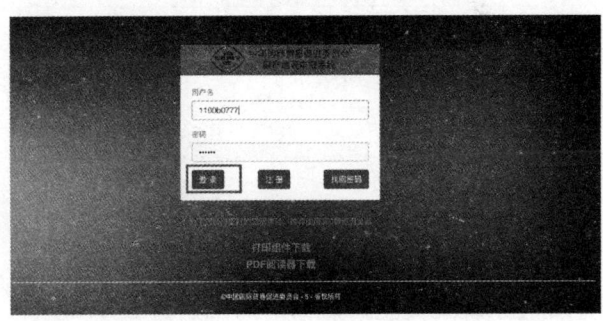

进入首页。

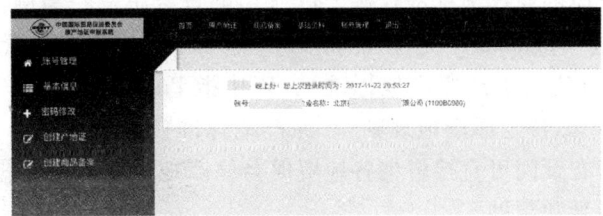

2. 完成出口货物商品信息备案

申请人在填制中韩自贸区优惠原产地证书之前，需要将证书中所涉及的商品进行商品备案登记，登记通过贸促会审核后，方能申请中韩自贸区原产地证书。商品备案登记程序及注意事项如下：

商品备案：

增加商品备案信息:

注册企业在系统提交生产厂商、加工制造工序和原材料/零部件组成信息,完成"商品信息备案"。申请人应根据货物实际情况选择相对应的原产地标准代码。以《中韩自贸协定》为例,WO 指代 Wholly Obtained (完全获得原产地标准);WP 指代 Wholly Produced (完全生产原产地标准);PSR 指 Product-Specific Rules of Origin (产品特定原产地规则)。原产地标准代码的选择专业性强,申请人若有疑问可直接咨询各地贸促会原产地签证人员,获得专业权威的指导和帮助。

表 6-1　　　　　　　　商品备案需要注意的事项

步骤	栏目	输入内容	注意事项
1	"商品 HS 编码"栏	商品 6、8 或 10 位数海关编码	①进入详录系统"基础资料"栏中左侧竖栏中的"商品备案信息"栏进行商品备案 ②该海关编码以我国海关进出口税则为依据
2	"商品名称(英)"栏	商品英文名称	
3	"商品名称(中)"栏	商品中文名称	

续表

步骤	栏目	输入内容	注意事项
4	"工序说明"栏	加工工序的文字描述	①加工工序是指该商品从原材料加工至成品所需要的工序 ②若申请人为销售商，需就详细加工工序咨询生产商
5	"生产商"栏	制造商的名称和地址	需要用中文填写
6	"HS编码"栏	原材料海关编码	①需要点击"新增原材料零部件信息"按钮"原材料、零部件"栏目中，在出现的表格中填写 ②该海关编码为《中华人民共和国海关进出口税则》中的HS编码，并且输入6、8或者10位
7	"名称"栏	原材料中文名称	
8	"所属国"栏	在下拉菜单中选择原材料的原产国	
9	"CIF单价"栏	原材料的单价	如果原材料是国产的（中国原产且在国内采购获得），则填写该原材料的国内采购价。 如果原材料是进口的，则填写原材料的到岸价
10	"价格占总成本百分比"栏	输入百分比	①请输入不带%的数值型字符。 ②需要点击"保存"。 "价格占总成本的比例"是指原材料的价格占商品FOB价格的百分比
11	"优惠区域"栏	在下拉菜单中选择"中国—韩国自贸协定"	需要在"备案资料"栏中点击"新增备案"，在出现的表格中填写
12	"优惠类型代码"栏	在下拉菜单中选择相应的原产地标准	需要点击"保存"

商品备案发送后，企业可以在返回列表查询商品备案审核状态，有三种状态："已审"：审核通过；"待审"等待贸促会审核；"拒绝"审核不通过，并在"详细信息"里告知原因，按照拒绝原因修改后再次发送。

3. 制作中韩产地证

商品备案审核通过后，登录制单系统，按界面提示进行中韩原产地证信息录入、保存操作，确认完成后点击"发送"按钮，提交贸促会，等待审核。

第1步：选择所要创建的原产地证类型。

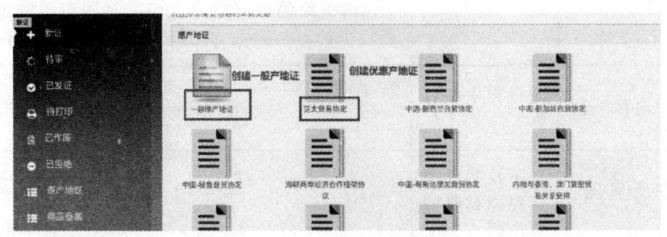

第2步：进入到所选类型原产地证的创建表单页面，选择"中韩优惠原产地证"。

表头信息栏：
用户单击表头信息栏右侧绿色向上箭头，收起该栏目内容；再

次单击该箭头，重新展开该栏目内容。

表头信息栏内，所有带"＊"标识的信息均为必填信息，任意必填信息为空，则无法正常保存原产地证，只能进行强制保存（强制保存的单据无法发送到贸促会）。

新增商品：

增加商品信息：

企业在网上进行证书信息填制时，需提前了解贸促会《中韩自贸协定》项下原产地证样式和证书每个栏目的具体填制要求。

（1）贸促会中韩 FTA 原产地证书的样本。

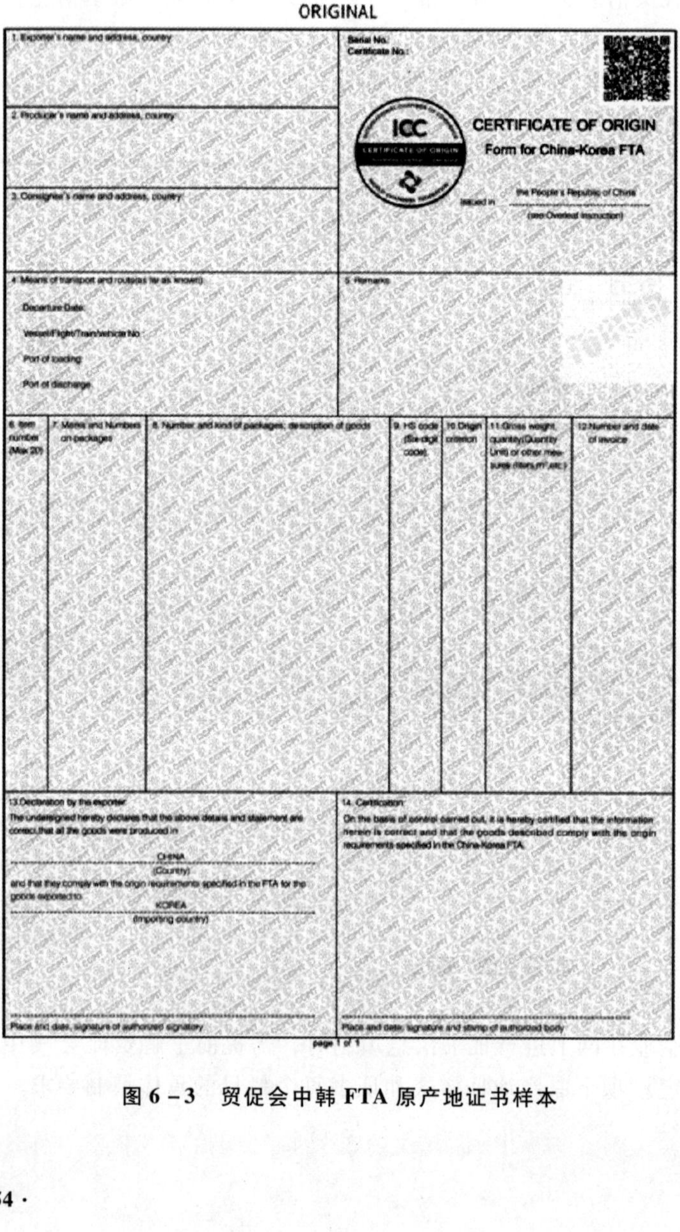
ORIGINAL

1. Exporter's name and address, country:

Serial No.:
Certificate No.:

CERTIFICATE OF ORIGIN
Form for China-Korea FTA

Issued in the People's Republic of China
(see Overleaf Instruction)

2. Producer's name and address, country:

3. Consignee's name and address, country:

4. Means of transport and route(as far as known):
Departure Date:
Vessel/Flight/Train/Vehicle No.:
Port of loading:
Port of discharge:

5. Remarks:

6. Item number (Max 20)	7. Marks and Numbers on packages	8. Number and kind of packages; description of goods	9. HS code (Six-digit code)	10. Origin criterion	11. Gross weight, quantity(Quantity Unit) or other measures (liters, m³, etc.)	12. Number and date of invoice

13. Declaration by the exporter:
The undersigned hereby declares that the above details and statement are correct, that all the goods were produced in
CHINA
(Country)
and that they comply with the origin requirements specified in the FTA for the goods exported to
KOREA
(Importing country)
Place and date, signature of authorized signatory

14. Certification:
On the basis of control carried out, it is hereby certified that the information herein is correct and that the goods described comply with the origin requirements specified in the China-Korea FTA.
Place and date, signature and stamp of authorized body

page 1 of 1

图 6－3　贸促会中韩 FTA 原产地证书样本

（2）中韩 FTA 原产地证书的填制说明（未显示在格式背页）及填制要点。

Overleaf Instruction

Certificate No.: Serial number of Certificate of Origin assigned by the authorized body.

Box 1: State the full legal name and address (including country) of the exporter in either China or Korea.

Box 2: State the full legal name and address (including country) of the producer. If goods from more than one producer are included in the certificate, list the additional producers, including their full legal name and address (including country). If the exporter or the producer wishes to maintain this information as confidential, it is acceptable to state "AVAILABLE UPON REQUEST." If the producer and the exporter are the same, please complete field with "SAME."

Box 3: State the full legal name and address (including country) of the consignee resident in either China or Korea.

Box 4: Complete the means of transport and route and specify the departure date, transport vehicle No., port of loading, and port of discharge.

Box 5: In case where a good is invoiced by a non-Party operator, the full legal name, country of the non-Party operator shall be indicated in this box. In case of issuance of certificates retroactively, should bear the words "ISSUED RETROACTIVELY", and in case of a certified true copy, should bear the words "CERTIFIED TRUE COPY of the original Certificate of Origin number ___ dated ___".

Box 6: State the item number, and the number of items should not exceed 20.

Box 7: State the shipping marks and numbers on packages, when such marks and numbers exist, if the shipping marks are images or symbols, other than letter or numerical number, shall state "IMAGE OR SYMBOL (I/S)", otherwise shall state "NO MARKS AND NUMBERS (N/M)".

Box 8: The number and kind of packages shall be specified. Provide a full description of each good. The description should be sufficiently detailed to enable the goods to be identified by the Customs Officers examining them and relate them to the invoice description and to the HS description of the good. If the goods are not packed, state "IN BULK".

Box 9: For each good described in Box 8, identify the HS tariff classification to six-digit.

Box 10: The exporter must indicate in Box 10 the origin criteria on the basis of which he claims that the goods qualify for preferential tariff treatment, in the manner shown in the following table:

Origin Criteria	Insert in Box 10
The good is wholly obtained or produced entirely in a Party, as set out and defined in Article 3.4 (Goods Wholly Obtained or Produced) or required so in Annex 3-A (Product Specific Rules of Origin).	WO
The good is produced entirely in a Party, exclusively from materials whose origin conforms to Chapter 3 (Rules of Origin and Origin Implementation Procedures).	WP
The good is produced in a Party, using non-originating materials that conform to a change in tariff classification, a regional value content, a process requirement or other requirements specified in Annex 3-A (Product Specific Rules of Origin).	PSR
The good is subject to Article 3.3 (Treatment of Certain goods)	OP

Box 11: Gross weight in Kilos should be shown here. Other units of measurement e.g. volume or number of items which would indicate exact quantities may be used when customary.

Box 12: Invoice number and date of invoice should be shown here. In case where a good is invoiced by a non-Party operator and the number and date of the commercial invoice is unknown, the number and date of the original commercial invoice, issued in the exporting Party, shall be indicated in this box.

Box 13: This box shall be completed, signed and, dated by the exporter.

Box 14: This box shall be completed, signed, dated, and stamped by the authorized person of the authorized body.

图 6-4　中韩 FTA 原产地证书的填制说明及填制要点

证书号：授权机构编制的原产地证书的序列号。

第 1 栏：填写中国或韩国出口商详细的依法登记的名称、地址

(包括国家)。

填制要点：此栏应注明中国出口商详细的依法登记的英文名称、英文地址。地址以CHINA（国家）结尾；公司名称应与第13栏盖章公司一致；转口贸易模式下，应按照第5栏要求，将中间商信息填在产地证书第5栏。

第2栏：填写生产商详细的依法登记的名称、地址（包括国家）。如果证书包含一家以上生产商的商品，应列出其他生产商详细的依法登记的名称、地址（包括国家）。如果出口商或生产商希望对信息予以保密，可以填写"应要求提供"。如果生产商和出口商相同，应填写"同上"。

填制要点：此栏应注明国内生产商英文名称、英文地址。地址以CHINA（国家）结尾；此栏不得填写UNKNOWN选项；如果生产商为一家以上，则应录入所有生产商详细英文名称、英文地址（包括国家）；如果出口商或生产商希望对信息予以保密，可注明"应要求提供AVAILABLE UPON REQUEST"；此栏不能留空；如果生产商和出口商相同，应勾选"SAME"。

第3栏：填写常驻中国或韩国的收货人详细的依法登记的名称、地址（包括国家）。

填制要点：此栏应注明韩国收货人详细依法登记的英文名称、地址。地址以KOREA（国家）结尾；信用证要求单据收货人显示：To Order 或者 To Order of XXX。原产地证书应按照《中韩自贸协定》背页说明要求录入实际收货人。

第4栏：填写运输方式及路线，详细说明离港日期、运输工具的编号、装货口岸和到货口岸。

填制要点：在系统表头信息的"运输路线 Means of transport and route"栏中的"起运地/港栏"目中选择相应装货港；在系统中的"目的地/港"栏目中选择KOREA REP（国别代码133）并选择相应卸货港；在"运输方式"栏目中选择实际运输方式（by sea 或者 by air）；在"提单/运输日期"栏目中选择装运日期；在"一

程"方框中输入运输工具编号;协定表述为"as far as know(尽其所知),即航次的确定不是我出口企业办理原产地证书的前提条件。对于产地证书的第四栏,对于已确定航次的企业可详细、准确填写;若企业尚未确定航名航次信息且发货期临近,可酌情放宽对"运输信息"的填报要求;申请人提交的提单若预先印就"已装船"字样,则装运日期为提单签发日期;申请人提交的提单若单独盖有注明时期的装船批注或印章,则装运日期为批注上显示的日期。

第5栏:如果发票是由非缔约方经营者开具的,则应在此栏详细注明非缔约方经营者依法登记的名称和所在国家。如果原产地证书是后补发的,则应注明"补发"字样。如果原产地证书是经核准的副本,则应注明"原产地证书正本(编号日期)经核准的真实副本"字样。

填制要点:可以在本栏录入中间商信息,包括其英文名称、英文地址、以该中间商所在国结尾;若第14栏中的签署日期距第4栏中的装运日期相差7天以上,则本栏应签注"ISSUED RETROACTIVELY";如果原产地证书是经核准的副本,则应注明"CERTIFIED TRUE COPY of the original Certificate of Origin number_dated_"(原产地证书正本(编号日期)经核准的真实副本)字样;实务中原产地证书上的其他相关信息是否可以打印在此栏尚有待于两国海关的确认,例如,合同号、信用证号等等。

第6栏:填写项目号,但不超过20项。

填制要点:此栏为系统自动打印,确保货物项数不超过20项,对于超过20项的货物,申请人应当就超出项目下的货物另行申请原产地证书。

第7栏:若存在唛头和包装号,填写唛头及包装号。如果唛头是图形或者符号而非字母或者数字,应填写"图形或符号I/S"。如果没有唛头及包装号,应填写"没有唛头及包装号(N/

M)"。

　　填制要点：若存在唛头和包装号，填写唛头及包装号；如果唛头是图形或者符号，应填写"图形或符号 I/S"，并将相应图形或符号通过"上传图形唛头"功能以附件形式上传到系统中；如果没有唛头及包装号，应填写"没有唛头及包装号 N/M 或 NO MARKS"；禁止以唛头内容过长为由而使用"As per invoice"或"As per B/L"等表达。

　　第 8 栏：详细列明包装数量及种类。详列每种货物的货品名称，以便于海关关员查验时加以识别。货品名称应与发票上的描述及货物的协调制度编码相符。如果是散装货物，应注明"散装"。

　　填制要点：在系统的"包装数量及单位"栏目填写数量，并在右侧下拉菜单中选择单位。系统会在货描中自动生成包装数量和单位，并在包装数量的英文表述后面加注阿拉伯数字；在系统商品信息的"货物描述"栏中详细列明货物描述，包括（但不限于）商品名称，商品的品质功能、规格、型号、等级、成分、含量、纯度、大小、用途、功能等；散装货物应注明"（散装）"。

　　第 9 栏：对应第 8 栏中的每种货物填写协调制度税则归类编码，以六位数编码为准。

　　填制要点：在系统商品信息的"税则号"栏中选择已经登记并审核通过的货物的税则号。

　　第 10 栏：出口商必须按照表 6-2 所示方式，在第 10 栏中标明其货物申明享受优惠关税待遇所依据的原产地标准：

表 6-2　　　　　　　第 10 栏填制办法

原产地标准	填入第 10 栏
该货物根据第 3.4 条（完全获得或生产的货物）或者附件 3—A（产品原产地特定规则）的规定，在一缔约方完全获得或生产	WO

第六章 中韩 FTA 优惠原产地证书的管理与操作

续表

原产地标准	填入第 10 栏
该货物完全由符合第 3 章（原产地规则和原产地实施程序）规定的原产材料在一缔约方生产	WP
该货物在一缔约方生产，所使用的非原产材料符合附件 3—A（产品特定原产地规则）所规定的税则归类改变、区域价值成分、工序要求或其他要求	PSR
该货物使用第 3.3 条（特定货物处理）的规定	OP

注意：WO 指代 Wholly Obtained（完全获得原产地标准）；WP 指代 Wholly Produced（完全生产原产地标准）；PSR 指代 Product-Specific Rules of Origin（产品特定原产地规则）；OP 指代 Outward Processing Zone 境外加工区产品。

填制要点：原产地标准的选择在申请人填制原产地证书之前的商品备案登记工作中就已经完成。当申请人根据第 9 栏要求选择已经登记并审核通过的货物的税则号时，原产地标准会自动显示在本栏中。申请人不需要录入信息；申请人提交商品备案登记时，应根据货物实际情况选择相对应的原产地标准代码。WO 指代该货物根据第三章三条（完全获得货物）在缔约一方"完全获得 Wholly Obtained"；WP 指代该货物完全在缔约一方或双方领土内由符合第三章（原产地规则和实施程序）规定的原产材料生产；PSR 指代该货物在缔约一方或双方领土内使用符合产品特定原产地规则及第三章（原产地规则和实施程序）其他有关要求的非原产材料生产；原产地标准代码的选择专业性强，申请人若有疑问请接洽咨询各地贸促会原产地签证人员，获得专业权威的指导和帮助。

第 11 栏：毛重应填写"千克"。可依照惯例，采用其他计量单位（如体积、件数等）来精确地反映数量。

填制要点：申请人应该根据货物在出口报关时的实际计量单位，在系统的"毛净重标识"栏的下拉菜单中选择计量单位；在系统商品信息的"数量及单位"栏中录入数量，并在右侧的下拉菜单中选择计量单位。系统会自动生成其复数单位。

第 12 栏：应填写发票号码和发票日期。如果发票是由非缔约方经营者开具且该商业发票号码和发票日期均不知晓,则出口方签发的原始商业发票的号码和发票日期应在本栏注明。

填制要点:在系统"发票号码 INVOICE NO"栏中输入发票号码,在系统"发票日期 INVOICE DATE"栏中的下拉菜单中选择发票日期;如果发票是由非缔约方经营者开具且该商业发票号码和发票日期均不知晓,则出口方签发的原始商业发票的号码和发票日期应在本栏注明,如果申请人能够获得中间商开具的商业发票,则此栏中显示中间商开具的该商业发票号码和发票日期;发票号里不能有特殊字符,如空格、点等;发票号长度不超过 25 个字符。

第 13 栏:本栏应由出口商填写、签字并填写日期。

填制要点:在系统"申请地点/日期"栏中输入申请人所在地的英文,例如,BEIJING CHINA,在右侧下拉菜单中选取申请当日的日期。

第 14 栏:本栏应由授权机构的授权人员填写、签字、注明签证日期并盖章。

填制要点:在系统"签署地点/日期"栏中输入贸促会所在地的英文(汉语拼音),例如,BEIJING CHINA,在右侧下拉菜单中选取签署当日的日期。

(3)原产地证书的领取。

企业提交产地证后,要及时查看产地证的状态,当状态变为已发证,确认在系统上传发票、箱单等作证材料后,可到贸促会打印领取原产地证书或自行打印原产地证书(企业自行打印原产地证书管理办法可在 co.ccpit.org 网站查询下载)。

二、贸促会对原产地证书的核查

(一)核查小组的构成和要求

1. 核查组由 2 人以上贸促会签证人员(掌握商品 HS 编码知识,对贸促会签发优惠原产地证书涉及的各优惠协定有充分了解)组成,核查专业性较强的企业和产品时可邀请其他机构专业人员参加。

2. 核查组在进行核查时应做到：

（1）客观、公正、无歧视地对企业实施核查；

（2）严格按照规定的程序和内容开展工作；

（3）避免受任何可能对核查结果造成影响的因素干扰；

（4）与被核查企业无利害关系。

（二）核查类型及核查对象：必查、抽查、针对性核查

1. 必查。

（1）新注册企业（企业须提交如原材料、零部件的采购发票或进料情况证明、进口报关单、成本明细单等，如产品属于法检范围，须提交检验检疫机构出具的检验明细单），特别是生产型且出口产品中含有进口成分的企业；

（2）新增注册产品尤其含有较为敏感产品的企业；

（3）应进口国（地区）有关机构的请求，对出口货物的原产地情况进行核查；

（4）应异地贸促机构（该机构需发送《异地货物原产地协助调查函》）的请求，对本地生产型企业的产品的原产地情况进行核查；

（5）对年审中出现问题或未能按期进行年审且签证量较大的企业；

（6）对有不良记录的企业；

（7）签证量波动较大以及出口产品、经营状况、签证人员、办公地址等有变的企业；

（8）签证机构认为有必要进行核查的企业。

2. 抽查。除上述必查的企业外，签证机构每年应对注册企业实施不定期抽查。将商品分类，根据类别不同确定相应的抽查比例。

3. 针对性核查。在签证过程中，如遇以下情况，贸促机构应对申请单位进行针对性核查：

(1) 因证书填制内容引起产品原产地怀疑的;
(2) 证书涉及产品国外海关查询较多的;
(3) 贸促机构认为有核查必要的。

必查、抽查、针对性核查企业之和应不小于注册企业总数的5%。

(三) 核查内容

1. 企业注册资料（包括营业执照和进出口资格证书）填报是否完整、真实、准确。

2. 重点核查列入各协定项下减税清单的产品的原材料组成及原产地、HS 编码、成本明细情况、主要生产加工工序（流程）生产设备、非原产原料价值、主要出口国家等。

3. 新增注册产品是否及时申报备案。

4. 是否按时年审。

5. 实地核查企业实际情况，要求企业提交产品原材料的采购合同、入库单和领料单，并与企业注册时提交的材料相比，是否与申报内容相符，是否有瞒骗行为。

第三节　贸促会中韩 FTA 及其他协定原产地证书填制要求对照表

各自由贸易区原产地证书填制要求对照表如表 6-3 所示。

第六章　中韩FTA优惠原产地证书的管理与操作

表6-3　各自由贸易区原产地证书填制要求对照表

栏目	亚太	新加坡	ECFA	新西兰	秘鲁	哥斯达黎加	瑞士	澳大利亚	韩国	东盟	审核要点
出口商	【第一栏】出口商依法登记的名称、地址。与发票一致	【第一栏】出口商依法登记的名称、地址	【第一栏】出口商名称、地址、电话、传真和电子邮件等联系方式,如无传真或电子邮件,应填写"无"	【第一栏】出口商依法登记的名称、地址	【第一栏】出口商依法登记的名称、地址	【第一栏】出口商依法登记的名称、地址	【第一栏】填写中国出口商依法登记的名称、详细地址和国家	【第一栏】注明中国或澳大利亚出口商详细依法登记的名称和地址	【第一栏】填写中国出口商或韩国出口商依法登记的详细名称、地址(包括国家)	【第一栏】填写中国出口商依法登记的详细名称、地址(包括国家)	1. 注明:地址、国别 2. 不得出现中间商 3. ECFA证书不得出现"中国""中华人民共和国"字样或中央部委机构名称,证书应以中文填写,必要时辅以英文,但不能仅以英文填写。所有栏目必须填写,续页同此,并标同一证书编码

续表

栏目	亚太	新加坡	ECFA	新西兰	秘鲁	哥斯达黎加	瑞士	澳大利亚	韩国	东盟	审核要点
生产商			【第二栏】生产商名称、地址、电话传真和电子邮件,如无传真或电子邮件,填"无"。生产商可随附生产商清单/同出口商机构相关资料或"签证机构要求提供")	【第二栏】生产商的名称、地址、国家。同出口商不知道提供给授权机构	【第二栏】生产商的名称、地址、国家(可填多个)。同出口商不知道提供给授权机构	【第二栏】生产商的名称、地址、国家(可填多个)。同出口商不知道提供给授权机构		【第二栏】注明生产商(如已知)详细登记的依法名称(包括国家)。加证书中包含一家以上生产商的货物,应列出其他生产商详细登记的名称和地址(包括国家)。如出口商或生产商希望保密其信息信息密,可注明"应以要求提供"。如主管部门授权机构要求可提供,如生产商即为出口商,请在栏中填写"同上"。如未知,应填写"未知"	【第二栏】注明生产商详细登记的依法名称(包括国家)。如证书中包含一家以上生产商的商品,应列出其他生产商详细登记的名称和地址(包括国家)。如果生产商或出口商希望对信息子要求保密,可填写"应要求提供"。如果出口商同为生产商,应填写"同上"	无此栏	1. 新西兰、秘鲁、哥斯达黎加此栏必须填写 2. ECFA证书不得出现"中国""中华人民共和国"字样或中央部委机构名称

续表

栏目	亚太	新加坡	ECFA	新西兰	秘鲁	哥斯达黎加	瑞士	澳大利亚	韩国	东盟	审核要点
进口商	【第二栏】进口商名称、地址、国别，可以打"凭证书"	【第二栏】进口商名称、地址、国别	【第二栏】进口商名称、地址、电话、传真和电子邮件等联系方式，如无传真或电子邮件，应填写"无"	【第二栏】进口商名称、地址、国别	【第二栏】进口商名称、地址、国别	【第三栏】进口商（收货人）依法登记的名称、地址	【第三栏】填写瑞士进口商（收货人）依法登记的名称、详细地址和国名	【第三栏】注明中国或澳大利亚进口商（如已知）详细的依法登记的名称和地址	【第三栏】填写常驻韩国或进口国的收货人详细的依法登记的名称、地址（包括国家）	【第三栏】填写东盟协定国或进口国内的收货人详细的依法登记的名称、地址（包括国家）	ECFA 不得出现"中华民国""台湾"等字样。
运输路线	【第四栏】详细运输路线+运输方式	【第三栏】运输路线、运输方式、离港日期、运输工具编号、卸货港口	【第四栏】运输方式及路线、离港日期、运输工具编号、装货港口和到港口岸和离港日期未确定，填预计日期，并注明"预计"字样	【第三栏】运输路线、运输方式、离港日期、运输工具编号、卸货港口	【第四栏】运输路线、运输方式、运输工具编号	【第四栏】运输方式及详细路线、说明离港日期、运输工具编号、飞机运输号、装货口岸、卸货口岸	【第四栏】应根据所知运输方式及路线、离港日期、船舶/飞机运输工具编号、装货口岸、卸货口岸	【第四栏】填写运输方式及路线（如已知）详细说明离港日期、运输工具编号以及装货口岸和卸货口岸	【第四栏】填写运输方式及路线、详细说明离港日期、运输工具名称、船舶名称、飞机等、装货口岸和到货口岸	【第二栏】填写运输工具及路线、其余都要填写	1.亚太不需填写。 2.东盟证书不体现"FROM 起运港 BY TO 目的港"运输方式
官方专用栏	【第五栏】签证机构填写	【第四栏】海关专用栏	【第五栏】进口方海关可在(√)栏注"不优惠原因标明签字"	【第四栏】官方使用	此栏没有编号	此栏没有编号	无此栏	此栏没有编号	无此栏	【第四栏】官方使用	澳大利亚的补充，经核准的真实副本字样显示在此栏

· 165 ·

续表

栏目	新加坡	ECFA	新西兰	秘鲁	哥斯达黎加	瑞士	澳大利亚	韩国	东盟	审核要点
备注		【第六栏】如有需要，可填写订单号码，信用证号等	【第六栏】可填写：订单号、信用证号以及其他备注内容	【第五栏】可填顾客订货单号码，信用证号码等信息。如发票是由非缔约方经营者开具，则应注明非缔约方经营者和货物的名称	【第五栏】可以填货单号、客户订单号、信用证号等等信息。如果发票是由非缔约方经营者开具的，应在此栏注明开具发票的该非缔约方经营者的信息，如名称、国家	【第四栏】如有需要，可填写订单号码，信用证号等	【第五栏】本栏可填写客户订单编号或信用证编号及其他信息。涉及非缔约方经营者开具发票的事项，应在此栏注明非缔约方经营者的名称、地址及国家等信息	【第五栏】如果发票是由非缔约方开具的，则此栏应详细注明非缔约方经营者名称及所在国家。如果原产地证书是后补发的，则应注明"补发"字样。如果原产地证书经核准的副本，则应注明"原产地证书经核准的真实副本"字样（编号日期）	无此栏 1. 东盟证书上不单独体现此栏 2. 企业端备注(REMARKS)栏用于填写中国商公司名称及所在国家等信息。该信息会显示在证书第7栏	1. 新西兰、秘鲁、哥斯达黎加、瑞士、冰岛、韩国、澳大利亚有此栏 2. 可填写：订单号、信用证号以及其他注内容
项号	【第五栏】需填写项号，无限制	【第七栏】项目编号≤20	【第七栏】项目编号≤20	【第六栏】项目编号≤20	【第六栏】项目编号≤20	【第五栏】项目编号≤20	【第六栏】注明商品项号，但不得超过20项	【第六栏】填写项目编号，但不得超过20项	【第六栏】填写项目编号，但不得超过20项	1. 亚太没有此栏 2. 新加坡没限制 3. 其余不得超过20项

第六章 中韩FTA优惠原产地证书的管理与操作

续表

栏目	亚太	新加坡	ECFA	新西兰	秘鲁	哥斯达黎加	瑞士	澳大利亚	韩国	东盟	审核要点
唛头	[第六栏]填写唛头及包装号码	[第六栏]填写唛头及包装号码	[第十一栏]填写唛头及包装号	[第八栏]应填写唛头		[第七栏]填写唛头及包装号	[第六栏]填写包装及唛头编号	[第七栏]如有唛头编号,则注明包装上的唛头及编号	[第七栏]若存在唛头和包装号,填写唛头及包装号。如果唛头是图形或者符号而非字母数字,应填写"图形或符号(V/S)"。如果没有唛头及包装号,应填写"没有唛头及包装号"(N/M)	[第六栏]若存在唛头和包装号,填写唛头及包装号。如果没有唛头及包装号,应填写"NO MARKS"的缩写)	仅秘鲁没有此栏

· 167 ·

续表

栏目	亚太	新加坡	ECFA	新西兰	秘鲁	哥斯达黎加	瑞士	澳大利亚	韩国	东盟	审核要点
包装及货描	[第七栏]包装数量及种类、货物名称	[第七栏]包装数量、包装方式、货物描述；每种货物HS编码6位	[第九栏]货品名称、包装件数及种类、货物名称可在中文名称外辅以英文，但不能仅以英文填写；货品名称及《协调制度》上的商品描述相符。如是散装货，应注明"散装"	[第九栏]包装数量包装方式货物描述	[第七栏]包装数量包装方式货物描述	[第八栏]包装数量及种类。详列每种货物的名称。货品名称及发票上的商品描述与《协调制度》上的商品描述相符。如是散装货，应注明"散装"	[第七栏]包装数量；种类；商品描述	[第八栏]详细列明包装数量及种类、每种货物的名称，以便于海关官员识别。货品名称应与发票上的商品描述及协调制度编码相符。如果是散装货物，应注明"散装"。当商品描述结束时，加上"****"或三颗星"\"(结束斜线符号)	[第八栏]详细列明包装数量及种类、每种货物的名称，以便于海关查验员识别。货品名称应与发票上的商品描述及协调制度编码相符。如果是散装货物，应注明"散装"	[第七栏]产品名称；产品名称必须详细，以便验货员使用的海关识别；对应每种货物填写协调制度税则归类6位数编码，协调制度编码应为进口国方用于填写中国商详细产商登记地址的名称（包括国家）（印尼等）必填；当具发票是由第三国开具时，发票所在国名称及公司名称等信息应在本栏中注明	新加坡、东盟此栏显示HS编码

续表

栏目		亚太	新加坡	ECFA	新西兰	秘鲁	哥斯达黎加	瑞士	澳大利亚	韩国	东盟	审核要点
税则编码		[第五栏] 六位HS编码	[第七栏] 六位HS编码	[第八栏] 对应第九栏中的每项货物填写编码，以进口方8位编码为准	[第十栏] 6位代码	[第八栏] 6位代码	[第八栏] 6位代码	[第八栏] 6位代码	[第九栏] 对应第八栏中的每种货物，填写税则调制度税则归类编码(6位)	[第八栏] 对应第八栏中的每种货物协调制度税则归类编码，以6位数编码为准	[第七栏] 6位HS编码	除ECFA外，备案填写6,8或10位税则号
原产地标准		[第八栏] A P B XX% C XX% （累计） D 最不发达国 E 特定原产地标准	[第八栏] P RVC PSR	[第十一栏] WP PSR 累计规则 ACU、微小含量DMI、可互换材料FG	[第十一栏] WO WP PSR（税则归类改变） PSR XX%	[第七栏] WO WP PSR（税则归类改变） PSR XX%	[第九栏] WO WP PSR	[第九栏] WO WP PSR	[第十栏] WO WP PSR	[第十栏] WO WP OP	[第八栏] WO % （累计） PSR	1.新西兰、完全相同 2.使用RVC判断时，亚太、新西兰和秘鲁需添加百分比
RVC计算公式		非原产成分 = （进口材料 + 产地不明材料）/ FOB价 × 100% 累计规则：中国原产材料 + 成员国原产材料/ ）/ FOB价 × 100% ≥ 60%	RVC = （产品FOB价 - 进口材料）/ FOB价 × 100% ≥ 40% 累计规则：成员国材料不计入进口材料中，公式同上	RVC = FOB - VNM)/ FOB × 100%	RVC = （产品FOB价 - 进口材料）/ FOB价 × 100% 累计规则：成员国材料不计入进口材料中，公式同上	RVC = FOB价 - 进口材料）/ FOB价 × 100% 累计规则：成员国材料不计入进口材料中，公式同上	RVC = （V - VNM)/V × 100% 累计规则：成员国材料不计入进口材料中，公式同上	VNM% = VNM/产品出厂价 累计规则：成员国材料不计入进口材料中，公式同上	RVC = (V - VNM)/V × 100% 累计规则：成员国材料不计入进口材料中，公式同上	RVC = (FOB - VNM)/ FOB × 100 累计规则：成员国材料不计入进口材料中，公式同上	（非中国—东盟自贸区的材料 + 原产地不明材料）/FOB × 100% < 60% 累计：所有成员方成分的累计 ≥ 40%	1.各不相同 2.RVC：为区域价值成分，以百分比表示 V：为按照海关估价协定规定，在FOB价格基础上经过调整的货物价格 VNM：为根据本条第二款确定的非原产材料（包括原产地不明的材料）的价格

· 169 ·

栏目	亚太	新加坡	ECFA	新西兰	秘鲁	哥斯达黎加	瑞士	澳大利亚	韩国	东盟	审核要点
数量	[第九栏] 注明货物毛重或其他数量	[第九栏] 毛重、数量、体积或其他数量，注明FOB金额	[第十栏] 可依照惯例两岸同时填写以国际计量单位衡量的数量，如毛重（千克）、容积（公升）、体积（立方米）等	[第十二栏] 毛重、数量、体积或其他数量	[第十栏] 毛重、数量、体积或其他数量	[第十一栏] 毛重、数量、体积或其他数量	[第八栏] 对第八栏中的每种货物应填写毛重（用"千克"或其他计量单位），可依照惯例，采用其他计量单位（例如，件数等）来精确地反映数量	[第八栏] 对第八栏中的每种货物可依照惯例分别注明其他计量单位（例如，体积、件数等）来精确地反映数量	[第十一栏] 毛重应填写"千克"。可依照惯例，采用其他计量单位（例如，体积、件数等）来精确地反映数量	[第九栏] 毛重应填写"千克"，可依照惯例（例如，体积、件数等）来精确地反映价格数量。转口贸易（三方贸易）模式下若发票是由第三国开具时，应填写当第三国开出的商品金额FOB	新加坡，东盟此栏需显示FOB金额
发票号码及日期	[第十栏] 同CO	[第十栏] 同CO	[第十三栏] 货物实际成交编号发票号及发票日期	[第十三栏] 同CO	[第十一栏] 发票号码及日期。如非缔约方开具，则填商品出口发票金额	[第十二栏] 发票号码及日期及发票金额	[第十一栏] 日期及发票金额	[第十二栏] 本栏应填写发票号码和日期	[第十二栏] 应填写发票号码和日期。如发票是由非缔约方经营者开具且该商业发票号码和发票日期均不知晓，则出口方应注明出口签发的原始号码和发票日期	[第十栏] 应填写发票号码和当来日期。如发票是由第三方的发票（√），该标签号应注以（√）在本栏中	秘鲁此栏特殊

续表

栏目	亚太	新加坡	ECFA	新西兰	秘鲁	哥斯达黎加	瑞士	澳大利亚	韩国	东盟	审核要点
发票金额		[第九栏] FOB金额	[第十三栏] 商业发票实际载明的货物实际成交价格	[第十三栏] 发票价格	[第十一栏] 如发票为非缩约开具，且不知道金额，则填写出口商的发票金额	[第十二栏] 发票金额				[第九栏] FOB金额	1. 亚太、瑞士、韩国、澳大利亚不显示金额；2. 新西兰、哥斯达黎加、ECFA没有此栏，金额填在发票号栏
申请地点及日期	[第十一栏] 注明原产国、进口国、地址、日期	[第十一栏] 注明原产国、进口国、地址、日期	[第十四栏] 出口商签名、地点及日期	[第十四栏] 注明原产国、进口国、地址、日期	[第十三栏] 出口商签名、日期	[第十三栏] 出口商签名、日期	[第十三栏] 出口商签名、日期、填写、日期	[第十三栏] 必须由出口商填写，填写内容为产地点，以及出口商或授权人员的签名	[第十一栏] 本栏应由出口商填写，签字并填写日期	[第十一栏] 本栏应由出口商填写，签字并填写日期	1. 地区CHINA 2. 东盟证书多了第十三栏"补充"显示"、"补发"流动证明"、"第三方发票"选项
签发地点及日期	[第十二栏] 同CO	[第十二栏] 同CO	[第十五栏] 签证机构授权人员填写签证地点和日期、盖章。注明签证机构的电话号码、传真及地址	[第十五栏] 同CO	[第十四栏] 同CO	[第十四栏] 签发地点、签证日期、签证机构授权并应盖章。注明授权机构的电话、传真和地址	[第十一栏] 签发地点、日期、签证机构签字并盖章。注明授权机构的电话、传真和地址	[第十四栏] 本栏必须填写签证机构的授权人员签名和日期。授权机构的电话、传真和地址应当注明	[第十四栏] 本栏应由授权机构的授权人员签字、注明签证日期并签字盖章	[第十二栏] 本栏应由授权机构的授权人员签字、注明签证日期并签字盖章	1. 亚太不得晚于提单后3天 2. ECFA出口企业包含如"中国"等敏感字样，手签原产地证书第十四章原产地证书只签字不盖章 3. 哥斯达黎加要填写签证机构信息 4. 瑞士签证在此栏左下角

续表

栏目		亚太	新加坡	ECFA	新西兰	秘鲁	哥斯达黎加	瑞士	澳大利亚	韩国	东盟	审核要点
证书有效期		12个月	12个月	12个月	12个月	12个月	12个月	12个月（特殊情况下，由进口方海关自行决定是否接受超期的原产地证书）	12个月	12个月	12个月	一般情况下有效期都是一年
改证重发		对于申请单位申请更改证书的，申请单位应向证机构退回原产地证书方可申请领新的改证										
丢证重发		1年内，加注"CERTIFIED TRUE COPY OF THE ORIGINAL CERTIFICATE OF ORIGIN NUMBER_ DATED_"第三栏	在原证书正本有效期内，加注"CERTIFIED TRUE COPY OF THE ORIGINAL CERTIFICATE OF ORIGIN NUMBER_ DATED_"第十二栏	按补发证书程序操作	提交法定代表人签字并加盖公章的书面情况说明，经审核无误后签证机构予以签证（副本）并在第十五栏加上："CERTIFIED TRUE COPY OF THE ORIGINAL CERTIFICATE OF ORIGIN NUMBER _DTED_"	第五栏打印"CERTIFIED TRUE COPY OF THE ORIGINAL CERTIFICATE OF ORIGIN NUMBER_ DATED_"	原产地证书副本应当注明"原产地证书正本（编号、日期）经核准的真实副本"字样。"CERTIFIED TRUE COPY OF THE ORIGINAL CERTIFICATE NUMBER_ DATED_"	原产地证书副本上应当注明"原产地证书正本（编号、日期）经核准的真实副本"字样。"CERTIFIED TRUE COPY OF THE ORIGINAL CERTIFICATE NUMBER_ DATED_"或者加盖"DUPLICATE"字样并注明之前的原产地证书编号及签发日期	经核准的原产地证书副本正本上应注明"原产地证书正本（编号、日期）经核准的真实副本"字样。经核准的原产地证的有效期同原产地证书正本相同	经核准的原产地证书副本正本上应注明"原产地证书正本（编号、日期）经核准的真实副本"字样	在原证书签发之日起一年内签发。经核准的原产地证书副本上应注明"原产地证本（编号、日期）经核准的真实副本"字样	在原正本有效期内有效

续表

栏目	亚太	新加坡	ECFA	新西兰	秘鲁	哥斯达黎加	瑞士	澳大利亚	韩国	东盟	审核要点
补发证书	出运后3天内	出运后1年内，注明"补发"字样	货物出口报关之日起90天内申请补发，在右侧注明"补发"字样，提交复印件	没有明确规定	需提交出口商业单据和报关单。第十四栏	自出口之日起12个月以内补发，需提报关单。必须注明"补发"字样	在特殊情况下未能出口时签发原产地证书的，可以补发原产地证书并注明"补发"字样	原产地证书可以在货物装船之日起12个月内补发。补发的原产地证书应注明"补发"字样。原产地证书并应注明为货物有效期装船之日起12个月	原产地证书可以在货物装船之日起1年内补发。补发的原产地证书应当在第十三栏注明"补发"字样	自装运之日起12个月以内补发。补发的原产地证书应在第十三栏注明"补发"字样	新加坡、哥斯达黎加、瑞士、冰岛需加盖"ISSUED RETROSPECTIVELY"；韩国打印出"ISSUED RETROACTIVELY"；澳大利亚打印出ISSUED RETROSPECTIVELY；EC-FA打印出"补发"字样。亚太、新西兰不能签发补发证书
直运临时保存时间	无临时存储期限	在非缔约方不超过3个月	不得超过60天，明确规定处于第三方海关监管之下	在非缔约方不超过6个月	在非缔约方不超过3个月	在非缔约方不超过3个月	无临时存储期限，处于海关监督之下	停留时间进入该货物自非缔约方起12个月	依据本条规定货物在非缔约方储存的，货物在非缔约方停留时间须在其缔约方海关监管之下。非缔约方停留时间不可抗力因导致货物停留3个月超过3个月的，则停留时间最多不得超过6个月	无临时存储期限	明确规定可在非缔约方进行物流分拆

续表

栏目	亚太	新加坡	ECFA	新西兰	秘鲁	哥斯达黎加	瑞士	澳大利亚	韩国	东盟	审核要点
直运证明文件	提交途经国家（地区）海关出具的证明文件	提交途经国家（地区）海关出具的证明文件	提交中转方海关出具的证明文件以及进口方认可的其他证明文件	提交途经国家（地区）海关出具的证明文件	提交途经国家（地区）海关出具的证明文件	1. 货物在非缔约方转换运输工具的，应当提交联运提单及其他证明文件 2. 货物在非缔约方境内临时存储的，还应提交非缔约方海关出具的证明文件	未明确	提交满足下列要求的证明文件： 1. 货物处于非缔约方海关监管之下 2. 除装卸、重新包装、重新贴标签，为保持货物良好状态所需的处理外，货物未经过其他处理 3. 如果货物在非缔约方第二款规定的情形存储时间其停留时间自货物进入该非缔约方起不得超过12个月	1. 对于在非缔约方转换运输工具的，或者转换运输工具的，应提交海空运提单或多式联运提单等运输单证 2. 对于在非缔约方存储或者改装集装箱的，应提交海空运提单、多式联运提单等运输单证，以及该非缔约方海关或其他机构指定的其他资质机构签发的证明文件，并应通知出口方海关	1. 在出口方签发的联运提单 2. 出口方有关签证机构签发的原产地证书（Form E） 3. 产品的原始商业发票副本 4. 符合中国一东盟自由贸易区原产地规则（三）1、2及3要求的证明文件	需提交海关证明、联运提单等证明文件

· 174 ·

续表

栏目		亚太	新加坡	ECFA	新西兰	秘鲁	哥斯达黎加	瑞士	澳大利亚	韩国	东盟	审核要点
原产地证免除		未明确规定	不超过600美金	未明确规定	不超过1000美金	不超过600美金	不超过600美金	不超过600美金	1. 一批原产货物，在澳大利亚，完税价格不超过1000澳元或该方规定的更高金额；在中国，完税价格不超过人民币6000元或中国规定的更高金额 2. 一方法律法规	1. 一筛约方应对完税价格不超过700美元或该约方规定的更低金额的一批次原产货物免予要求提交原产地证书，并给予本章规定的优惠关税待遇 2. 如查经海关确认该项进口实际为规避原产地证书的实施或安排而提交安排的一系列进口的一部分，则第一款的规定不适用	FOB不超过200美金	各不相同
文件保存		至少2年	至少3年	至少3年		至少3年	至少3年	至少3年	至少3年	至少3年	至少3年	
附页		固定续页格式打印		必须用正本格式，应填写同一证书下方"第x页，共x页"。如果证书仅有1页，亦应填写"第1页，共1页"	根据国内立法规定 必须用固定格式纸打印	必须用专用正本和专用副本续页格式打印	必须用专用正本续页格式和专用副本续页格式打印	暂未规定	用固定续页格式打印	固定续页格式打印	有固定续页格式	

第七章 贸促会FTA服务体系

第一节 贸促会FTA专业服务平台

移动互联网时代,信息化服务手段正扮演越来越重要的角色。中国贸促会商事认证中心(原属中国贸促会商事法律服务中心,以下简称"贸促会认证中心")联合技术服务商,紧跟先进技术发展步伐和企业业务办理实际需要,通过开通多项网络服务手段,帮助企业及时了解FTA讯息,更好应用FTA优惠政策。

一、FTA服务网站

贸促会FTA服务网站(网址:http://www.fta.ccpit.org),是贸促会认证中心创建的专业化FTA服务网站,主要利用互联网覆盖面广、成本低的特点,兼顾信息发布与办事指引功能,集中展示我国目前签署的所有自贸协定相关信息,为企业提供FTA伙伴国税率查询和市场信息,详细介绍申办自贸区优惠原产地证的办事流程和注意事项,以动画、图片、案例、问答等形式,介绍自贸协定的各项优惠政策内容、利用策略和成功案例,帮助企业一站式了解和使用自贸区政策红利。

贸促会FTA服务网站内容板块包括:FTA市场策略、FTA原产地、活动与服务、贸易机会、案例集锦。

(一)内容板块一——FTA市场策略

对自由贸易区(FTA)的定义、性质、作用、经济效应等进行详细阐述;对处于不同阶段的企业(寻找贸易阶段的企业、生产出口阶段的企业、在海外投资生产的企业)如何应用 FTA 政策进行商业运营模式讲解;对企业 CEO 利用 FTA 的战略进行解读;深入分析大型企业、中小企业 SWOT 战略,对不同类型企业利用 FTA 的优势、劣势、机遇和威胁进行阐述,本部分还介绍了企业利用 FTA 政策享受税收优惠的具体流程和方法。

(二)板块二——FTA 原产地

通过货物 HS 编码提供自贸区项下优惠税率查询及相应原产地证书申办进度查询,详细介绍自贸区优惠原产地证书申办流程、需要准备的材料、各自贸协定项下原产地证书填制指南、注意事项及常见问题解答。

(三)板块三——活动与服务

介绍贸促会总会及各地分支机构参与自贸区建设工作动态及培训、宣讲活动最新讯息,企业可以就近参加相关活动,更好地了解和掌握 FTA 优惠政策和利用策略。本部分内容还对贸促会自贸区服务网络进行梳理,企业可以获得本地贸促机构的联系地址、网址、联系电话和联系人等信息,进一步提高企业获得信息的便捷性。

(四)板块四——贸易机会

收集、整理、发布真实、有效的贸易机会,可以帮助企业开拓海外市场,获得更多订单。例如,哥斯达黎加社会福利医疗服务协会进口眼镜架和镜片,公布客商及联系人的详细信息,方便企业后期联系洽谈。

(五)板块五——案例集锦

选取进口企业、生产企业、出口企业利用 FTA 优惠政策实现降低进口成本、开拓海外市场、提高竞争能力、优惠产品供应渠道的典型案例,使企业可以直观、生动地了解 FTA 优惠政策应用策略,进而指导企业自身的战略发展。

精彩内容掠影:出口企业自贸区优惠政策利用案例(如表 7-1

所示)。

表7-1　　　中国食品进口企业产品清单

HS Code	货品名称	基准税率	降税分类
15132100	初榨棕榈仁油	9	5
15149110	初榨菜籽油	9	E
16056100	海参	5	0
16056200	海胆	5	0
20095000	番茄汁	30	20
08133000	苹果干	25	20

Step 1：了解关税减让安排

HS Code	货品名称	基准税率	降税分类
15132100	初榨棕榈仁油	9	5
15149110	初榨菜籽油	9	E
16056100	海参	5	0
16056200	海胆	5	0
20095000	番茄汁	30	20
08133000	苹果干	25	20

降税分类含意：
E—税率保持现状
0—税率于协议生效时即刻降为0
5—5年过渡期，后降税率为0
20—20年过渡期，后降税率为0

Step 2：分析降税影响及制定应对方案

HS Code	货品名称	基准税率	降税分类
15132100	初榨棕榈仁油	9	5
15149110	初榨菜籽油	9	E
16056100	海参	5	0
16056200	海胆	5	0
20095000	番茄汁	30	20
08133000	苹果干	25	20

棕榈仁油与菜籽油具有替代性，但降税幅度不同

5年过渡期后棕榈仁油价格相对降低,需求量可能上涨
可根据需求量变化预期开发新的韩国桐仁油供应商

Step 3:比较其他可能货品来源FTA进程

HS Code	货品名称	中韩基准税率	中韩降税分类	中澳基准税率	中澳降税分类
15132100	初榨棕榈仁油	9	5	9	D
15149110	初榨菜籽油	9	E	9	D
16056100	海参	5	0	5	0
16056200	海胆	5	0	5	0
20095000	番茄汁	30	20	30	A-5
08133000	苹果干	25	20	25	A-5

中澳降税分类含意:
D—税率保持现状
0—税率于协议生效时即刻降为0
A-5—5年线性降税率到0

Step 4:评估可能市场份额冲击

HS Code	货品名称	中韩基准税率	中韩降税分类	中澳基准税率	中澳降税分类
15132100	初榨棕榈仁油	9	5	9	D
15149110	初榨菜籽油	9	E	9	D
16056100	海参	5	0	5	0
16056200	海胆	5	0	5	0
20095000	番茄汁	30	20	30	A-5
08133000	苹果干	25	20	25	A-5

中韩、中澳FTA同在2016年相继生效
相比中韩FTA,中澳FTA对番茄汁及苹果干产品进口减税时程更快
澳大利亚相关产品必将逐渐获得相对优势,企业可考虑赴澳开发供应商

二、微信公众号

微信公众服务账号(名称:贸促会中韩FTA服务),是贸促会认证中心创建的可应用于移动手机端的专业化FTA服务账号,开发了FTA快讯、培训宣讲、FTA市场策略、电子等资讯类栏目,方便企业在第一时间接受贸促会推送的最新自贸区工作动态、政策信息、贸易机会等,与贸促会FTA服务网站互为补充。同时,微信服

务账号也开通了办事指引功能，企业可以方便、快捷地进行产品税率减让查询、办证进度查询，业务量大的企业还可以通过微信服务号预约办事。此外，当存在疑问时，微信用户还可以通过即时通讯的方式，直接向客服人员咨询问题，享受全方位的 FTA 服务。

精彩内容掠影：快讯——贸促会 ECO 服务让企业足不出户畅享中韩、中澳自贸协定实惠（图 7-1 所示）

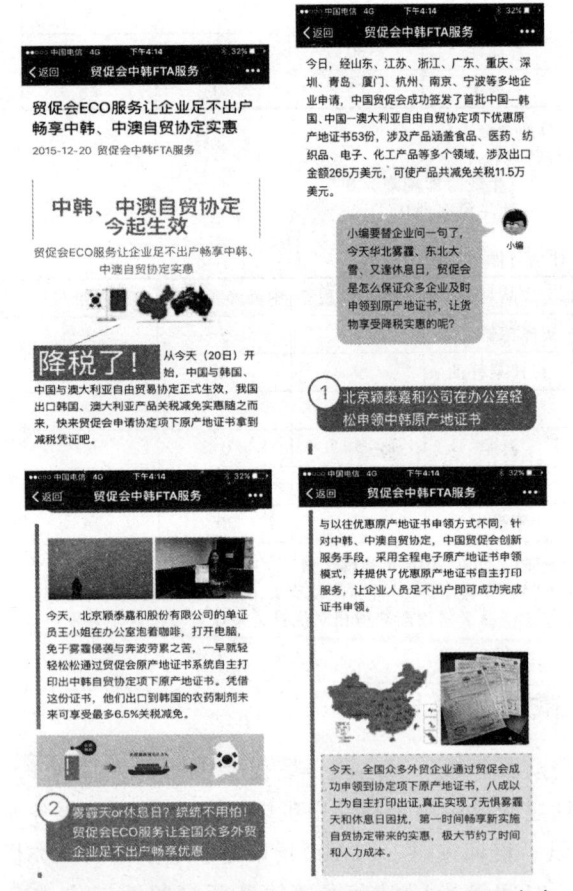

图 7-1　快讯——贸促会 ECO 服务让企业足不出户畅享中韩、中澳自贸协定实惠

第二节 贸促会 FTA 服务网络

我国外贸出口企业数量众多,由贸促会各分支机构组成的服务网络是贸促会为企业提供 FTA 服务载体,服务网络的完善程度直接关系为企业提供 FTA 服务的效果。贸促会认证中心历来非常重视系统建设与管理,始终注重凝聚和发挥系统合力,兼顾全国标准化 FTA 服务体系打造与地方特色服务示范窗口建立,为了更好地服务企业提供原生动力。

一、FTA 服务网络建设情况

近年来,服务网络建设是贸促会认证中心的一项重点工作。工作重心主要集中在统筹谋划布局设点,有序开展签证机构授权工作,不断丰富和完善服务网络,进一步拉近企业与 FTA 服务之间的距离。同时,依据业务数据分析有选择性地在重点地区设立"FTA 服务示范窗口",努力打造精品化、标准化服务,满足重点地区企业多方位的 FTA 服务需求。

目前贸促会在全国共有 119 家优惠原产地签证机构、338 家服务机构承担广大企业关于 FTA 原产地证书申领和相关服务。未来,贸促会还将继续加大授权工作力度,使全国优惠原产地签证机构布点更趋合理,越来越多的企业可以在家门口享受到贸促会便捷的 FTA 服务(贸促会优惠原产地证书签证机构名录详见贸促会认证中心官网)。

二、开展多类型、多层次业务培训,不断提升签证人员业务能力水平

贸促会系统每年在全国各地举办多种类型、不同层次的签证人员业务培训,内容包括非优惠及各自贸协定项下优惠原产地证

书签发、各自贸区优惠政策解读、贸促会 FTA 服务等，不断提升签证人员业务水平。以 2016 年为例，贸促会认证中心在河南郑州举办全系统商事认证业务资格培训会议，对全系统 300 余名新入职人员进行上岗培训；于广东、日照、珲春、西安、张家界、青岛、烟台、威海等省市举办中韩、中澳及中国—东盟自贸区业务培训会 8 场，对重点地区业务骨干进行自贸协定政策及签证服务培训，参训人员 1600 余人；举办特色化、微型化总会集中培训班 3 次，对个别地区签证人员进行专门业务辅导，满足地区差异化需求。

贸促会认证中心通过分类型、多层次业务培训打造全系统签证人员业务交流平台，保障与提升签证人员业务能力水平，为原产地业务发展及更好地服务企业做好人才培养和人才储备。

培训工作掠影 1：中国贸促会系统商事认证资格培训暨中国—东盟自贸区优惠原产地签证培训

2016 年 6 月 22 日至 24 日，中国贸促会系统商事认证资格培训暨中国—东盟自贸区优惠原产地签证培训在河南郑州成功举行。中国贸促会商事认证中心、河南省贸促会、郑州海关、河南出入境检验检疫局相关负责领导出席开幕仪式。

培训内容包括非优惠原产地、中国—东盟优惠原产地及国际经济规则发展新趋势与中国—东盟自贸协定升级版应对、ATA 单证册理论与实务、商事证明理论与实务及代办领事认证业务。

来自全国 25 个省、自治区、直辖市的近 200 家贸促分支会的 300 余名同志参加了此次培训，是近几年来规模最大的一次。

培训工作掠影 2：中国贸促会（广东地区）原产地业务及自贸区相关知识培训

2016 年 11 月 29 日至 30 日，中国贸促会（广东地区）原产地业务及自贸区相关知识培训在广东清远成功举行。来自广东广州、深圳、珠海、汕头等地的 20 余家地方贸促会的业务负责人和 110 余家企业的代表共 230 余人参加了培训。海关总署、广州出入境检验检疫局、贸促会认证中心的相关专家为参训人员讲授了自贸区战略和发展、自贸区原产地规则、中国贸促会优惠原产地签证规则和服务等内容。

第三节　与政府及相关部门机制性合作平台

自贸区工作涉及领域广泛、牵涉部门众多，具有极强的系统性。为更加便利企业享受自贸区优惠政策，打通不同部门间合作障碍，加快政府职能转变，贸促会认证中心近年来不断深化与政府及相关部门的机制性合作平台建立，推动贸促会原产地业务功能和作用的进一步放大，提升自贸区服务效果。

一、与贸促会内设机构、会属单位及系统分支机构开展密切合作，建立贸促系统"一盘棋"思想，凝聚、发挥系统合力

贸促会具有"亦官亦民"的身份优势和"四位一体"的体制优势，会内机关、事业单位、企业单位及社团单位各司其职，各有侧重，共同服务我国的经贸事业发展。贸促会认证中心立足商事法律服务本职，近年来在自贸区工作方面，不断加强与会内兄弟单位联系与沟通，与法律事务部、培训中心、贸促会驻韩国代表处等开展深度合作，并联合系统分支机构，共同举办以自贸区优惠政策、自贸协定解读及法律风险防范等为主题的宣讲会及培训会，编写自贸区企业服务指南，充分发挥会属各单位业务专长及职能特点，凝聚、发挥系统合力，共同推动贸促工作多元化、体系化，同时为企业享受自贸区建设成果提供更多支持与帮助。

重点工作掠影1：中国贸促会《中韩自贸协定》宣讲培训会（江苏盐城）

2015年9月24日,中国贸促会《中韩自贸协定》宣讲培训暨《中韩自贸协定》服务示范窗口(盐城)授牌仪式在江苏盐城成功举行,正式启动中国贸促会"《中韩自贸协定》优惠进万企"系列活动。

宣讲活动由中国贸促会商事法律服务中心闫芸副主任主持。时任中国贸促会商事法律服务中心徐伟主任、海关总署关税征管司徐慧筠副司长、江苏省贸促会肖铁军副会长、盐城市人民政府朱金明副秘书长、韩国驻上海总领馆郑京录商务领事、韩国贸易协会北京代表处崔容敏首席代表,以及南京海关、盐城市商务局、盐城海关、山东大学经济学院的相关领导出席了授牌仪式。徐伟主任、徐慧筠副司长、郑京录商务领事和朱金明副秘书长分别代表贸促会、海关、韩国领事馆和盐城市政府致辞。来自海关总署、韩国贸易协会和山东大学的专家分别围绕中韩FTA的意义、原产地规则、企业经营策略等议题进行了主题发言和讲解。

盐城市商务系统、盐城海关和当地企业的300余名代表参加了此次宣讲培训活动。

重点工作掠影2:中国贸促会自贸政策法规解读和法律风险防范(青岛)培训

2016年10月26日至28日,贸促会认证中心配合贸促会法律事务部于山东省青岛市成功举办中国贸促会自贸政策法规解读和法律风险防范(青岛)培训班。商务部国际贸易经济合作研究院、海关总署、中国贸促会专利商标事务所相关领域专家为参会人员授课,向参会企业及贸促会系统人员介绍贸促会中韩、中澳自贸协定项下原产地规则及优惠原产地证书申领和服务,培训人员近200人。

重点工作掠影3:心系企业,助力发展——中国贸促会中韩FTA工作组调研盐城韩资园企业

2015年9月24日,中国贸促会商事法律服务中心闫芸副主任率中国贸促会中韩FTA工作组赴盐城市韩资园,开展企业调研,实

地宣讲 FTA 政策，面对面送 FTA 服务到企业，受到众多企业的广泛欢迎。

FTA 工作组先后走访了盐城综合保税区、盐城韩资园和盐城大数据产业园，向晶美光电、东风悦达起亚三厂等企业详细了解企业生产经营、发展规划和问题困难等情况，全面介绍了贸促会商事法律服务业务和贸促会中韩 FTA 服务平台。

二、与海关总署、质检总局等机构加强业务合作，拓宽原产地工作领域，提升工作成效

（一）与海关总署加强机制性合作，全面提升企业自贸协定利用率，促进贸易便利化

1. 工作拜访及协调会议推动自贸区工作稳步发展

近年来，为配合国家自贸区相关工作顺利启动实施，贸促会认证中心与海关总署关税司原产地办公室始终保持高密度、高质量沟通与合作，逐步建立起机制性工作联系。通过常规性函件沟通、机制性工作会议、联合举办企业宣讲培训等方式，高效完成签证数据统计，中韩、中澳及中国—东盟自贸协定项下原产地证书格式备案及签发，原产地证书核查、原产地电子数据对接与传输、自贸区优惠政策宣讲等各项工作，全力满足国家自贸区建设步伐加快的要求。

重点工作掠影 1：系列工作拜访及协调会议

2015 年 5 月，贸促会商法中心闫芸副主任拜会海关总署关税征管司姜峰司长、徐慧筠副司长，就完善国家原产地工作管理、推动自贸区及"一带一路"战略实施和积极服务企业等工作进行沟通和交流。海关总署明确支持贸促会作为法定原产地签证机构参与更多自贸协定的实施工作的主体地位，并表示将对贸促会签发中韩、中澳等新签署自贸协定项下原产地证书给予指导和帮助，大力推进双方合作，以两岸电子信息交换系统工作模式为范本，将现代化的技术手段拓展到更多自贸协定实施中。

2015 年 12 月，贸促会商法中心闫芸副主任在北京参加海关总

署、贸促会、质检总局三方中韩、中澳 FTA 实施准备会。会议对中韩、中澳 FTA 实施准备工作情况及进展进行了通报，三家机构表示将加强合作，做好实施前的最后准备和下阶段原产地电子数据跨境传输工作，共同促进 FTA 实施效果及贸易便利化。

2016 年 2 月，贸促会认证中心应邀派员赴海关总署关税征管司，就中韩、中澳等自贸协定实施中原产地证书签发具体工作进行沟通与交流。会议上认证中心解答了涉及贸促会原产地签证标准、操作规程和证书电子防伪技术等方面的外方询问，并表达了贸促会将积极服务企业、推动协定实施、帮助我国产品提高竞争力的工作原则和态度。会议中各方还就自贸协定数据统计及信息发布、企业违法行为处罚等方面事宜进行了商谈。

2016 年 4 月，贸促会认证中心参加海关总署自贸区原产地实施工作会议，与质检总局一道，三方就自贸区原产地实施工作进行探讨和磋商，达成众多共识。会上，各单位通报了 2015 年自贸协定实施情况，交流原产地证书核查相关事宜，讨论原产地证书信息共享下一步工作安排，确定中韩自贸区原产地实施会议安排，并就签证系统、信息化手段等其他事宜进行交流。与会代表一致同意要加强沟通、密切合作，共同做好自贸区原产地实施工作，维护国家利益，配合自贸区战略的加快实施。

2016 年 9 月，贸促会认证中心原产地处拜会海关总署关税司，双方就优惠原产地证书电子数据交换事宜进行深入沟通。会议商定对原有数据传输规则及交互方式进行改进优化，共同推进优惠原产地电子数据跨境传输工作。

2017 年 1 月，贸促会认证中心原产地处赴海关总署参加中韩自贸区原产地分委会会议，会同海关总署关税司原产地办公室、质检总局通关司与韩国自贸区实施工作组召开工作会议，商讨《中韩自贸协定》实施原产地工作相关细节问题。会议上中韩双方就海关协定制度转码、原产地证书所载货物项数、电子数据跨境传输工作、《中韩自贸协定》文本修订等相关问题进行深入探讨，达成众多共识。

2. FTA 优惠进万企，联合开展重点口岸城市中韩自贸区政策宣讲与培训活动

为配合中韩自贸区顺利启动实施，提升我国外贸企业自贸协定优惠政策利用能力和水平，更好地实现"走出去"目标，贸促会认证中心与海关总署关税司联合开展了重点口岸城市中韩、中澳自贸区政策宣讲与培训活动，选取了上海、青岛作为首发城市，联合当地贸促机构，并邀请商务部、质检以及国外对口商会、边境管理部门的专家，开展自贸区政策宣讲，解读协定规则以及带给企业的实惠和商机，预警协定实施中常见错误和问题，为企业顺利享受自贸协定红利保驾护航。相关宣讲和培训互动受到广大外贸企业的热烈欢迎。

重点工作掠影1：中国贸促会、海关总署自贸协定联合宣讲培训会（上海、青岛）

2015年12月，贸促会认证中心联合海关总署关税司在上海市和青岛市举办中韩、中澳自贸协定宣讲培训会，来自上海、青岛外贸企业人员以及全国各地贸促分支机构法律部、出证认证部领导和业务骨干，共计700余人参加会议。时任中国贸促会商事法律服务中心主任徐伟、海关总署关税司副司长徐慧筠、上海市贸促会副会长李志刚、青岛市贸促会会长冯文青出席会议并致辞。

培训会上，来自海关总署关税司原产地业务专家及贸促会认证中心FTA工作组成员围绕中韩、中澳FTA的意义、关税减免情况、原产地规则、FTA服务平台及原产地证书申领等问题进行了讲解。会议期间，贸促会认证中心对前来参会的全国各地贸促分支机构相关部门领导及业务骨干130余名代表进行了专项培训。宣讲培训活动受到广大企业热烈欢迎，会议效果良好。

重点工作掠影2：联合调研，送自贸区政策、服务到企业

2016年4月，时任贸促会商法中心党委书记李健宁率工作组与海关总署及郑州、洛阳海关相关工作人员共同走访、调研中信重工

机构服务有限公司,深入了解企业的生产经营情况和自贸区优惠政策利用情况,并向企业介绍海关及贸促会自贸区服务职能。有针对性地开展下厂核查工作,主动贴近企业,为企业进行实地辅导。

3. 充分配合海关总署自贸协定原产地谈判工作,推介贸促会原产地签证技术和服务

作为法定原产地签证机构,贸促会不断积累签证工作经验,着力培养系统原产地领域专业人才,紧密跟踪国家自贸区建设最新动态,及时收集、整理企业意见和诉求,配合海关总署积极参与自贸协定原产地谈判工作,向国外海关及相关机构推介贸促会先进原产地签证技术和服务网络,推动电子数据跨境传输和无纸化通关,辅助提升贸易便利化水平,加快高标准自贸区建设步伐。

目前,贸促会认证中心在海关总署关税司支持下,已参与中国—马尔代夫自贸协定第二轮谈判分组会议、中国—澳大利亚自贸协定海关实施协调工作会议、中国—东盟(泰国)自贸协定商务部及海关协调会议、亚太自贸协定海关协调会议(提供会议主旨发言材料)、中国—哥斯达黎加自贸协定原产地内容升级谈判及中国—海合会自贸区谈判原产地证书格式加意见征求等工作,全方位推介贸促会参与自贸区建设的职能使命、优惠原产地签证服务内容与手段、签证技术革新与突破,协助海关总署在自贸区谈判工作中获得更多主动权。同时,代言工商,更好地反映中方企业意见及诉求,从原产地签证机构角度提出专业观点和意见建议,积极推动谈判进程,全面提高贸促会原产地工作参与国家自贸区建设的能力与水平。

4. 配合海关总署开展自贸协定项下原产地证书核查及签证信息交流互通工作,共同协助企业解决通关享惠问题

配合海关总署开展自贸协定项下原产地证书核查工作是贸促会作为原产地签证机构的一项基本职能。通过及时、严谨的原产地证书核查及结果反馈,可有效解决外方海关等相关机构对我国出口企业的质疑,帮助企业解决通关享惠等问题,使企业"走出去"的过程更加顺畅。此外，在签证信息交流互通方面，贸促会与海关总署始终保持紧密联系，时刻关注自贸区建设中的现实问题和发展动态，了解产业合作趋势，为相关部门制定外贸政策提供有力支撑，同时为我国企业与自贸协定伙伴国企业开展经贸往来保驾护航。

重点工作掠影1：及时发布《中韩自贸协定》项下原产地证书填制指导，方便企业开展经贸往来

虽然因中、韩两国距离较近，货物无论采用空运或海运都较为便捷，但出口企业在申领相关原产地证书时，往往无法提前准确获知运输信息。若按照其他自贸协定项下原产地证书签发要求，则给出口企业带来很大负担。为此，贸促会配合海关总署第一时间下发工作通知，指导签证机构把握签证审核标准，明确原产地证书上"运输信息"栏目为非必填项，企业可按照"尽其所知"原则申领原产地证书，以最大程度方便出口企业利用自贸协定优惠政策。

重点工作掠影2：协助解决韩国现代制铁公司通关遇阻问题

韩国现代制铁公司成立于1953年，隶属于韩国现代集团，是世界最高水平的电炉钢铁企业。2014年12月起韩国首尔海关发起针对我国对韩国现代制铁出口产品的原产地核查，贸促会认证中心及时开展相关核查，并积极协调和推动更海关总署关税司与韩国海关部门沟通，共同协助企业完成核查事项，成功解决通关难题，避免了巨大经济损失。

韩国现代制铁中国区首席代表金保罗先生及其供货商信隆国际贸易责任有限公司执行董事郑今朝先生随行贸促会认证中心拜会海关总署关税司，共同向海关总署原产地办公室负责人送上写着"鼎力为企业保驾护航，尽心促中韩经贸发展"的锦旗，衷心感谢海关总署积极协助解决通关难题和维护企业合法利益。

5. 深化合作领域，联合开展自贸区实施效果评估工作

为了加快实施构建高标准自贸区的国家战略，帮助政府和企业适应和利用高水平的国际贸易投资规则，贸促会认证中心近年来不断加强自贸区建设工作参与深度，在做好原产地签证工作同时，开

拓性地借助高校等科研机构力量,共同开展自贸区实施效果评估工作,目前已顺利完成中韩、中澳及中瑞自贸区阶段性实施效果评估工作。

自贸区实施效果评估工作意义重大,通过对我国企业利用自贸协定优惠政策现状的客观考察,分析、探索自贸区优惠政策利用率提升的有效途径,为相关政府部门制定外经贸政策,辅助自贸区升级谈判提供第一手资料和有益参考。

贸促会认证中心自贸区实施效果评估工作得到海关总署高度认可,在密切沟通、深入交流的基础上,评估工作升级为由海关总署、认证中心、高校专家课题组三方合作研究模式。创新合作模式的诞生,很好地体现了贸促会发挥政府和企业桥梁作用,善于借助智库力量,服务政府、代言工商的职能特色,是贸促会更好参与自贸区建设的成功实践。相关举措切实推动了评估工作质量和效果的提高,使评估报告更具政策建议性和广泛认可度。

重点工作掠影:贸促会认证中心、海关总署关税司、高校专家组自贸协定实施评估工作会议

2016年9月,贸促会认证中心闫芸副主任率工作组与海关总署关税司原产地办公室、山东大学及南京大学专家组在江苏苏州举行联合工作会议,就三方合作开展自贸协定实施效果评估工作进行交流、探讨,三方共同分析自贸协定评估工作现状和存在问题,研究发挥各方优势、建立评估合作机制,商讨确定下阶段评估工作重点内容和方向,合作开展评估调研、丰富与共享数据信息,相关工作稳步推进。

(二)与质检总局加强原产地签证合作,共同推动中国产品和装备制造走出去

1. 签署合作备忘录,开启机构间合作新纪元

国家质检总局各地出入境检验检疫机构和中国贸促会及其地方分支机构是中国法定的原产地证书签证机构。多年来,中国贸促会和国家质检总局立足本职,积极探索,在原产地签证工作方面各有

侧重，均有可喜成绩。其中，中国贸促会顺应国际贸易便利化要求，积极参与国际商会原产地证书认证链建设，努力推动电子原产地证数据跨境传输；国家质检总局重视原产地签证管理，检验检疫体系完善，在原产地核查和原产地标记管理方面具有成熟经验和诸多优势。

为进一步提升我国企业自贸协定利用率，加强部门协调配合，推进原产地管理的优化和改革，共同谋划国家原产地工作发展思路，维护国家整体利益，贸促会于2015年11月与国家质检总局签署合作备忘录，双方决定加强在原产地签证工作领域的务实合作，在规则解读、政策宣讲和问题咨询解决等多方面，相互支持，共同健全服务保障体系，全面提升服务企业的能力和水平，推动我国优势产业与产品"走出去"，推进国际产能和装备制造合作。

为促成合作备忘录签署，贸促会认证中心与质检总局通关司进行了大量协调与沟通工作，为合作备忘录签署奠定了坚实基础。贸促会认证中心将以合作备忘录签署为契机，加强业务合作，积极推动合作备忘录落实，为我国企业和产品走出去提供全方位、高质量的商事法律服务。

重点工作掠影：贸促会与质检总局签署合作备忘录

2015年11月26日，中国贸促会与国家质检总局签署《关于加强原产地签证工作服务"走出去"战略合作备忘录》（以下简称《合作备忘录》），中国贸促会会长姜增伟与国家质检总局局长支树平亲切会谈，并共同见证合作备忘录的签署。中国贸促会尹宗华副会长和国家质检总局孙大伟副局长分别代表双方签署合作备忘录。

贸促会姜增伟会长表示，中国贸促会与国家质检总局签署合作备忘录意义重大，标志着双方合作关系进入了崭新阶段。面对我国全面实施新一轮高水平对外开放、加快构建开放型经济新体制的新形势，贸促会将积极配合国家职能部门工作，积极开展贸易投资促进工作，助力企业国际化经营，促进我国外经贸事业健康稳定发展。同时，中国贸促会愿与质检总局一道，共同构建与国家战略相适应的原产地工作体系,推动自贸区战略实施,提高通关贸易便利化水平,推动我国优势产业和产品走出去。此外,贸促会希望进一步拓展两部门合作领域,建立全方位的机制化合作,充分发挥各自优势,共同为我国改革发展和外经贸事业持续健康稳定发展做出新的贡献。

国家质检总局支树平局长表示,推进质检总局和贸促会的合作是双方共同的愿望,原产地领域合作备忘录的签署,是推进双方多领域合作的一个良好开端。质检总局将顺势而为,主动融入大局,通过切实发挥职能作用,服务好国家自由贸易区战略实施。质检总局将携手贸促会共同推进原产地签证改革,便利证书申领,强化事后监管,不断提高出口企业和行业协会运用优惠政策的能力水平,推动外贸向优质优价,优进优出转变。同时,双方将以此次合作为契机,以互利共赢为目标,在原产地签证工作合作的基础上,进一步拓展合作领域,共同为促进经济社会发展做出更大贡献。

这一《合作备忘录》是中国贸促会与国家质检总局签署的第一份合作协议。合作内容包括:质检总局支持贸促会签发各类原产地证书;双方定期交换签证统计数据,加强原产地签证工作领域的研究合作;加强经贸摩擦应对工作,推动行业自律;加强地方机构协作与行政执法协助等方面的配合。备忘录的签署和实施将推动两部门加强原产地签证领域合作,落实国家自由贸易区战略,推动中国产品、中国装备"走出去"。

《合作备忘录》签署后,贸促会认证中心与质检总局通关司作为合作备忘录具体执行单位,依据备忘录内容,在签证数据统计、业务动态、分析报告和工作简报等方面实现信息共享。贸促会已适时启动中国—东盟自贸区原产地证书总会试点签发工作,巩固了双方机构合作成果。未来,双方还将配合国家自由贸易区战略实施,开展联合调研,帮助企业有效运用原产地规则,推动"走出去"和优进优出战略实施。提高劳动密集型产品科技含量和附加值,营造资本和技术密集型产业新优势,提高我国产业在全球价值链中的地位,推动我国从贸易大国到贸易强国转变。

2. 指导贸促会各地方分支机构与各地出入境检验检疫机构签署合作备忘录,深化、扩大合作备忘录成果

贸促会与质检总局原产地签证合作备忘录签署以来,各项合作内容稳步推进。为进一步扩大合作成果,贸促会认证中心积极指导地方贸促机构依照总会与总局合作备忘录框架,遵循主要合作原则,以便利企业为宗旨、以互助合作为前提,灵活制定契合地方发展要求的贸促机构与检验检疫机构合作备忘录,推动两机构合作成果惠及地方。截至2017年5月,全系统已有10余家地方机构与当地出入境检验检疫机构成功签署合作备忘录,标志着贸促会与质检总局的合作示范效应已开花结果,正全面推动贸促与检验检疫机构开展地区性深度合作,实现原产地业务与政府职能的进一步融合。

重点工作掠影1:深圳市贸促委与深圳出入境检验检疫局签署原产地签证工作合作备忘录

2016年11月2日,中国贸促会深圳市委员会与深圳检验检疫局举行《原产地签证工作合作备忘录》签署仪式。双方约定进一步加强合作,建立原产地签证工作长效合作机制,积极发挥原产地证书作为自由贸易区战略实施手段和桥梁的重要作用,推动外贸经济向优质优价、优进优出转变,共同推动深圳开放型经济发展。

合作备忘录签署后,双方将在9个方面展开原产地签证工作全面合作,具体包括:构建并逐步完善多层次、宽领域、经常性的沟通平台;建立联络协调机制;建立签证数据共享机制;加强违法行为查处协作;深化原产地签证便利化合作;统一原产地签证标准;加强政策研究协作;加强自贸协定联合宣传和业务培训合作等内容。

合作备忘录的签署,是双方依托各自职能优势和资源优势、充分发挥在贸易和投资等方面的引领带动作用而进行的又一次深入合作，将对释放原产地政策红利服务贸易便利化、促进深圳外贸有质量的稳定增长和可持续发展起到积极的推动作用。

深圳市副市长陈彪、深圳市贸促委主任叶健德、深圳检验检疫局局长赵振拴、副局长曲海峰等见证签署仪式；深圳市贸促委副主任黄史昉和深圳检验检疫局副局长胡龙飞分别代表双方在合作备忘录上签字。

重点工作掠影2：山东省贸促会与山东检验检疫局签署原产地签证工作合作备忘录

2016年10月21日，山东省贸促会与山东检验检疫局在济南签署合作备忘录，共同加强原产地签证工作，服务国家自贸区战略。山东省副省长夏耕出席签署仪式并作重要讲话。

通过签署合作备忘录，山东省贸促会将与山东检验检疫局在建立工作数据共享机制、共同打击原产地证书违法行为、统一原产地签证工作要求、加强原产地工作交流配合、加强对签证机构的协调工作、加强对企业的政策宣讲工作、共同支持自贸协定出口实施示范区和共同做好经贸摩擦预警及应对工作等9大方面开展合作。

山东省政府副秘书长魏华祥出席活动，山东省贸促会书记宿华与山东检验检疫局局长高玉潮代表双方致辞，山东省贸促会会长徐清主持签署仪式，山东省贸促会副会长李文光与山东检验检疫局副局长石勇代表双方签署合作备忘录。

3. 立足原产地工作本职，借助各类工作研讨会，探索原产地工作发展方向和路径

原产地工作涉及最惠国待遇、反倾销和反补贴等非优惠性贸易措施，同时也涉及自由贸易区实施和优惠贸易措施，以及政府采购、贸易统计等众多领域，意义重大，直接关系到对外经贸工作和企业经营。为推动国家相关政府部门对原产地工作的深入了解和正确认识，贸促会与质检总局利用各类工作研讨会，共同发声，阐明立场，探索原产地工作发展方向及路径，共同推动我国原产地工作更好地服务国家外经贸事业发展。

重点工作掠影：贸促会认证中心与质检总局通关司合作开展自贸协定出口实施研讨会

2016年12月，商务部国际司、外贸发展局、贸促会商事法律服务中心、质检总局通关司自贸区协定出口实施研讨会在北京质检总局会议室召开。质检总局通关司张冬冬副司长出席会议，贸促会认证中心原产地业务负责领导参加会议并就相关议题阐述贸促会立场，参会各方代表进行了深入探讨和磋商，达成众多共识。与会代表一致同意各部门应加强沟通、交流，统一思想，建立联席会议制度，正确引导舆论，以服务企业为宗旨、以提升自贸协定利用率为目标，共同服务国家自贸区建设。

（三）与商务部、国家口岸办、各级地方政府等多层面合作

1. 与商务部保持密切沟通与合作，共享原产地签证工作信息，辅助自贸区谈判工作

2016年，贸促会认证中心分别向商务部西亚非洲司提供有关对阿拉伯国家出口商品原产地证书签证数据信息，向商务部世贸司提交各自贸协定实施贸促会系统签发优惠原产地证书业务数据，辅助中国—海合会自贸区建设及其他自贸协定升级版谈判工作。

2. 与国家口岸管理办公室深度合作，共同开展国际贸易"单一窗口"标准版建设，推动贸易便利化

国际贸易"单一窗口"是国家推进贸易便利化和健全对外开放新体制的重要举措，贸促会2015年起通过与上海口岸办、福建省商务厅、厦门市政府等地方机构合作，已将原产地证申报系统与各地"单一窗口"系统对接，为企业提供"一站式服务"，积累了宝贵经验。2017年，国家口岸管理办公室根据《关于国际贸易"单一窗口"建设的框架意见》，牵头环境保护部、农业部、商务部、人民银行、质检总局、食品药品监管总局、林业局、国家密码管理局及中国贸促会等相关单位，共同开展国际贸易"单一窗口"建设。总体思路为依托中国电子口岸平台，以"总对总"方式与各口

岸管理相关部门系统对接。使企业通过使用"单一窗口",高效便捷地完成国际贸易许可审批相关环节。据了解,"单一窗口"标准版建设完成后,将发挥指导及辅助各地方"单一窗口"建设的作用,最大化集约工作成效,避免资源浪费及重复建设。

原产地证书作为国际贸易领域非常重要且使用量巨大的文书,其申领被列为"单一窗口"标准版基础功能,贸促会认证中心也成为首批参与"单一窗口"设计与建设的重点单位。就此,贸促会认证中心与国家口岸管理办公室保持密切沟通,通过开展工作研讨会、协商会、集中工作等形式共同推进"单一窗口"标准版建设。

重点工作掠影:认证中心原产地处参加国家"单一窗口"标准建设工作研讨会

2017年3月,海关总署国家口岸办公室召开"单一窗口"标准版建设工作研讨会,认证中心原产地处派员代表贸促会会同环境保护部、农业部、商务部、质检总局等共10个单位相关业务和技术人员对启动和推进国家单一窗口建设进行交流和研讨。

3. 积极指导地方贸促机构与地方商务部门加强合作与联系,推动"两证合一"

积极指导福建等地方贸促机构做好与地方商务部门的沟通与协助,支持地方开展贸易经营者备案证与原产地证申请人备案"两证合一"信息化系统建设和改革试点,就自贸区的实施情况评估、自贸区效用发挥、自贸协定利用率提高等方面寻求商务部门更多政策指导。

重点工作掠影:福建省"两证合一"为外贸企业利用好原产地政策再开"绿灯"

基于多轮各系统工作会商会议,福建省商务厅、福建检验检疫局、福建省贸促会联合下发通知,自2017年3月27日起在福建省检验检疫局和福建省贸促会共同辖区依托中国(福建)国际贸易"单一窗口"推广实施对外贸易经营者备案登记和原产地证企业备案登记合并办理,即"两证合一"。

"两证合一"后,商务部门在办理企业对外贸易经营者备案时,中国(福建)国际贸易"单一窗口"以后台数据交换方式,将商务部门企业信息审核结果传输至检验检疫部门和贸促会原产地业务系统,检验检疫部门及贸促会机构直接采信商务部门审核结果,当即授予企业原产地证备案资质,外贸企业无须再到检验检疫或贸促会机构办理原产地证申领企业备案手续。新模式依托信息化手段,将两项登记业务由原来各部门分别办理、各自发证的传统模式,转变为"一口受理、一次审核、一次发证",简化了办事程序。原来企业需分别到商务、检验检疫、贸促部门行政窗口办理,时间需要2—3天,现在只要到一个窗口办理,立等可取,极大方便了企业。同时,通过商务、检验检疫、贸促等部门数据交换和信息共享,将推动原产地证备案企业数量迅速增长。

第四节　国际合作支持平台

中国贸促会始终关注与国际组织的沟通与合作,努力构建、夯实国际合作平台,打造高层次、宽领域合作网络,通过参与多双边经贸合作组织工作,提升贸促会全球影响力,以外促内推动我国外经贸事业发展,促进国际贸易便利化及区域经济一体化。

一、充分利用国际商会(ICC)原产地工作平台,参与国际原产地规则制定,发挥代言工商作用

(一)深度参与国际商会原产地机制性工作会议及项目建设

在原产地工作领域,贸促会(中国国际商会)作为中国唯一的国家商会,广泛参与国际商会下设的原产地证书相关机构工作,主要包括原产地证书理事会、原产地证书认证委员会及电子原产地证书工作组。

原产地证书理事会是国际商会下设的与原产地证书相关的成员范围最广、议事机制最成熟的组织,贸促会于 2012 年成为该组织成员。

原产地证书认证委员会成立于 2012 年,来源于原产地证书理事会启动的国际商会世界商会联合会国际原产地证书认证链项目,旨在提高商会作为原产地签证机构的国际影响力,提升商会签证信誉度。贸促会于 2013 年 5 月正式成为认证链成员,获得在原产地证书上使用国际商会统一认证标识的授权,并同时成为认证链决策和建议机构——国际商会世界商会联合会国际原产地证书认证委员会委员。

电子原产地证书工作组——2013 年,国际商会世界商会联合会成立了电子原产地证书工作组,旨在统一电子原产地证书标准,制定通行规则、协调技术细节。基于贸促会在电子原产地证工作领域的世界领先水平,国际商会世界商会联合会致函中国贸促会,邀请加入电子原产地证书工作组。贸促会于 2014 年 3 月正式加入该工作组。

贸促会认证中心作为具体执行单位,积极参加国际商会世界商会联合会原产地工作例会,认真履行国际义务,以认证链委员会委员身份审议表决相关商会申请加入认证链申请;以国际商会原产地理事会理事身份推动国际原产地工作相关标准及办法的制定;全面宣介中国贸促会在自贸区优惠原产地领域率先拓展应用认证链标识的先进工作经验;以电子原产地工作组核心成员身份深入参与电子原产地证技术标准等国际规则和标准制定,增强中国贸促会作为中国商会的话语权,不断提高中国原产地工作世界影响力。

重点工作掠影 1:贸促会认证中心原产地工作组赴法国巴黎参加国际商会世界商会联合会原产地系列工作会议

2016 年 6 月,中国贸促会商事认证中心闫芸副主任率团参加了在法国巴黎举行的 2016 年上半年国际商会原产地理事会及同期举行的国际原产地认证链及电子原产地工作组会议。会议期间各国商会代表团就国际原产地认证链成员拓展、认证链成员内部核查机制建立、国际商会原产地证书核查网站项目、与世界海关组织 AEO 经授权的经营者项目（Authorized Economic Operations）合作框架建立、优惠原产地规则建议草案、电子原产地技术服务商的引入与推荐、电子原产地证书自动核准技术开发等议题进行了广泛探讨，并达成诸多共识。会上，国际商会原产地理事会及国际原产地认证链委员会主席特别提到中国贸促会在推动认证链标识、在优惠原产地证书上的扩大使用所作出的突出贡献，并邀请中国贸促会向各国商会代表分享先进工作经验，鼓励更多商会向中国贸促会学习，共同推动国际商会原产地认证链事业发展。

共有来自国际商会总部、美国、德国、英国、法国、瑞士、意大利、荷兰、比利时、新加坡、俄罗斯、巴西、阿联酋、澳大利亚等近 40 个国家和地区的代表参加了会议。

重点工作掠影 2：贸促会认证中心原产地工作组赴意大利罗马参加国际商会世界商会联合会原产地系列工作会议

2016 年 11 月，中国贸促会商事认证中心闫芸副主任率团参加了在意大利罗马举行的 2016 年下半年国际商会原产地理事会及同期举行的国际原产地认证链及电子原产地工作组会议。会上，各国商会代表团就国际原产地认证链成员拓展、国际商会与世界海关组织深化合作、东盟国家自主认证制度及便利化措施、英国脱欧对国际贸易及原产地规则潜在影响等议题进行了广泛探讨，并达成诸多共识。会议审议并通过斯洛文尼亚商会加入国际商会认证链的申请。此外，中国贸促会代表还就沙特海关 Exportal 通关系统问题阐述立场并提出建议，充分发挥了中国商会履行国际义务、推动国际商会原产地事业发展的重要作用。

会议期间，闫芸副主任还与国际商会原产地理事会主席 Peter Bishop 先生及英国商会负责单证业务和机构管理的 Paul Wrighting 先生举行会晤，就中国贸促会商事认证中心与英国及伦敦工商会在原产地工作方面建立机制性联系、加强双方业务交流互访、推动自贸区建设、加强双方在国际商会及其他多双边工作平台上的互动与支持、发挥各自资源与优势共同推动国际项目实施等话题深入交换意见。Peter Bishop 先生及 Paul Wrighting 先生表示非常愿意与中国贸促会一道，在更多领域开展务实合作，共同推动国际贸易发展和商会事业壮大。

重点工作掠影 3：贸促会认证中心原产地工作组赴希腊参加国际商会世界商会联合会原产地系列工作会议

2017 年 5 月，中国贸促会商事认证中心闫芸副主任在希腊雅典参加国际商会世界商会联合会国际原产地证书理事会、认证委员会以及电子原产地工作级 2017 年首轮会议。

本轮会议，各国商会代表团就挪威奥斯陆工商会、美国世界贸易商会加入国际原产地认证链申请、电子原产地技术服务商筛选、国际商会原产地证书指南修订、欧盟出口商注册系统应用、商会在 AEO（经认证经营者）制度中潜在作用进行广泛探讨，达成诸多共识。

会议期间，闫芸副主任与美国世界贸易商会会长 Wendy FICHTER 女士进行了单独会谈。双方就加强原产地业务合作、推进美中企业交流等议题深入交换了意见。

来自英国、法国、德国、美国、荷兰、比利时、新加坡、瑞士等 32 个国家（地区）商会的代表参加了本轮会议。

（二）加强与国际商会主席团机制性沟通，深化贸促会原产地工作国际影响力

贸促会认证中心利用与国际商会机制性合作支持平台，与国际商会主席团保持密切沟通与联系，开展多方位工作合作：协助解决国际原产地证书在我国海关通过障碍问题；接待国际商会原产地理事会副主席、认证链委员会主席来访，汇报优惠原产地签证业务发展情况，表达对认证链成员签证质量管理的看法并提出建议，得到国际商会方面高度评价与肯定；与国际商会主席团就

沙特海关推出 EXPORTAL 系统一事保持密切沟通，全力支持国际商会抵制贸易限制性手段，推动贸易便利化。与国际商会原产地理事会及英国及伦敦工商会主席团加强沟通联系，推动在更多领域开展务实合作。

重点工作掠影：贸促会认证中心闫芸副主任赴上海会见国际商会原产地理事会副主席范德韦德先生

2016 年 6 月，中国贸促会商事认证中心闫芸副主任率工作组赴上海与国际商会原产地理事会副主席范德韦德先生举行原产地工作会谈，就商会认证链成员原产地证书签发质量管理等问题进行深入交流与探讨。

闫芸副主任介绍了贸促会原产地工作的整体发展情况，范德韦德副主席对中国贸促会在电子原产地（ECO）、自贸区优惠原产地及国际商会认证链标识推广等工作方面取得的突出成绩给予高度肯定，并预祝中国贸促会成功签发中国—东盟自贸协定项下优惠原产地证书。针对认证链成员签证质量管理问题，中国贸促会的众多建议如年度审查与抽查相结合、树立示范商会、加强与世界海关组织合作、深入参与 AEO 项目建设等，得到范德韦德副主席充分认可，其表示将把中国贸促会各提议纳入国际商会年度会议讨论议题中，进一步推动相关工作发展。

二、加强与韩国产业通商资源部、海关机构、商协会组织、驻华使馆及各代表处沟通与交流，推动自贸区建设，服务中国企业更顺畅"走出去"

（一）主动与韩国贸易协会沟通，推进双方机构签署合作备忘录

自《中韩自贸协定》签署以来，贸促会认证中心一方面与国内海关等部门加强沟通与协作，保证《中韩自贸协定》项下原产地证书顺利签发；另一方面主动与韩国贸易协会保持紧密沟通与联系，

探索双方合作新模式,高效、便捷处理双方企业在利用《中韩自贸协定》优惠政策方面存在的困难及问题,帮助企业更顺畅"走出去",促进两国经贸往来,相关工作成效显著。

重点工作掠影 1:贸促会认证中心派员拜会韩国贸协北京代表处

2016 年 7 月,贸促会认证中心拜会韩国贸易协会北京代表处,就合作推进《中韩自贸协定》实施事宜进行交流。

认证中心简要介绍贸促会在《中韩自贸协定》实施准备阶段的工作情况并与韩方就推动业务合作的具体形式、方法和内容进行探讨。双方一致认为,应在企业宣讲、咨询处理、问题解决和调研评估等方面加强合作,共同服务好两国企业,帮助企业用足、用好《中韩自贸协定》。双方均表示将进一步加强沟通,尽快确定合作形式并建立合作机制推动合作落实。

重点工作掠影 2:贸促会认证中心拜会韩国贸易协会"中国窗口"代表

2015 年 7 月,贸促会认证中心派员前往中国国际会展中心,拜会来京参展的韩国贸易协会"中国窗口"代表,就中国—韩国自贸协定服务机制进行业务会谈。

韩方 Jae-Wan HAN 先生介绍韩国贸易协会"中国窗口"的组织结构及运作机制。"中国窗口"主要职责:为通过提供关税、会计、法律、信息咨询、教育培训、原产地管理等一站式服务,帮助企业拓展对华贸易,最大限度地提高《中韩自贸协定》优惠政策利用率。双方就在《中韩自贸协定》宣传、调研和提高企业利用协定能力等方面开展合作的可能性进行了初步探讨。双方均表示将在会谈后积极跟进,共同做好《中韩自贸协定》实施前准备工作,帮助两国企业充分利用自贸协定优惠政策,进一步扩大经贸合作。

重点工作掠影 3:推动中国贸促会与韩国贸易协会签署落实《中韩自贸协定》的合作备忘录

2016年11月，正在韩国首尔访问的中国贸促会会长姜增伟会见韩国贸易协会会长金仁浩，共同签署了《中国国际贸易促进委员会与韩国贸易协会关于落实〈中韩自贸协定〉的合作备忘录》。

这一合作备忘录是中国贸促会与韩国贸易协会签署的第一份专项协议，旨在加强机制化合作，通过帮助两国企业充分利用《中韩自贸协定》，促进两国贸易发展。根据这一合作备忘录，双方将通过共同举办说明会、论坛活动和制作宣传册等方式，积极宣传推介《中韩自贸协定》，扩大该协定在两国经贸界的影响；相互为对方在本国设立的企业提供《中韩自贸协定》政策咨询，协助解决企业遇到的自贸协定问题；定期共同评估《中韩自贸协定》对两国贸易企业的影响及实施效果，并将评估结果报告用于对贸易企业的支援与服务。

为促成此合作备忘录签署，贸促会商事认证中心前期与韩国贸易协会进行了大量协调与沟通工作，并在建立互信、合作开展活动的基础上，在盐城、青岛等地区开展了实质性合作活动，为备忘录签署奠定了坚实基础。

（二）拜会韩国贸易协会及海关机构，深入沟通落实双方合作备忘录举措

为更好地落实中国贸促会与韩国贸易协会合作备忘录，认证中心作为具体执行单位主动赴韩国拜会韩国贸易协会及海关等机构，针对业务合作具体内容进行深入沟通探讨，达成诸多共识，为《中韩自贸协定》顺利启动实施打下良好基础。

重点工作掠影1：贸促会认证中心闫芸副主任率工作组拜会韩国海关组织

2015年12月，中国贸促会商事认证中心闫芸副主任率工作组赴韩国首尔拜会韩国海关组织。

会谈中，中国贸促会与韩国海关组织就原产地工作机制、中韩FTA实施细节、原产地证书核查等一系列问题深入交换意见，行程

众多合作方案,为双方今后进一步交流与合作打下坚实基础。

重点工作掠影2:中国贸促会与韩国贸易协会就落实合作备忘录交换意见

2015年12月,中国贸促会商事认证中心闫芸副主任率工作组在首尔拜会韩国贸易协会FTA支援中心及China Desk等相关部门负责人,双方就推动落实中国贸促会与韩国贸易协会关于落实自贸协定合作备忘录、积极做好《中韩自贸协定》实施工作进行深入沟通和交流。中国贸促会驻韩国代表处首席代表俞海燕共同参加拜会。

韩国贸易协会FTA支援中心详细介绍FTA支援中心及China Desk的机构、人员和服务运行情况,表示在《中韩自贸协定》实施启动之际,愿遵照两会"关于落实自贸协定合作备忘录"的合作宗旨和内容,深化务实合作,服务企业用好用足优惠政策,为企业带来更多福祉。

座谈会上,双方围绕合作备忘录深入交换意见,并在联合宣介、网站合作、互助服务、调研分析等方面达成一系列共识。

(三)贸促会认证中心联合韩方各机构,共同主办或协办《中韩自贸协定》优惠政策企业宣讲会

为实质性推进中国贸促会与韩国贸易协会合作备忘录落实,贸促会认证中心联合韩国驻华使馆、韩国关税厅、韩国大韩商工会议所等机构共同主办或协办《中韩自贸协定》优惠政策企业宣讲会,为企业提供最权威的政策解读和FTA应用指导,助力中韩双方企业第一时间了解自贸区工作动态,把握先机,充分享受自贸协定优惠,促进企业开拓双边市场,促进经贸往来。

重点工作掠影1:贸促会认证中心闫芸副主任出席2015中韩企业家FTA联合论坛并发表主旨演讲

2015年12月,由中国贸促会驻韩国代表处及韩国FTA产业协会共同举办的2015中韩企业家FTA联合论坛在韩国首尔举行。中国贸促会驻韩国代表处首席代表俞海燕女士主持论坛,韩国产

业通商资源部、中国大使馆经济商务处、韩国中国商会等部门和机构相关人员出席论坛。贸促会商事认证中心闫芸副主任应邀出席会议并作题为"推动FTA运用，促进中韩经贸交流"的主旨演讲。

闫芸副主任在演讲中指出，中国贸促会商事认证中心依托近60年业务发展，积极参与自贸区的建设工作，创新性地打造了国际合作支持平台、与政府部门机制性合作平台、产学研合作平台、FTA服务网络及FTA专业服务平台等五大平台，为企业提供全方位的FTA高效服务。未来，贸促会商事认证中心将继续以原产地工作为基础，与韩国相关机构一道，加强交流与合作，互相学习与借鉴，取长补短，以互利共赢为目标，不断丰富和创新合作方式，共同推动中韩两国的外经贸事业发展。

联合论坛上，来自韩国FTA产业协会的李昌雨会长就"中韩FTA物流及服务业合作"进行了主旨发言。联合论坛为中国及韩国优秀企业代表们提供了很好的交流机会，有效地提升了中韩FTA在企业层面的影响力，极大地推动了中韩企业间的务实合作。

重点工作掠影2：贸促会认证中心参加中韩联席FTA应用说明会·洽谈会

2016年4月，中国贸促会与大韩贸易投资振兴公社在北京联合举行"中韩联席FTA应用说明会·洽谈会"，贸促会认证中心派员参加会议并做主旨发言，为参会中韩企业详细介绍中国贸促会商事认证中心中韩FTA服务平台。

中国贸促会副会长尹宗华和大韩贸易投资振兴公社社长金宰弘出席会议并致辞。商务部国际司副司长洪晓东、韩国产业通商资源部司长李厚东与中韩自贸领域相关专家应邀参会，并从不同角度为参会企业介绍如何利用中韩FTA战略扩大中韩贸易。

会议围绕"如何利用中韩FTA优惠政策"核心议题，邀请中韩业界知名专家为参会企业介绍相关经验，与会专家对中韩FTA进行了详细解读和战略分析，向参会企业全面展示中韩FTA应用现状与展望。贸促会认证中心基于自身职能,向参会企业全方位介绍贸促会中韩 FTA 优惠原产地证书签发服务、电子原产地证书(ECO)项目及中韩 FTA "一站式"综合创新服务模式,并向参会有关报关、物流企业提供一对一咨询洽谈,得到了企业广泛欢迎与好评。来自中韩双方信息、金融、纺织、制造、物流等领域的 200 余名企业代表参加了推介会。

重点工作掠影 3:进出口企业利用中韩 FTA 政策说明会在京召开

2016 年 6 月,进出口企业利用中韩 FTA 政策说明会在北京成功举办。来自中韩两国政府、商协会和企业的近 200 名代表就《中韩自贸协定》优惠税率使用条件和审核要点、原产地证书签发、进出口企业通关实务等议题进行了广泛、深入的探讨和交流。

说明会上,韩国关税厅代表详细解读了《中韩自贸协定》优惠税率及原产地证明规则,介绍了韩国原产地规则的主要内容,讲述了《中韩自贸协定》原产地证明适用方法。海关总署国际合作司代表以"推进贸易便利化,助力中韩自贸区发展"为主题,剖析了海关程序与贸易便利化在自贸协定中的作用,讲解了《中韩自贸协定》中海关程序与贸易便利化章节的重视特点,介绍了海关程序与贸易便利化的重点条款。此外,海关总署原产地办公室、中国贸促会认证中心和韩国原产地证签发机构的代表,针对适用自贸协定优惠税率的重要问题进行了具体的政策解读和操作指导。

说明会为中韩两国政府和企业提供一个交流与合作的平台,参会机构及企业代表共同探讨中韩自贸区框架下的经贸投资新形势及新机遇,可帮助中韩两国企业更好地了解和利用《中韩自贸协定》的优惠政策,探讨解决企业海关通关及原产地证书适用优惠税率等方面的实际问题,有效降低贸易成本、扩大贸易和投资规模。

第五节 产学研合作平台

近年来,我国自贸区建设硕果累累,以中韩、中澳、中瑞自贸协定为代表的一批高水平自贸协定,具有合作双方经济体量大、开放水平高、经贸规则示范效应强、预期拉动经济增长能力高等特点,深入研究并评估其实施效果,将对我国参与国际高水平自贸区建设和国际经贸规则制定提供有益参考。

为全面履行国务院赋予中国贸促会的职责,更好地服务国家自贸区建设,进一步发挥高校作为当代社会智库和经济发展引擎的作用,2016年,贸促会商事认证中心与山东大学经济及南京大学以中韩、中澳自贸协定实施,中瑞自贸协定生效期满一年为契机,搭建产学研合作平台,共同推进自贸协定理论研究与实践探索合作,积极服务国家自由贸易区战略的建设和实施。

一、与山东大学联合开展中韩、中澳自贸区实施效果评估研究

(一)与山东大学经济学院签署合作框架协议

为指导双方更有效开展中韩、中澳自贸区实施效果评估相关工作,打造立体化产学研合作平台,2015年底,贸促会认证中心与山东大学经济学院签署合作框架协议,从FTA实施评估合作、FTA相关领域理论研究与实践探索合作、FTA政策培训与宣讲合作、人才培养与智库建设合作等多维度、多层面细化双方合作领域及方向。

根据合作框架协议,重点合作领域及内容包括:共同合作开展自贸协定实施情况调研,科学评估实施效果,提出供参考意见建议,辅助国家经贸政策制定;加强原产地规则、贸易便利化和自由贸易区建设等领域的理论研究与实务工作的对接与合作,促进理论

研究与实务工作的创新发展；加强 FTA 相关领域内国际规则与标准的研究合作，提出对策与建议；借鉴国际先进经验，完善和发展 FTA 商业运营模型，指导企业有效调整市场战略，实现学科创新与社会应用的互为促进发展。

（二）联合开展重点地区企业调研活动，为评估工作积累第一手资料

在自贸区实施效果评估工作中，贸促会认证中心联合山东大学中韩 FTA 课题组综合采用文献研究、签证数据挖掘与分析、开展企业座谈会、企业问卷调查、企业实地走访等方式，为评估工作积累了大量一手资料。

重点工作掠影：烟台、威海中韩自贸区实施效果阶段性调研活动

2016 年 2 月，中国贸促会商事认证中心原产地处联合山东大学中韩 FTA 课题组分别于烟台及威海举办中韩自贸区实施效果阶段性调研活动，与烟台市、威海市企业代表举行了座谈会并深入产业园区进行实地调研。

调研组选取烟台、威海两市典型外贸出口企业作为调研对象，进一步改进和完善原有调研手段及工具，更好反映企业呼声，服务政府政策制定，推动自贸区建设及国家外经贸事业发展。调研过程中，参会企业代表踊跃发言，积极配合问卷调查工作，充分表达了企业在运用自贸协定政策时的困难及诉求，为调研团队开展自贸协定实施效果评估工作提供了第一手宝贵资料。此外，调研组实地走访烟台中韩产业园中的大宇水林公司、中韩跨境电商代表企业众城 BCL 空间站及威海海马地毯有限公司等企业，向相关企业负责人深入了解《中韩自贸协定》对企业业务发展的影响，为调研活动积累生动、典型的案例素材。

二、与南京大学联合开展中瑞、中国—东盟自贸区实施效果评估研究

贸促会商事认证中心自贸协定实施效果评估的另一合作高校为南京大学，依托南京大学国际经济贸易系强大的科研实力，贸促会商事认证中心与其合作开展中瑞、中国—东盟自贸区实施效果评估研究工作，以自贸区优惠原产地证书为切入点，开展企业、产业、产品的调研和数据分析，评估自贸协定项下原产地规则贸易效应，形成评估报告并提出有价值的意见建议，为政府部门对外经贸谈判、制定经贸政策提供参考，积极协助、服务政府经贸管理。

重点工作掠影：商事认证中心赴南京开展中国—东盟、中国—瑞士自贸区产学研合作对接工作

2016年3月，商事认证中心工作组与南京大学自贸区课题研究组进行对接，就中国—东盟自贸区研究、中国—瑞士自贸区评估分析项目推进与落实进行深入沟通交流。双方就自贸区实施效果评估工作推进节奏、研究工作难点、重点保障方案、预期目标进行讨论与明确，制定更具指导性与可操作性的工作落实方案。

三、自贸区实施效果评估工作成效显著，助力贸促会原产地工作放大功能作用，更好地服务自贸区建设

目前，贸促会认证中心与山东大学、南京大学已合作完成中瑞自贸协定实施两年来效果评估报告及中韩、中澳自贸协定实施阶段性实施效果评估报告。掌握了各主要自贸协定实施效果，了解了广大出口企业运用自贸协定优惠政策困难及诉求，为国家外经贸政策制定部门提供了反馈信息及有益参考，极大地提升贸促会参与国家自贸区建设的能力与水平，相关评估工作报告受到国务院相关部门高度重视。

未来，贸促会认证中心还将进一步完善评估合作机制，密切跟踪国家自贸区建设需求，不断调整工作方向和完善工作内容，丰富

评估调研手段，深入分析自贸协定评估工作现状、存在问题及解决方案，广泛征求有关部门意见和建议，研究发挥各方优势，调整和完善评估报告内容、形式，推动提高评估工作质量和效果，使评估报告更具政策建议性和广泛认可度。同时，贸促会认证中心也将定期公开发布评估结果，放大、提升贸促会功能作用，促进国家自贸区建设发展。

第八章　韩国关于中韩 FTA 企业服务机制[①]

韩国自 2004 年与智利签订 FTA 协议以来，先后与美国、欧盟、加拿大等 52 个国家签署了 15 个 FTA。2016 年底，韩国与 FTA 国家的贸易额比重占总贸易额的 67.8%。根据韩国贸易协会统计分析，2016 年 1—10 月中韩 FTA 运用情况是：与 2014 年相比，中国对韩国进口总体减少 9.8%，中韩 FTA 特惠商品减少 1.7%；与 2014 年相比，韩国对中国进口总体减少 5.6%，中韩 FTA 特惠商品减少 2.8%。

韩国在推进与各国 FTA 谈判的同时，为充分发挥 FTA 平台的作用，建立了 FTA 贸易综合支援中心，即以政府为主导提供相关法律、制度、政策、资金、咨询等方面的支持，重视和调动各类民间机构的力量，加强对企业进行 FTA 的宣传和培训，不断完善 FTA 企业运用系统。

第一节　政府主导成立 FTA 贸易综合支援中心

一、宗旨

韩国 FTA 贸易综合支援中心（简称"FTA 中心"）建立于

[①] 资料来源于韩国贸易协会 FTA 综合支援中心中国室（CHINA DESK）、国际贸易研究院、韩国关税厅和产业通商资源部。

2012年,是为提高企业的国际竞争力和有效利用FTA能力而构建的一站式服务体系,旨在培育地方中小企业"活用"(即有效利用)FTA的相关能力,从关税、会计、法务法人等方面提供咨询、信息、教育培训等实效性服务。

2013年,相继成立(贸易)事后原产地核查支援中心、FTA呼叫中心(CALL CENTRE),前者是对贸易企业FTA运用过程和结果进行跟踪、核查和服务的机制,后者是为企业排疑解难而提供的咨询专线服务通道。此外,为了帮助重点企业进行FTA原产地管理,还补充制定了《韩国贸易协会——重点企业联合会业务协定》,协定规定其战略目标是通过有效利用FTA,增强国家竞争力,并通过服务和管理的行业化、集中化、轴心化进一步提高FTA的有效利用。

二、组织架构

FTA中心由韩国政府提供主要经费支持,由政府部门和民间团体(以韩国产业通商资源部和韩国贸易协会为主)派出的公务员和关税师等专业人员联合组成,即包括企业国际化经营所关联的主要政府部门、经贸机构、中小企业促进机构、行业协会、咨询机构等。其中,参与FTA中心服务的政府部门包括韩国产业通商资源部、企划财政部、外交部、安全行政部、农林畜产食品部、海洋水产部、关税厅、中小企业厅、调解厅等部门;民间机构包括韩国贸易协会、大韩商工会议所、大韩贸易投资振兴公社、中小企业振兴工团、国际原产地情报院、FTA KOREA、韩国产业团地公团、韩国农水产品流通公社、韩国开发研究院、对外经济政策研究院、韩国农村经济研究院、海洋水产开发院、战略物资管理院、大韩商事仲裁院等,这些政府部门和民间机构都有义务和责任结合自身业务承担和辅助中心开展各项工作。FTA中心对外办公地点设在韩国贸易协会,共有来自政府部门的工作人员和相关机构的专家30多名,以循环任期和带薪常驻等模式在中心开展咨询、培训等工作。

三、服务内容

FTA 中心围绕提高企业利用 FTA 能力为目标，集中海关、检验检疫部门、商协会、贸促机构等力量，整合跨部门的信息资源，专门从事自贸协定推广，收集韩国企业问题和建议，提供法规政策信息、教育培训、排疑解难、地区中心支持等多项服务。具体通过提供电话热线咨询、举办说明会、编制《FTA 活用指南》、运营"中国室"（CHINA DESK）等方式为企业提供服务。

具体业务部室及职责为：

1. FTA 活用战略室。提供 FTA 活用支持产业综合计划、FTA 运用难题接收和解决、FTA 企划活动和教育课程开发、FTA 专家顾问委员会运营等。

2. FTA 现场支援室。提供 FTA 活用现场支援与咨询、FTA 原产地证明相关商谈、FTA 事后原产地核查对应支持、与行业团体协同产业促进等。

3. FTA 事后原产地核查支援室。提供 FTA 事后核查程序指导与核查对应支援、FTA 原产地管理制度教育与宣传、FTA 原产地管理制度运用支援咨询、FTA 综合信息（OK-FTA 网站运营）、FTA 相关人力管理系统运营等。

4. FTA 制度改善室。进行 FTA 活用政策与制度的改善；对政府和有关机关间业务进行调整及支持；对 16 个分支机构地方 FTA 活动支持中心和 937 个全国产业团地公团运营支持；在 FTA 运用现场进行权威诠释及提供 FTA 相关文书等标准化支持等。这些工作是在前三个业务部室基础上对政策制度等进行总结和完善，并向政府部门（如关税厅等）提交报告。此外，整个中心还设有 FTA SCHOOL（培训学校），向有学习需求的企业提供不同的课程、讲座等。多年来，通过韩国政府、民间机构以及企业的共同努力，韩国企业利用 FTA 的能力取得显著提高和成效。据韩国关税厅统计，2016 年韩国企业 FTA 利用率出口是 63.8%，进口是 69.6%。

四、中国室（CHINA DESK）

"CHINA DESK"正式成立于 2015 年 3 月 11 日，是由韩国贸易协会、大韩贸易投资振兴公社、大韩商工会议所等贸易机构及关税师、律师等专业人员组成，通过咨询方式，帮助中小企业开拓对华出口渠道，消除非关税壁垒造成的出口不畅。

"CHINA DESK"的主要服务对象是韩国地方性中小企业，对于需要深度咨询的企业将每年举行两次"FTA 说明会"。"CHINA DESK"提供中韩 FTA 协定的解释、原产地管理、打开出口销路等所需信息及咨询，起到与有关出口机构联合为中韩 FTA 活用而专门打造的窗口作用。

主要功能及作用是为中韩 FTA 活用提供一站式支援服务：中韩 FTA 活用的商谈与咨询、困难发掘与解决、开拓中国出口市场的支持。此外，还通过韩国贸易协会和大韩贸易投资振兴公社在中国的分支机构（如韩国贸易协会北京、上海代表处以及大韩贸易投资振兴公社在北京、上海、青岛和成都等地的海外活用支援中心）为希望与韩国企业开展交易的中国企业提供关于 FTA 活用程序的咨询服务。

表 8-1　韩国 FTA 贸易综合支援中心支持系统表

提供信息	● 研讨会、说明会、商谈会 ● 制作 FTA 成功案例集和操作流程 ● FTA 有关综合信息 ● 进军海外和吸引投资相关信息
教育培训	● 提供 FTA 实务教育 ● 开发运营大企业定制型教育项目 ● 原产地管理系统 Edu-sulting（教育+咨询）

续表

咨询服务	• 关于 FTA 通道进军海外市场业务 • 按产业分类出口认证申请、原产地管理 • 构筑原产地管理体系的咨询 • 事后核查管理应对相关咨询
解决困难	• 通过运营 FTA 信息库和咨询团队等 • 对各种协定文本及履行进行解释 • 简化 FTA 有关原产地证明和相关材料 • 协助交易双方的合同（英文、韩文）标准化
地区中心服务	• 各地区 FTA 中心专家（关税师等）随时提供咨询

第二节 民间机构 FTA 运用和解决系统

除了政府主导以发放原产地证为主的 FTA 利用平台之外，韩国相关民间机构在解决韩国 FTA 平台运用中的问题、推动企业负责人对运用 FTA 的重视、专业人才培育、教育内容开发等方面进行了研究和探索。韩国 FTA 产业协会（简称"FTA 协会"）作为主要为出口企业提供全程 FTA 应用教育和咨询的机构，于 2010 年 5 月设立，是韩国产业通商资源部许可的法人团体，重点针对 FTA 有关的金融、物流、税务、人事和教育等方面研究和创建企业综合利用系统，并探索在 FTA 内容开发、FTA 专业人才培养、FTA 运用系统构建等三个领域的实务应用。通过培训业务经验丰富的"FTA 管理师"，为企业提供不同 FTA 条件下的运用方案，借此提高 FTA 的利用率，增加企业收入，创造就业岗位，推动经济发展和产业振兴。主要业务如下：

一、开发 FTA 教育内容

向更多的阶层提供 FTA 教育和咨询，在原产地特惠关税基础上，进一步开发和出版相关领域的 FTA 专业教材。如为企业 CEO

提供"FTA 经营战略和出口成功案例传授"课程，为在职人员提供"FTA 实务操作以及新市场营销技法"课程，为公务员提供"FTA 开拓及海外就业方法"课程，为农民提供"通过 FTA 实现农产品出口战略方案"课程等。

二、开展 FTA 专业人才培训

编写自贸协定培训教材，培养大学生和退休经贸人才，为企业提供运用 FTA 相关咨询，并开展普及 FTA 专业资格证（FTA 管理师）等业务。

三、构建 FTA 使用全程系统

针对韩国签署的各个自贸协定，分行业研究开发使用模型，为企业通过模型了解和运用提供便利，同时推动企业成立由高层直接负责的 FTA 专业部门，协调企划、法律、资金、物流、销售等相关系统，共同完成 FTA 全程运用。

第三节　韩国 FTA 产业协会培养专家计划

据韩国 FTA 产业协会调查，大多数企业反映企业在国际市场上首先需要选拔经验丰富的交易专家和具有专业知识的咨询顾问，并设置 FTA 价值链和协定相关课程。其次，企业不仅需要了解有关 FTA 的职责标准（NCS），有关政府官员也应熟悉自贸区相关内容，以便能够更好地为企业提供服务和支持。另外，FTA 协会认为，韩国在 FTA 运用方面面临的重要问题是 FTA 专业人员的缺乏。有关 FTA 原产地、海关、上游领域的专家虽然相对较多，但在使用执行领域的专业人员尚有不足。因此，需要在以下领域培养相关专家：

（1）FTA 行业专家。电子、机械和金属、纺织服装、石油化工、汽车、造船等制造业领域、基本生活必需品以及建筑、物流、旅游等服务行业领域等。特别是农业、林业、渔业、畜牧业等部门需要大量的 FTA 专业人士。

（2）区域 FTA 专业人士。韩国与 52 个国家签订的 15 个 FTA 已生效，1 个 FTA 虽与 6 个国家签署但未能生效。也就是说韩国已经与 58 个国家共同签署过 16 个自贸协定。因此需要不同领域、不同国家方面的 FTA 专家。

（3）贸易实务专家。制造类商品进行交易时需要市场调研、市场准入、市场营销、挖掘买家、谈判、合同、融资、采购、生产、包装、运输、保险、报关、结算、销售、A/S 加工等复杂程序。因此，FTA 通道交易过程的每一步及整个执行过程，都需要具备相关知识的专业人士。

（4）FTA 上游的专业人员。FTA 根据功能的不同可以分为上游（支持功能）和下游（执行功能）。上游作为支撑功能，可分为调研、研究、谈判、立法、行政、补偿等方面。

（5）FTA 下游的专业人员。FTA 下游包括出口、教育、咨询、体系认证、NCS·市场营销、管理等综合执行领域，在这些领域也需要大量的专家。

目前，为了提高公务员 FTA 专业能力，韩国已将相关培训作为公务员的义务教育内容之一，很多研修院相继设置了有关课程。在选拔公务员时也对此部分内容进行考核，如出台了针对 FTA 的资格考试和国考等。此外，韩国 FTA 行业协会针对有意研究学习 FTA 的人士，出版销售有关 FTA 的学习教材《FTA-NOMICS》，并实施相关教育课程。

第九章　韩国企业运用中韩 FTA 经验案例[①]

近期韩国贸易协会在总结韩国企业有效利用中韩 FTA 的经验时指出，韩国各类企业在利用中韩 FTA 平台过程中，在韩国 FTA 综合支援中心 CHINA DESK（中国室）的引导下，通过对中韩 FTA 平台的学习和利用，勤于实践，不断完善，提高了企业运用能力和市场竞争力。如企业通过对商品重新分类完备了 FTA 应用条件，解决了因中韩两国商品分类不同而产生的难题；通过娴熟运用原产地认证标准和事前、事后"双轨"战略获得更多优惠税率等，值得中国企业参考与借鉴。

第一节　小型出口企业细分商品种类弥补自身不足

B 公司是韩国东大门市场的服装企业，职工人数只有 4 名，没有出口经验，公司以设计为主，裁剪缝制对外承包。在向中国出口服装时遇到的第一个难题即材料混杂情况使履行申报程序遇到障碍。公司服装成品用的布料和附属品既有韩国生产的，也有从外国进口的，衬衫等产品在男女性别、袖子和口袋等方面也有不同。因为把出口服装成品判定为"韩国产"是申报优惠税率的前提条件，所以 B 公司经过咨询 FTA 中国室（CHINA DESK），第一，采取了

---

① 资料来源于韩国贸易协会 FTA 综合支援中心中国室（CHINA DESK）。

如下措施：

(1) 按照布料的特性和材质把布料和附属品进行商品分类；

(2) 根据服装商品分类图鉴对服装进行详细分类；

(3) 按照商品分类，取得中韩 FTA 认证出口者资格。

第二，为更有效利用 FTA，确认和落实了 10 个步骤：

(1) 确认两国自贸协定是否生效；

(2) 确定出口产品的关税分类（HS CODE）；

(3) 检查 HS 编码是否属于进口国减让范围，并评估优惠幅度；

(4) 确认是否符合原产地规则要求；

(5) 管理在外国的合作企业，并从合作企业中拿到原产地确认书；

(6) 检查证明文件，获得原产地证明书；

(7) 产品进行出口；

(8) 向进口国海关提交优惠原产地证书，申报享受优惠关税；

(9) 将相关材料保管 5 年；

(10) 积极应对事后原产地核查。

最终 B 公司通过获得原产地证明书证明了自己公司出口的服装成品是韩国生产的，使每个货单节省 4%—5% 的关税，增强了价格竞争力。

第二节　通过权威释疑解决中韩两国商品分类不同问题

D 公司是生产高科技新材料锂镍企业，在向中国出口过程中，因中韩两国对锂镍材料商品分类不同遇到中国海关通关保留处置，并被通告不能享受关税优惠。一般来说，国际贸易用的 HS 商品编码前 6 位是国际统一，但因为是新开发高科技材料，造成两国商品分类号码不同，即在韩国和中国的锂镍关税商品分类号码分别是

2841.90 和 2825.90。为此，D 公司采取了以下措施解决问题：

（1）寻求所在区域进出口企业支援中心的咨询帮助；

（2）为了确保商品分类的可信性和正确性，委托韩国关税评价分类院对本公司产品进行权威解释；

（3）把韩国关税评价分类院的权威解释和相关证明材料邮递给中国海关，韩国所属区域海关也予以证明；

（4）中国海关根据相关证明材料，要求重新填写具体的商品名称、包装件数和种类；

（5）由于中国海关要求单独标记商品号，D 公司随之变更了原产地证明书内容，向中国海关重发原产地证明书，重新申报享受优惠关税。

经过上述措施，D 公司出口产品税率根据中韩 FTA 协定逐年降低。中韩 FTA 生效前，D 公司按照商品分类号码 2825.90 的税率是 5.5%，中韩 FTA 生效后，2016 年税率下降到 3.3%，节省关税 27 万美元，2017 年税率下降到 2.2%，节省关税 71 万美元，以此类推，预计到 2018 年下降到 1.1%，节省关税 95 万美元，2019 年的零关税，将节省关税 119 万美元。

第三节　诊断产品符合"完全获得标准"取得优惠税率

E 公司是通过废弃物再活用生产物品包装用塑料薄膜企业，材质是聚乙烯，面对给中国进口企业提供韩国原产地证书，E 公司采取了以下步骤：

（1）通过韩国 FTA 综合支援中心"中国室"诊断其产品符合完全获得标准，即从优惠贸易协定成员国或者地区直接运输进口的货物是完全在该成员国或者地区获得或者产生的；

（2）按品种认证出口取得认证，利用 FTA PASS 原产地管理系

统,获得文件业务简化的优惠;

(3)因从 2016 年 12 月 28 日起,全面实行中韩 FTA 原产地数据交换系统(CO-PASS),通过此系统交换过数据的,便可享受中韩 FTA 的优惠,不需再向中国海关提交原产地证书原件材料。

由此,2016 年 E 公司获得关税优惠 5633 美元,在华合作企业获得关税优惠 8450 美元,2019 年关税如果全面取消,预计可获得 42250 美元的优惠。

第四节 以事前、事后"双轨"战略活用 FTA

A 公司是生产汽车零配件企业,在出口过程中,中国海关通告由于 A 公司在韩国原产地证明书上的 HS 编码和中国进口申报单上的 HS 编码不同,A 公司不能享受优惠关税。为了怕影响交货日期,A 公司先按照中国海关规定的税率通关,把进口申报凭证邮递到韩国并准备事后申请,在核查过程中发现问题出在 A 公司在中国的下游合作企业提供错误的原产地确认书。发现问题后 A 公司及时变更了原产地证明书上的内容,然后通过"第三方认证"和"海关关长确认制度"等方式提高了原产地确认书的正确性和可信度。

通过此次事件,A 公司开始建立 FTA 系统应对体制,通过定期举行 FTA 业务教育提高 FTA 业务水平。在出口过程中 A 公司进行事前事后双轨制,事前申报优惠税率的实施步骤包括以下方面:首先从下游合作公司获取原产品确认书,其次再申请中韩 FTA 原产地证明书,最后申报优惠税率。事前申报优惠关税失败时,准备进行事后申请优惠关税;实施步骤包括:首先通过 HS 编码和进口申报受理明细书了解问题,找出问题后,通过分析进口申报凭证变更原产地证明书的内容,最后把变更后的原产地证明书和相关证明材料邮递到中国海关申请申报事后退税。

A 公司通过事前事后双轨战略每年节省关税 2.2 亿韩元，2015 年对中国的出口额 2100 万美元，2016 年同比增加 24%，出口额达到 2600 万美元。

第五节　针对内需市场转型出口成功企业

H 公司是生产液态紫外线硬化树脂的企业，中韩 FTA 生效后，中国公司需要 H 公司提供原产地证明书，起初因为不了解 FTA 业务，自学一个月也没有任何起色。在韩国管辖所属区域的 FTA 中国中心的帮助下，发现问题出口成品的 HS 编码和原材料的 HS 编码不同，不符合原产地认定标准，无法取得原产地证明书。

经过调查咨询发现，H 公司生产的紫外线硬化树脂归类到了 39 类塑料产品中，所以 HS 编码是 3906。通过委托韩国关税评价分类院进行商品分类事前核查，最后判定编码为 3210。因为利用进口材料制作的产品税号不同于所使用的进口材料税号，符合原产地认定标准中的"税则归类改变标准"，可以获得原产地证明书，确定分类号码后，通过收集整理原产地证申请书、原产地说明书、物料清单等证明材料成功办理了原产地证明书。

中韩 FTA 生效前，中国进口关税税率是 10%，中韩 FTA 生效后，2016 年关税税率下降到 6%，2017 年关税税率下降到 4%，至 2019 年为零关税。预计 5 年后，H 公司可以节省关税 240 万美元。

第十章　中韩 FTA 生效一年总结

第一节　韩方关于协定实施一年效果总结[①]

2016 年 12 月，在中韩 FTA 生效一周年之际，韩国贸易协会、大韩贸易投资振兴公社及韩国对外经济政策研究院贸易通商本部等对中韩 FTA 利用情况总结评价认为，一年时间虽不足以完全尽显双方企业利用 FTA 的效果，但在韩国对中国出口出现持续下降的情况下，中韩 FTA 减小了韩国对中国出口下降的幅度，在部分产业贸易方面取得了一定成效。据韩国贸协援引数据分析，近年来，中韩两国间制造业、农业的贸易比重呈现持续增长趋势。中韩 FTA 生效后，尽管市场环境不景气，但仍有相当种类的产品取得良好的出口业绩，韩国对华进出口商品种类的多样性得到改善，中国 18 个省份对韩国产品进口增加。由于关税下降，韩国对华出口的 FTA 受惠产品中 56% 的出口业绩良好（详见附表一至五）。

通过一年多的实践，韩国企业对中韩 FTA 的运用得到进一步完善。据统计，2015 年韩国对华出口增长率是 -5.6%，2016 年 1—9 月下滑到 -12.1%，很难看出中韩 FTA 对出口的促进效率；但相比中国对韩国的进口而言，韩国利用 FTA 进口起到了明显效果：如 2016 年 1—9 月，中国对韩国进口减少了 9.6%，但中韩 FTA 特惠

---

① 资料来源于大韩贸易投资公社。

商品的进口却只减少 5.7%；可以说，利用 FTA 缓解了韩国对华出口下滑的压力，并在各个行业起到不同的作用。

一、中韩 FTA 对不同行业的影响

中国对韩国进口良好的商品，一般来说对 FTA 利用通道十分积极。2016 年 1—9 月，在中国进口市场比重提升的韩国商品类有：产业用原材料、零件、运输设备零件、半耐用消费品、非耐用消费品、家庭用加工食品等，这些商品都积极有效利用了 FTA。然而燃料及润滑油、资本物资、耐用消费品等 3 种类商品，虽然也利用了 FTA 平台，但在中国进口市场的占有率却出现了下滑（如表 10 - 1 所示）。

（一）消费品

1. 耐用品：指家电产品等能使用 1 年以上或更久的产品；BEC 标记成 61，对华出口 0.4%，占很小的比重。

中国的耐用品进口关税一般来说较高，在中韩 FTA 中减让水准是较高的，所以 FTA 利用程度一般。2016 年关税减让特惠商品中，利用中韩 FTA 的有：牙科 X 光机、其他家具、各类天线、其他 X 光设备等。相反，关税减让很多，但依旧利用率较低的商品有：时间记录器、车载无线电收音机、垫子、键盘乐器、小型风扇等（如表 10 - 2 所示）。

2. 半耐用品：指服装类等能用一年左右的产品；BEC 标记成 62，对华出口 0.72%，占很小的比重或比重正以高速增长。

中国的半耐用品进口关税一般来说较高，在中韩 FTA 中减让水准较高，所以 FTA 利用程度比较一般，比预期效果低一些（如表 10 - 3 所示）。

3. 非耐用品：指直接消耗品，即使用时便消耗的产品，如衣服类（内衣）、杀虫剂、杀菌剂、剃须刀、化妆品、医药品等；BEC 标记成 63，对华出口 1.44%，占很小的比重或比重以高速增长。

表 10–1　中国的不同行业对韩国进口现状及 FTA 利用表

行业/分类		BEC	2015 年（1—9 月）		2016 年（1—9 月）		增加率 2016 年（1—9 月）	进口占有增加率	FTA 利用水准*
			进口额	构成比	进口额	构成比			
	全部		126807490	100.0	114688984	100.0	-9.6	0.0	
半成品	产业原材料	22	31623235	24.9	29606787	25.8	-6.4	0.9	上
	石油产品及润滑油	32	3552873	2.8	3147420	2.7	76.3	-0.1	上
零件·配件	零件及配件（电子，机械）	42	54677312	43.1	50896060	44.4	-6.9	1.3	下
	运输设备零件	53	4824423	3.8	5078004	4.4	5.3	0.6	中
资本货物	资本货物（机械，设备）	41	26662522	21.0	21139082	18.4	-20.7	-2.6	下
	产业用运输设备	521	81231	0.1	82489	0.1	1.5	0.0	下
	汽车	51	758913	0.6	90398	0.1	-88.1	-0.5	无
消费品	耐用品	61	572946	0.5	454185	0.4	-20.7	-0.1	中
	半耐用品	62	821467	0.6	812509	0.7	-1.1	0.1	中
	非耐用品	63	1573341	1.2	1718788	1.5	9.2	0.3	中
	非产业用运输设备	522	590	0.0	627	0.0	6.3	0.0	下
食品	初级产业用食品饮料	111	82	0.0	813	0.0	886.6	0.0	下
	工业用加工的食品饮料	121	15990	0.0	13787	0.0	-13.8	0.0	下
	家用初级食品饮料	112	61699	0.0	92470	0.1	49.9	0.0	上
	家庭用加工食品	122	474580	0.4	539753	0.5	13.7	0.1	上

表10-2　耐用品对中国进口现状及FTA效果表

序号	商品名	HS	进口额*（千$）	进口占有率	进口增加率	进口占比增加率*	中国关税	中国减让	原产地证明发放率
1	电动散热器	851621	14	40.2	—	40.2	35	E	0.0
2	时间打卡器	910610	238	25.0	703.9	21.7	16	10	0.0
3	其他广播接收机系统（车载用）	852729	6377	34.4	-11.2	21.3	8	15	0.0
4	人造地毯和垫子纺织制	570330	4244	47.4	77.2	14.4	10	5	0.3
5	键盘乐器	920190	91	13.8	—	13.8	17.5	10	0.0
6	离心脱水洗衣机（10KG以下）	845012	3	14.5	—	7.3	24.9	E	—
7	塑胶制家具	940370	1136	9.2	81.3	3.3	0	0	0.0
8	闹钟（电池/蓄电池/电力驱动式）	910511	68	3.2	4878.4	3.1	23	20	0.0
9	椅子	940180	1657	4.2	143.6	2.9	0	0	2.2
10	X光机器（牙科用）	902213	15612	24.2	33.4	2.6	4	5	20.8
11	微波炉	851650	221	3.9	183.8	2.3	8	10	0.0
12	毛发去除机	851030	16	2.2	375.7	1.9	20	15	—
13	锦纶地毯和垫子	570320	15042	41.6	-11.9	1.8	10	20	1.3
14	乐器用琴弦	920930	71	1.5	139.8	1.0	17.5	10	0.0
15	其他家具	940389	299	1.4	101.1	0.9	0	0	4.6
16	其他摄影器材	900669	285	5.0	-6.7	0.7	18	10, 20	0.0

续表

序号	商品名	HS	进口额*(千$)	进口占有率	进口增加率	进口占比增加率*	中国关税	中国减让	原产地证明发放率
17	其他钟表	910390	2	0.7	23400.0	0.6	20	15	0.0
18	贴身式冰箱(800L以下)	841830	44	1.9	-1.7	0.5	20.7	20, E	0.0
19	各种天线和反射式天线	852910	21901	10.7	15.1	0.4	1.5	0, 10	7.6
20	音乐盒	920810	3	1.0	68.5	0.4	22	20	0.0
21	天然珍珠/养殖珍珠产品	711610	5	0.4	519.3	0.3	35	E	0.0
22	烤面包机	851672	11	2.9	-50.4	0.3	32	E	0.0
23	其他X光设备(内科用·外科用·兽医科用)	902214	8377	1.2	40.6	0.3	4	5	8.5
24	其他弦乐器	920290	30	0.3	872.9	0.2	17.5	10	0.0
25	小型风扇(125w以下)	841451	1876	1.8	43.2	0.2	13.1	10, 15	0.0
26	其他贵金属产品	711319	1334	0.2	352.0	0.2	23.8	E	35.8
27	其他手表	910591	58	1.9	16.4	0.1	13	0, 20	0.0
28	贵石/半贵石产品	711620	139	0.1	-38.8	0.1	35	E	0.0
29	其他纸/纸浆产品	482390	9542	9.1	6.5	0.0	7.5	E	0.0
30	椅子(金属框架)	940179	76	0.6	-10.4	0.0	0	0	0.0

表 10-3　半耐用品对华进口现状及 FTA 效果表

序号	商品名	HS	进口额*（千$）	进口占有率	进口增加率	进口占比增加率*	中国关税	中国减让	原产地证明发放率
1	纺织纤维制男士套装	610329	11	28.2	—	28.2	18	20	0.0
2	针织品/室内用品（除了床上用品）	630491	5996	82.8	129.5	21.1	14	10	0.0
3	电动式桌	940520	2910	23.5	236.9	14.0	20	15	0.0
4	刀锋组合套装	821110	232	11.6	10356.1	11.4	10	10	0.0
5	棉织女式套装	620412	0	11.2	—	11.2	17.5	10	—
6	其他陶瓷电器	691190	71	9.0	8073.5	8.8	20	10	0.0
7	合成纤维制女士套装	610423	34	7.9	168.2	7.3	18	20	0.0
8	合成纤维制男士/青年冰装	611231	68	10.5	56.6	7.2	12.3	10	0.0
9	口袋用品	420232	6480	11.4	126.2	7.1	14	10	4.0
10	（纺织纤维制）衬衫、夹克	610690	54	6.9	330.6	5.5	11.7	10	0.0
11	其他游戏机	950490	1004	6.9	267.5	5.4	0	0	0.0
12	厨房用品	821599	379	10.0	80.4	5.3	10	10	1.9
13	气瓶	420292	6351	5.9	557.7	4.7	8.5	10	5.9
14	第 5602 号或第 5603 号织物制	621010	38	6.5	88.3	4.2	14	10	0.0
15	气瓶皮革制	420291	2896	9.3	289.5	4.1	8.5	10	5.4
16	合纤制女式裤子	610463	2710	5.7	396.4	3.9	12.3	10	51.4

续表

序号	商品名	HS	进口额*（千$）	进口占有率	进口增加率	进口占比增加率*	中国关税	中国减让	原产地证明发放率
17	帽子	650699	1437	19.1	25.9	3.9	12.8	20	2.9
18	女士泳装	621112	26	4.3	908.9	3.8	11.7	10	0.0
19	牙刷	960321	8369	20.8	55.1	3.6	10	20	23.5
20	羊毛短裙	610451	76	4.9	297.4	3.5	10.8	10	0.0
21	雨伞类	660110	13	4.2	1120.3	3.4	14	10	0.0
22	羊毛制男士裤子	620341	2898	10.8	38.1	3.3	11.7	10	5.0
23	合成纤维制女士套装（织物制）	620423	105	3.3	10024.8	3.3	13.8	15	0.0
24	服装（6202.11－6202.19号）	621030	31	3.5	854.6	2.9	11.7	10	—
25	男士T恤	610590	152	3.7	255.5	2.9	11.7	10	12.5
26	男士休闲西装（针织物）	620331	4134	8.5	27.6	2.7	11.7	10	5.9
27	棉织女士休闲西装	610432	1039	6.2	72.3	2.6	13.6	10	0.0
28	餐桌用刀	821191	52	2.8	1221.8	2.5	10	10	115.1
29	服装（5903・5906・5907编织针织棉）	611300	49	2.7	1087.4	2.5	11.7	10	—
30	男士衬衣	610520	2083	16.0	44.0	2.5	12.3	10	54.4

中国的非耐用品进口关税一般来说较高,在中韩 FTA 中废除水准较高,非耐用品 FTA 利用程度预期效果低一些(如表 10－4 所示)。

(二) 食品

食品:指消费用加工食品;BEC 标记成 122;以 2016 年 1—9 月对华出口 0.5%,对比 2015 年同一时期的 0.4%,增加了 0.1%,可以看出出口势头良好。尽管中韩 FTA 中废除水准不是很高,但 FTA 利用十分活跃。

(三) 零件及配件

零件及配件指除了运输设备以外,投入资本物资的制造及维持的半成品;BEC 标记成 42;在对华出口中占最大比重(43.9%)。

可以看出 FTA 利用水准非常低,原因是韩国大多数的电子零件行业特定基本关税很低(根据 WTO 国际信息产业协定,韩国的主要出口品种中的半导体等信息通信器材大部分关税为零),贸易加工的比重较高(如表 10－6 所示)。

(四) 机械及设备

机械及设备指除了运输设备的生产设备及机械;BEC 标记成 41;对华出口的比例是 18.9%,占较大比重。

中韩 FTA 利用比较低,利用率仅为 2.0%(如表 10－7 所示)。

(五) 工业用原材料

工业用原材料指未被特定的工业用原材料,指的是化学及金属半成品;对华出口比例 25.5%,占很大比重;UN BEC 标记成 22。

中韩 FTA 利用率一般来说较高(对韩商议基准 C/O 发放率平均 14.4%)。

通过数据分析,韩国贸易协会提出了运用中韩 FTA 的目标及进一步完善方案。

第十章 中韩FTA生效一年总结

表10-4 非耐用品对中国进口现状及FTA效果表

序号	HS	商品名	进口额*（千$）	进口占有率	进口增加率*	进口占比增加率*	中国关税	中国减让	原产地证明发放率
1	481820	绢纸制品，纸巾，卫生纸	3844	56.8	164.9	30.6	7.5	E	0.2
2	500600	真丝绢纺丝	13	24.7	—	24.7	6	0	—
3	621520	人造纤维领带（织物制·袖子用）	70	22.5	461.9	17.2	14.4	10	0.0
4	620719	内裤，三角裤	10	13.8	-7.9	12.0	14.4	10	0.0
5	610819	长裙，衬裙（其他纺织纤维制）	3	12.7	1274.7	11.9	12.8	10	0.0
6	330510	洗发水	40638	36.0	96.2	10.2	5.4	PR-35	0.2
7	610829	芳纶纤维女士内裤	4	9.4	—	9.4	9.3	10	0.0
8	330610	牙膏	25431	26.0	162.6	8.7	7	10	19.0
9	621230	紧身胸衣	2666	40.7	40.2	8.4	14.3	10	110.1
10	621320	手绢（织物制）	328	50.6	47.5	7.8	14	10	0.0
11	330730	沐浴用清香剂	9896	13.7	186.7	7.6	8.5	PR-35	2.3
12	611610	手套等（塑料·橡胶）	821	18.9	78.7	7.2	14	10	5.7
13	950629	滑水等运动用具	306	7.6	1029.8	6.7	14	10	0.0
14	330420	眼妆用产品	10732	15.3	72.0	6.2	10	E	0.0
15	731940	安全阀及铁质阀	122	25.1	19.7	6.1	—	—	0.0
16	620892	人造纤维	281	6.8	389.7	5.5	16	10	0.0

续表

序号	商品名	HS	进口额*(千$)	进口占有率	进口增加率*	进口占比增加率*	中国关税	中国减让	原产地证明发放率
17	其他	950790	457	13.3	32.1	5.1	18.9	20	0.0
18	护膝	330530	140	5.9	81.4	4.9	10	E	0.0
19	其他香水、化妆品	330790	5358	6.7	161.1	4.4	6.3	PR-35	9.6
20	地球仪	490510	4	4.4	26566.7	4.4	0	0	—
21	化妆用粉（压缩）	330491	9355	13.5	64.2	4.2	10	E	0.0
22	服装、配件	481850	3	4.2	7275.6	4.2	7.5	E	—
23	树脂	680430	306	7.5	101.0	4.2	6.4	5, 10	0.0
24	其他美容、皮肤护理产品	330499	718368	28.0	54.3	4.1	6	PR-20	0.1
25	香烟	240319	56	4.0	-13.4	4.0	—	—	0.0
26	针织服饰配件	611790	1568	20.6	9.3	3.9	7	10	0.0
27	其他的肥皂、表面活性剂	340119	10119	36.9	373.5	3.4	10	10	2.2
28	托盘、盘子	482369	98	4.1	—	3.2	7.5	E	32.8
29	原丝（含有动物毛）	510910	10	3.1	62.6	3.1	6	0	0.0
30	硫化橡胶垫	401691	798	8.3		3.1	18	10	5.0

表 10-5 主要加工食品对中国进口现状及 FTA 效果表

序号	商品名	HS	进口额*(千$)	进口占有率	进口增加率	进口占比增加率	中国关税	中国减让	原产地证明发放率
1	参鸡汤	160232	325	100.0	116936.0	71.7	15	10	—
2	鳍存处理	160551	23	95.1	—	95.1	—	—	—
3	红葡萄酒	220590	0	53.5	—	53.5	65	20	0.0
4	混合果汁	200990	245(4	59.1	202.9	28.6	18.7	15	0.0
5	香肠	160100	3979	82.8	90.4	24.1	15	10	0.0
6	甘蔗糖	170199	69992	44.2	4.8	17.2	50	E	0.0
7	可储藏小鱼	160416	84	17.5	1540.5	16.7	12	10	96.0
8	鲅鱼	160415	37	14.3	—	14.3	12	10	0.0
9	番茄酱	210320	2382	32.2	41.9	11.5	15	10	0.1
10	柑橘类的水果	200791	243	15.9	289.1	9.9	30	20	0.0
11	意大利面	190230	30732	31.4	86.6	9.0	14.1	10, 15, 20	22.1
12	芥末粉	210330	273	10.7	232.8	8.3	15	10	3.7
13	气球	170410	164	10.4	127.8	8.2	9.5	E	0.0
14	去皮大豆	200551	90	16.0	67.8	8.0	25	10, 20	0.0
15	利口酒甜香酒	220870	1206	9.9	257.8	6.8	8.8	10	0.2
16	可储藏鱼类	160419	109	9.0	503.7	6.4	10.3	10	0.0

续表

序号	商品名	HS	进口额*（千$）	进口占有率	进口增加率	进口占比增加率	中国关税	中国减让	原产地证明发放率
17	可储藏淀粉	160557	12	6.3	—	6.3	—	—	0.0
18	巧克力调剂	180631	3023	7.8	175.7	5.6	6.4	15	2.1
19	橘子汁	200919	8	5.2	530.9	5.1	30	20	—
20	柑橘类水果	200830	7885	19.7	-4.3	5.0	20	15, 20	103.6
21	螃蟹	160510	264	7.5	365.9	4.4	5	0	0.0
22	鳗	160414	1065	11.9	61.2	3.5	5	0	56.5
23	葡萄汁	200921	179	15.0	24.3	3.4	15	10	0.0
24	其他坚果	200819	5879	7.5	142.5	3.2	6.1	10, 15	3.3
25	麦片	190490	348	11.3	-3.0	3.1	30	20	0.0
26	调剂处理马铃薯	200520	941	11.6	71.5	2.5	15	10	0.6
27	调剂蔬菜（泡菜）	200599	606	12.9	28.0	2.3	25	10, 20	6.7
28	发酵酒	220600	2084	12.2	-19.8	2.2	40	20	4.3
29	水果/植物混合物配制	200897	305	2.2	3832.4	2.2	—	—	0.0
30	加工虾	160521	31	5.6	80.3	1.8	5	0	0.0
31	加工海参	160561	348	8.4	7.0	1.7	5	0	0.0
32	加工鱿鱼	160554	176	1.8	58.1	1.6	5	0	0.0

续表

序号	商品名	HS	进口额*(千$)	进口占有率	进口增加率	进口占比增加率	中国关税	中国减让	原产地证明发放率
33	油酥面饼	190120	748	4.4	67.9	1.4	25	20	13.0
34	白糖	170490	9367	7.2	34.6	1.4	8.2	20	1.1
35	非含酒精饮料	220290	53483	22.5	1.5	1.3	29.5	20	1.3
36	巧克力	180690	1569	1.6	106.9	1.2	6.4	15	0.5
37	速溶咖啡	210111	373	2.0	79.2	0.7	17	15	14.8
38	可可粉（加糖）	180610	31	1.2	41.6	0.5	10	10	0.0
39	饼干	190531	19323	9.6	8.4	0.4	12.4	15	1.5
40	调料	210390	12207	15.0	23.9	0.4	19.2	20	4.5
41	啤酒	220300	17022	3.2	26.1	0.3	0	0	0.0
42	熟食	210690	43870	4.3	25.3	0.3	14.9	0, 10, 15, 20, PR-8	78.4
43	其他水（无糖）	220190	184	1.4	-13.2	0.0	10	10	0.0
44	华夫饼和晶片	190532	2214	2.9	59.0	-0.2	12.4	15	0.0
45	面包、蛋糕	190590	8552	3.6	-5.2	-0.4	17.1	20	15.4
46	软膏	190219	1018	6.6	10.7	-0.4	15	15	15.6

续表

序号	商品名	HS	进口额*（千$）	进口占有率	进口增加率	进口占比增加率	中国关税	中国减让	原产地证明发放率
47	冰淇淋和其他的冰果类	210500	7249	14.0	-12.2	-0.4	19	E	1.7
48	婴幼儿食品	190110	65566	3.1	2.0	-0.7	10	E	0.0
49	利口酒	220890	7255	11.3	20.7	-0.8	8.8	10, 20	0.0
50	保存处理蔬菜水果	200600	117	1.0	-44.0	-0.9	30	20	9.0
51	谷物加工产品/粮食膨胀/炒食品调制	190410	10083	10.3	24.2	-0.9	25	20	22.9
52	香剂	220210	6159	19.4	14.9	-0.9	20	20	4.9
53	硝酸醋和醋代替物	220900	2131	28.6	-4.6	-1.3	15	15	0.0
54	巧克力	180632	695	2.6	-45.7	-2.0	7.7	15	16.0
55	酱油	210310	1299	8.7	-3.4	-2.2	15	20	0.0
56	加工鱼类	160420	14802	40.0	3.1	-2.7	9.9	E, 10	71.3
57	鱼籽加工产品	160432	10	2.7	-57.0	-3.8	—	—	0.0
58	意大利面	190220	518	9.0	13.9	-5.3	15	15	51.5
59	速溶咖啡制品	210112	3782	1.3	-33.5	-5.4	30	20	0.0
60	草莓（加工储藏）	200880	4	2.2	-62.3	-6.7	15	10	0.0
61	矿泉水、碳酸饮料	220110	705	1.9	-78.9	-8.2	20	15, 20	7.7

续表

序号	商品名	HS	进口额*（千$）	进口占有率	进口增加率	进口占比增加率	中国关税	中国减让	原产地证明发放率
62	其他水果调制	200899	48050	39.7	18.0	-8.4	16.9	10, 15, 20	17.2
63	mate制品	210120	784	10.3	-80.1	-26.1	16	E	9.4
64	炒咖啡加工品	210130	90	51.3	-30.3	-37.4	32	20	598.5
65	章鱼加工品	160555	8	18.9	-31.5	-41.5	—	—	0.0

表10-6　主要配件及零件对中国进口现状及FTA效果表

序号	商品名	HS	进口额*（千$）	进口占有率	进口增加率*	进口占比增加率*	中国关税	中国减让	原产地证明发放率
1	刀手柄	821195	1264	43.1	1977.4	38.7	—	—	0.0
2	通讯仪器	852550	445	18.9	—	18.9	0	0	0.0
3	园艺·农业·林业、养用机器零部件	843699	496	16.6	988.3	15.5	6	10	97.4
4	液压电梯部件	841392	114	27.2	42.6	12.7	4	5	0.0
5	动物饲料制用机器	843610	2022	12.2	2444.8	11.7	7	15	117.0
6	印花拼装制造机械设备	844240	504	9.8	4243.0	9.6	3.5	0	0.0
7	飞轮与滑轮	848350	41138	28.8	16.0	7.4	8	10	37.1
8	挤奶机、类似用途的过滤器	591140	2873	21.0	39.0	6.8	8	5	0.0
9	陶瓷制用绝缘物品	854710	11540	25.1	2.5	6.5	8	15	24.2
10	软钎焊·电焊机和表面热处理机器零件	846890	2313	19.3	3.7	6.2	3	5	0.0
11	提升/装卸/卸货机械配件	843139	48185	22.0	38.1	5.8	2.5	15	0.3
12	旋转工具	820780	1396	10.2	105.5	5.6	—	—	0.0
13	硬质水加工机械部件	846692	4290	14.8	100.7	5.6	6	15	0.0
14	其他碳产品	854590	6920	26.7	16.0	5.5	10.5	10	1.6

续表

序号	商品名	HS	进口额*(千$)	进口占有率	进口增加率*	进口占比增加率*	中国关税	中国减让	原产地证明发放率
15	其他用电线	854419	4242	52.3	11.3	5.3	20	20	0.0
16	印刷用活字	844250	1778	10.4	135.4	5.2	7	5	0.0
17	梯形型电动用腰带	401034	232	6.6	342.1	4.6	8	5	89.5
18	蒸汽涡轮机零件	840690	10885	7.1	133.6	4.5	2	0	0.0
19	视频投影机	900850	236	5.3	787.6	4.5	18, 20	15, E	0.0
20	轴承套	848320	2371	6.1	179.0	4.4	6	5	4.0
21	超高温锅炉配件	840290	2912	10.6	75.8	4.2	2	0	0.0
22	锻造机、剪断机零件	846694	8648	7.2	-15.8	4.1	6	0	8.9
23	闪光灯摄影器材配件	900699	428	6.3	216.6	3.8	12	10	0.0
24	其他继电器(电压1000V以下)	853649	8922	4.4	354.4	3.5	10	15	5.9
25	横断面型电动式梯形腰带	401031	1632	7.0	107.8	3.4	8	5	0.0
26	烤箱加热设备配件	851490	489	10.3	19.8	3.2	4	0, 5	3.9
27	止回阀	848130	21436	8.3	55.2	3.1	3	15	20.4
28	第8444号机器零件	844820	3178	7.2	82.3	3.1	6	10, 15	3.6
29	保险丝	853610	26985	7.9	64.5	3.0	10	E	0.3
30	圆锥形滚珠轴承	848220	20769	9.1	31.7	2.9	8	5	28.1

表10-7　　　　机械及设备对中国进口现状及FTA效果表

序号	商品名	HS	进口额（千$）	进口占有率	进口增加率	进口占比增加率	中国关税	中国减让	原产地证明发放率
1	彩色电视接收机	852872	25713	69.9	4409.0	65.4	21	E, PR-30	0.0
2	水泥砂浆混合机	847431	5922	43.5	336394.5	43.5	7	10	—
3	轮胎安装移动式跨运车（straddle carrier）	842612	175	31.0	—	31.0	6	15	—
4	光纤制造用机器	847521	24720	30.6	—	30.6	10	10	0.0
5	自动售货机（加热/冷藏装置）	847681	37	29.3	504.4	27.7	14	10	0.0
6	电焊用其他仪器	846880	16102	42.1	184.1	25.3	12	E	0.0
7	钢铁罐、桶（容积50L以上300L以下）	731010	13484	50.3	93.8	24.3	10.5	20	7.9
8	移动机器（自走式）	843050	8208	33.0	68.1	20.2	5	0, 5, 15	18.3
9	电焊机（抵抗型）	851529	6294	47.0	73.5	19.7	9.5	20	23.4
10	锻造机	846210	119207	35.4	95.9	18.6	7.6	PR-30	0.5
11	蒸馏器、整流器	841940	15131	23.8	303.7	18.2	10	10	0.2
12	其他积木的制造设备	844230	2100	15.0	5428.8	14.9	8	5, 15	0.0
13	音响/视频信号机配件	853190	20285	16.2	1531.9	14.9	0	0	0.0
14	蒸发式冷却器（机械类）	847960	305	16.1	667.3	14.8	9	10	0.0

续表

序号	商品名	HS	进口额(千$)	进口占有率	进口增加率	进口占比增加率	中国关税	中国减让	原产地证明发放率
15	金属切削机床	846190	3427	32.7	24.3	14.1	14	10, 20	0.0
16	锯床（矿物性物质，加工用）	846410	3646	16.1	793.4	14.0	0	0	—
17	玻璃加工机械	847529	80074	42.9	74.3	13.5	10	10	99.5
18	日历	842010	62108	30.2	74.6	13.3	7.2	5	4.2
19	冷凝器用蒸汽原动机	840420	199	13.4	7328.5	13.2	14	10	0.0
20	堆肥/撒肥机	843240	1192	13.4	2065.7	12.9	4	0	0.0
21	电脑投影仪	852861	654	11.3	2599.0	10.9	0	0	—
22	陶瓷石材加工机械	846490	15169	13.0	590.8	10.8	0	0	0.0
23	工作车	842790	523	13.6	113.8	10.3	9	5	0.0
24	其他办公机械	847290	6553	23.6	−75.0	10.2	2	0, 10	0.0
25	抵抗式的电焊机	851521	29523	39.2	0.5	10.1	8.8	20	60.4
26	其他铣床	845969	818	14.5	192.5	9.9	10.5	E, PR−8	0.0
27	塔式起重机	842620	591	12.6	24.5	9.7	10	20	0.0
28	多相交流电动机（750W 以下）	850151	54585	20.3	89.6	9.6	5	E	0.0
29	溶解热处理/流放地用烤箱	841710	3755	23.1	4.3	9.5	10	10	23.8
30	其他空气/煤气用压缩机	841480	118502	14.5	148.4	9.5	4.9	0, 5, 10, 15	1.0

· 241 ·

表10-8 主要工业原材料对中国进口现状及FTA效果表

序号	商品名	HS	进口额*（千$）	进口占有率	进口增加率	进口占比增加率*	中国关税	中国减让	原产地证明发放率
1	（聚丙烯）合成细丝土偶	550140	274	91.0	—	91.0	5	0	179.4
2	饲料	230250	484	69.2	—	69.2	5	0	0.0
3	平板轧制钢	720990	601	80.7	−26.3	60.7	4.2	10	—
4	黄麻、其他纺织韧皮纤维织物	531090	49	54.6	−5.4	51.4	10	5	0.0
5	氧化金属盐酸	284169	512	44.7	9549.5	44.3	5.5	5	2526.3
6	管道	730511	820	97.1	−32.1	38.6	7	15	—
7	对苯二甲酸	291737	8414	73.9	72.7	36.5	6.5	15	100.0
8	白云石、菱镁矿	681591	3	56.7	81.1	36.4	15	10	—
9	丙烯酸	291613	14737	50.1	460.1	36.2	6.5	0	115.6
10	镁	810419	908	71.4	279.1	35.9	6	5	95.6
11	玻璃	700490	109443	47.6	92.2	35.8	17.5	20	0.0
12	其他金属氧化物	282590	8683	38.0	2181.3	35.2	5.5	5	0.0
13	醋酸	291533	1680	63.2	56.6	34.9	5.5	15	0.0
14	混合长纤维交织织物	540730	331	83.6	232.8	34.3	10	5	0.0
15	锰钢	722720	13471	44.7	286.6	34.3	6	15	0.0
16	其他纺织用纤维	600199	912	35.9	2448.8	33.2	12	5	0.0

续表

序号	商品名	HS	进口额*(千$)	进口占有率	进口增加率*	进口占比增加率*	中国关税	中国减让	原产地证明发放率
17	沥青焦	270820	4474	32.5	—	32.5	4.5	10	50.7
18	煤焦油	270799	490552	37.5	824.1	29.3	7	15	0.0
19	针织面料	600310	6	31.5	241.8	28.2	10	5	—
20	复合短纤维	551621	59	34.9	115.4	28.2	12	5	0.0
21	无机化合物	285300	13700	29.9	3050.8	27.7	5.6	5	0.0
22	铬酸盐/过氧化铬酸盐	284150	545	55.7	525.2	26.9	5.5	5	11.0
23	苯乙烯聚合物	392111	1551	29.0	633.8	25.7	9	10	0.5
24	滚筒型玻璃	700319	467451	40.0	280.3	25.0	17.5	10	0.0
25	轮胎面	790400	3436	44.8	47.8	23.9	6	15	0.0
26	聚异丁烯	390220	32930	68.1	76.6	23.1	6.5	E	0.0
27	织物	580121	51	27.6	22.1	22.8	12	5	0.0
28	铜箔	741022	11352	68.0	151.3	21.9	7	5	0.0
29	农业用陶瓷制桶和油类	690990	41	23.0	5302.2	21.7	21	20	0.0
30	裁缝棉线	520419	308	88.0	-17.9	21.5	5	0	0.0

第一,在最大受惠行业中(关税优惠率高的行业),消费品和食品业对中韩 FTA 利用度需要提高。经调研发现,限制消费品和食品利用的因素是因为多品种小量出口和中小企业的出口比重提高,所以提高 FTA 利用的便利性十分重要。

第二,对中韩 FTA 中国放宽非关税壁垒方面,调查显示企业肯定评价居多,或是要求持续改善。如中韩 FTA 施行以后,未发现因非关税壁垒而遇到障碍的事情,希望精简材料和效率方面有所完善。

第三,韩国企业利用 FTA 不仅对华出口,还应包含对华进口、第三国利用;如发展多角度的 FTA 利用战略,对华进口时,利用 FTA 强化对中国国内原产地证明发放及事后管理;同时制定韩—中—第三国的多国之间 FTA 利用战略等。

附表一　中韩 FTA 生效后中国进口各主要产品情况　单位:千万美元

	重点产品进口情况		中国从韩国进口			中国从世界进口		
序号	HS4 位	产品名	2015 年	2016 年	增减率	2015 年	2016 年	增减率
1	8542	电子集成电路	4425	4215	-4.7	18399	18441	0.2
2	9013	液晶显示板	1412	1089	-22.9	3805	3100	-18.5
3	8517	电话机	726	557	-23.3	3862	3634	-5.9
4	2902	环乙烷	544	527	-3.2	1394	1261	-9.6
5	2710	石炭	373	322	-13.8	1232	906	-26.4
6	8708	汽车用零部件附件	305	345	13.3	1904	2026	6.4
7	8471	非电器用工业用锅炉	260	173	-33.3	2123	2052	-3.3
8	8473	机械用零部件附件	244	204	-16.5	1359	1073	-21.0
9	8541	二极管	240	188	-21.6	2447	2228	-8.9
10	8486	半导体	230	167	-27.5	1049	1149	9.5

资料来源:韩国贸易协会(下同)。

附表二　　　　　中韩 FTA 生效以后韩国进口
　　　　　　　各主要产品情况　　　　单位：千万美元，%

	重点产品进口情况		韩国从中国进口			韩国从世界进口		
序号	HS4位	产品名	2015年	2016年	增减率	2015年	2016年	增减率
1	8517	电话机	701	514	-26.7	977	970	-0.7
2	8542	电子集成电路	683	676	-1.0	2645	2463	-6.9
3	8471	汽车类处理器材	258	305	18.6	413	463	12.1
4	9013	液晶设备	191	125	-34.3	292	222	-23.9
5	8544	电子绝缘导体	175	176	1.0	226	227	0.6
6	8541	晶体二极管	158	146	-7.5	371	344	-7.4
7	7208	非合金钢热轧卷材	140	105	-25.3	282	234	-17.2
8	7308	钢铁制结构体及部件	118	110	-7.1	168	125	-25.6
9	8534	印刷回路	93	77	-17.3	198	179	-9.6
10	8504	变压器	90	83	-8.1	190	177	-6.5
11	8473	器械零部件、附件	88	119	34.7	191	230	20.4
12	8708	车辆用零部件、附件	87	86	-0.9	290	321	11.0

附表三　　　韩国对中国进出口种类呈多样性变化　　　　单位：个

出口				进口			
产业	2015年品目数	2016年品目数	增减	产业	2015年品目数	2016年品目数	增减
农林水产	691	723	32	农林水产	1199	1194	-5
矿产	190	189	-1	矿产	258	268	10
制造业	5729	5724	-5	制造业	7421	7434	13
化学工业产品	1319	1349	30	化学工业产品	2039	2059	20
塑料橡胶及皮革制品	252	249	-3	塑料橡胶及皮革制品	293	291	-2
纤维类	947	939	-8	纤维类	1191	1181	-10
生活用品	342	349	7	生活用品	479	481	2
钢铁金属制品	606	616	10	钢铁金属制品	741	739	-2

续表

出口				进口			
产业	2015年品目数	2016年品目数	增减	产业	2015年品目数	2016年品目数	增减
机械类	1276	1267	-9	机械类	1467	1489	22
电子电器产品	882	855	-27	电子电器产品	1046	1040	-6
杂制品	105	100	-5	杂制品	165	154	-11
出口总计	6610	6636	26	进口总计	8878	8896	18

附表四 中国各省份对韩国进口比重变化　　　　单位：千美元，%

序号	中国省名称	2015年对世界进口额	2016年对世界进口额	2015年韩国进口比重	2016年韩国进口比重	比重变化
1	宁夏回族自治区	77624	82265	9.61	19.13	9.52
2	江西省	872703	906096	5.66	10.07	4.41
3	山西省	507181	522701	11.43	15.76	4.32
4	内蒙古	645169	649642	1.18	3.48	2.30
5	陕西省	1287082	1141911	13.17	14.90	1.72
6	辽宁省	4629399	4125163	8.34	9.57	1.23
7	湖北省	1283000	1175265	7.74	8.87	1.12
8	贵州省	128738	96217	0.62	1.60	0.99
9	浙江省	6320873	5649475	7.19	8.04	0.85
10	广东省	30788357	29475462	10.09	10.92	0.83
11	四川省	1423392	1633481	7.42	8.06	0.64
12	海南省	917276	694417	3.11	3.71	0.60
13	青海省	17468	12249	0.23	0.54	0.31
14	甘肃省	201134	169280	1.53	1.77	0.24
15	吉林省	1221059	1162970	1.89	2.10	0.21
16	广西壮族自治区	2381958	1809187	0.86	1.06	0.20
17	黑龙江	851691	715535	0.45	0.57	0.12
18	福建省	4491361	3859810	5.56	5.61	0.05

附表五　减免关税受惠产品出口实绩

产品名称	关税率				对韩国	对世界	相对增减率	关税无变动产品	关税下降产品
	基本关税	减让类型	第二年实施关税	关税下降率	进口增减率	进口增减率			
计算机硬盘驱动器	0	0	0	0	△31.35	8.02	△39.37	△39.37	
其他非特种用途电视摄像机及其他摄像组件	3	20	4		△61.67	△45.96	△15.71		△15.71
航空煤油	9	0	0	9	△26.83	△27.73	0.89		0.89
用作放大器的集成电路	0	0	0	0	4.97	△0.70	5.68	5.68	
印刷电路	0	0	0	0	△20.72	△18.81	△1.91	△1.91	
苯乙烯	2	20	1.8	0.2	△9.41	△15.13	5.72		5.72
石油沥青	8	15	6.93	1.07	△31.12	△37.41	6.30		6.30
聚丙烯	6.5	E	6.5	0	△17.47	△25.98	8.52	8.52	
水解物或水解糊料	6.5	15	5.63	0.87	△2.69	△4.27	1.58		1.58
丙烯	2	10	1.6	0.4	1.80	△21.00	22.80		22.80
小轿车用自动换挡变速箱的零件	10	PR-20	9.2	0.8	15.74	4.64	11.09		11.09
石脑油	6	15	5.2	0.8	△8.02	△20.08	12.05		12.05

续表

产品名称	基本关税	关税率 减让类型	关税率 第二年实施关税	关税率 关税下降率	对韩国 进口增减率	对世界 进口增减率	相对增减率	关税无变动产品	关税下降产品
半导体装备零零件	0	0	0	0	△3.80	△6.94	3.14	3.14	
锂离子蓄电池	12	PR-20	11.04	0.96	0.72	△6.68	7.40		7.40
其他无线电话机	0	0	0	0	△63.77	△6.90	△56.87	△56.87	
发光二极管	0	0	0	0	△39.25	△26.44	△12.81	△12.81	
其他机械器具	0	0	0	0	10.80	3.67	7.12	7.12	
初级形状的聚碳酸酯	6.5	15	5.63	0.87	△11.45	△13.44	1.98		1.98
精炼铜	2	0	0	2	△33.40	△16.02	△17.37		△17.37
非金属元素	4	15	3.47	0.53	16.67	2.02	14.65		14.65
苯乙烯共聚物	6.5	20	5.85	0.65	△13.05	△13.56	0.52		0.52
润滑油	6	15	5.2	0.8	△15.06	△5.40	△9.66		△9.66
四层以上的印刷电路	0	0	0	0	△15.92	△13.04	△2.88	△2.88	
非合金钢宽板材	4	E	4	0	6.25	0.78	5.47	5.47	
其他自粘塑料板	6.5	15	5.63	0.87	△19.72	△12.21	△7.51		△7.51
美容化妆品	6.5	PR-20	5.98	0.52	57.19	33.22	△23.97		△23.97
液晶显示板	8	15	6.93	1.07	△15.77	△4.99	△10.78		△10.78

续表

产品名称	关税率				对韩国	对世界	相对增减率	关税无变动产品	关税下降产品
	基本关税	减让类型	第二年实施关税	关税下降率	进口增减率	进口增减率			
乙烯	2	10	1.6	0.4	2.36	2.45	△0.10		△0.10
乙二醇	5.5	E	5.5	0	△44.89	△37.28	△7.61	△7.61	
船舶用柴油发动机	5	PR-50	4	1	△43.49	△33.46	△10.03		△10.03
车身零部件	10	PR-10	9.6	0.4	1.39	0.67	0.72		0.72
聚对苯二甲酸乙二酯	6.5	15	5.63	0.87	△24.01	△20.71	△3.30		△3.30
乙酸乙烯酯共聚物	6.5	PR-8	6.29	0.21	0.96	0.32	0.64		0.64
苯	2	15	1.73	0.27	△25.51	△9.18	△16.33		△16.33
瓷介电容器	0	0	0	0	△34.03	△20.66	△13.38	△13.38	
机动车辆用变速箱的零件	10	E	10	0	70.75	31.59	39.16	39.16	
其他光学仪器	0	0	0	0	△15.00	3.06	△18.06	△18.06	
其他测量仪器	5	10	4	1	△7.73	9.44	△17.22		△17.22

注：△表示负增长；PR-"XX"表示从协定生效日开始，5年内等比减让基准税率的XX%，第5年1月1日起保持基准税率的(100-XX)%；E表示没有减让（维持基本关税）。

第二节 中方关于协定实施一年货物贸易效果评估

2017年上半年,贸促会联合高校开展了中韩FTA实施一年的效果评估工作,本节仅节选货物贸易方面实施效果评估内容。

本次实施效果评估基于中国贸促总会和国家质检总局的优惠原产地证书签证数据,选用FTA利用率测度中韩FTA对出口商的价值和相关成本,其公式为:FTA利用率=A地企业申请的该FTA原产地证书签发额/A地企业对该FTA缔约国的总出口额×100%。

一、韩方承诺关税减让与原产地规则

(一)两轮降税韩方承诺关税减让情况

中韩FTA将于2015年12月20日实施第一步降税,2016年1月1日实施第二步降税。根据中韩FTA协定关税减让方案,以2012年数据为基准,韩方实现零关税的产品最终将达到商品税目数的92%、进口额的91%[①],而中方实现零关税的产品最终将达到商品税目数的91%、进口额的85%。

中韩FTA中关税减让方案类型多,降税程序较为烦琐复杂,涉及多种方案:(1)立即降税为0;(2)分5、10、15、20年等年降税至0;(3)前5年削减部分关税(如20%),余下年份保持一定的关税(如80%)不变;(4)保持原有关税不改变。这在一定程度上会减弱FTA的效果:一方面,烦琐、长时间的关税减让程序可能降低企业利用中韩FTA的积极性;另一方面,部分高度敏感的行业并未享受到关税减免优惠,如韩方的农产品、汽车、纺织品等部

---

① 根据商务部有关数据计算得到。

门,中方的汽车、机械、化工等制造业领域。

在中韩FTA的第一轮降税中,韩方关税减让表中有6106条税目、近50%的商品直接降至零关税;第二轮降税涉及品目则包括了在5年内实现零关税的1434个细目和10年内实现零关税的2148个细目。两轮降税时间间隔不长,可将两轮关税减让情况合并分析降税行业和优惠幅度与FTA利用率的关系(如表10-9所示)。

表10-9　前两轮降税韩方承诺减让关税情况

第一轮降税:立即降税为0涉及的主要行业

行业类别	商品类别	降税商品细目数	降税商品比例	涉及主要HS章目	税率范围
第1类	动物产品	54	6.88%	1章	8%—89.1%
第4类	食品饮料烟草制品	16	2.65%	25章	3%—5%
				27章	3%—8%
第5类	矿产品	170	36.35%	25章	1%—8%
				27章	3%—8%
第6类	化工产品	1757	56.82%	28章	1%—5.5%
				29章	2%—8%
				32章	4%—8%
				38章	2%—8%
第7类	塑料、橡胶	144	33.26%	39章	5%—8%
				40章	2%—8%
第9类	木及木制品	75	15.34%	46章	8%
第11类	纺织品及原料	363	24.31%	52章	8%—10%
				55章	1%—10%
				58章	8%—10%
第13类	陶瓷、玻璃	178	38.78%	68章	8%
				70章	3%—8%

续表

第一轮降税：立即降税为 0 涉及的主要行业

行业类别	商品类别	降税商品细目数	降税商品比例	涉及主要HS章目	税率范围
第15类	贱金属及制品	691	58.26%	73章	8%
				82章	3%—8%
				83章	8%
第16类	机电产品	1261	52.89%	84章	5%—8%
				85章	8%
第18类	光学、钟表、医疗设备	324	49.77%	90章	5%—8%
				92章	6.5%—8%
第20类	杂项制品	200	68.26%	95章	8%

第二轮降税：5 年内降税为 0 涉及的主要行业

行业类别	商品类别	降税商品细目数	降税商品比例	涉及主要HS章目	税率范围
第1类	动物产品	121	15.41%	1章	8%—10%
				3章	10%
				5章	8%
第4类	食品饮料烟草制品	87	14.40%	18章	5%—8%
				21章	8%
				22章	8%—15%
第5类	矿产品	171	36.46%	25章	1%—5%
				27章	7%—8%
第6类	化工产品	259	8.38%	28章	5.5%
				29章	6.5
				38章	6.5
第7类	塑料、橡胶及其制品	149	34.41%	39章	6.5
				40章	8%

续表

第二轮降税：5年内降税为0涉及的主要行业

行业类别	商品类别	降税商品细目数	降税商品比例	涉及主要HS章目	税率范围
第11类	纺织品及原料	153	10.25%	52章	10%
				55章	8%—10%
				62章	13%
第13类	陶瓷、玻璃	71	15.47%	69章	8%
				70章	8%
第15类	贱金属及制品	39	3.29%	73章	8%
				82章	8%
第16类	机电产品	153	6.41%	84章	8%
第18类	光学、钟表、医疗设备	109	16.74%	90章	8%

资料来源：根据商务部网站有关数据整理。

韩方在第一轮降税期间，关税减免主要集中在第6类（化工产品）、第11类（纺织产品及原料）、第15类（贱金属及制品）和第16类（机电产品）等几类行业，其中降税幅度较大的行业是第1类（活动物）、第9类（木及木制品）、第11类（纺织产品及原料）、第15类（贱金属及制品）、第16类（机电产品）和第20类（杂项制品）。

第二轮降税开启后，韩方承诺的关税减免集中行业与第一轮并无太大差别，不同的是第1类（活动物）和第4类（食品饮料）开始出现较多降税，而第15类（贱金属及其制品）和第16类（机电产品）降税明显减少。第二轮降税中降税幅度较大的有第1类（动物产品）、第4类（食品饮料）、第11类（纺织产品及原料）和第18类（光学、钟表、医疗设备），与第一轮降税表现也基本一致。

一般来说,韩国关税减让方案中降税商品品目多、降税品目数占总品目比例大或降税幅度较大的行业,其企业对使用中韩 FTA 的积极性应较高,因此预期其有较高的 FTA 出口利用率。

(二)中韩 FTA 原产地规则

原产地规则是指海关为了能够实施关税的差别待遇或其他与贸易有关的优惠措施,制定用以确定进出口货物的原产国的一系列原产地标准,对此给以相应的海关待遇。原产地规则是区域贸易协定中的重要组成部分,也越来越受到区域贸易协定缔约国的重视。据中韩自由贸易协定文件中的《原产地规则和实施程序》的中韩 FTA 中原产地规则如表 10-10 所示。

表 10-10 中韩 FTA 原产地规则

区分	构成	详细构成
完全获得标准		使用缔约国内获得或者生产的材料进行生产力的货物
实质性变更标准	税目归类改变标准	进口材料税号与用于生产的产品税号不同即为本国原产,包括章改变(前2位)品目改变(前4位)和子目改变(前6位)
	区域增值标准(百分比)	本国生产过程中产生一定比例增值即为本国原产,要求 40%—50%,因商品类别有所不同
	特定产品加工标准	在认可领域外的特定地域"境外加工区"完成加工时,认定为缔约国本国原产
特例规定	累积规则	使用缔约方原产货物和材料,认定为生产加工的一国原产
	微小含量标准	本国生产过程中产生一定比例的增值
	微小加工或处理原则	对货物本质特征不得产生轻微影响的加工或处理
	成套货品	非原产货物价值不超过成套产品价格的 15%
	另还有可互换材料、中性成分标准、附件等原产地标准原则	

资料来源:根据中国商务部网站有关资料整理。

二、我国对中韩 FTA 出口优惠的利用程度

根据 FTA 利用率的测算公式,得到的数值越大,说明企业越好地利用了中韩 FTA,出口商品较多的享受到了关税优惠;反之亦是。我们利用相关数据,从两个方面考察我国各行业对中韩 FTA 的利用情况:首先测算出我国各主要出口产品对中韩 FTA 的利用率,然后再将各行业 FTA 利用率与其出口规模进行比较。

(一) 我国对中韩 FTA 利用的行业差异

1. 我国主要产品对中韩 FTA 利用率差别较大

表 10-11 列示了 2016 年中国对韩国主要出口商品 FTA 利用率情况。不难发现,总体上,近一半 HS 章类商品利用率超过 50%,其中机械器具及零件、化学产品、玩具等产品利用率较高[①]。

表 10-11　按行业分 2016 年中国对韩国主要出口商品 FTA 利用率情况

HS	商品类别	原产地签证金额(万美元)	出口数据	出口占比	利用率
85	电机、电气、音像设备	494496.3	3373781.9	35.99%	31.03%
84	核反应堆、锅炉、机械器具及零件	451857.4	983865.3	10.50%	68.52%
72	钢铁	25327.6	606862.7	6.47%	19.16%
90	光学、照相、医疗等设备	61653.5	365902.2	3.90%	37.85%
73	钢铁制品	94104.3	261469.9	2.79%	20.36%

---

① HS 编码是编码协调制度(Harmonized System)的缩写。而编码协调制度是《商品名称及编码协调制度的国际公约》的简称。它是世界海关组织主持制定的一部供海关、统计、进出口管理及与国际贸易有关各方共同使用的商品分类编码体系。

续表

HS	商品类别	原产地签证金额（万美元）	出口数据	出口占比	利用率
61	针织或钩编的服装及衣着附件	82388.6	236245.3	2.52%	16.71%
29	有机化学品	207995.6	229449.6	2.45%	57.13%
62	非针织或非钩编的服装	63849.5	228073.5	2.43%	11.65%
94	家具；寝具等；灯具；活动房	53601.2	226314.9	2.41%	3.81%
39	塑料及其制品	147331.7	188204.6	2.01%	52.83%
28	无机化学品；贵金属等的化合物	150292.3	178731.8	1.91%	55.02%
27	矿物燃料，矿物油及其蒸馏产品	3627.4	155075.7	1.65%	45.40%
87	车辆及其零附件，但铁道车辆除外	73076.8	151959	1.62%	36.07%
68	石料，石膏，水泥，石板，云母及类似的制品	31777.9	138804.2	1.48%	34.70%
03	鱼及其他水生无脊椎动物	92270.4	134659.2	1.44%	42.91%
38	杂项化学产品	58023.8	116032.8	1.24%	60.14%
95	玩具，游戏品，运动用品及其零件，附件	27483.8	99347.9	1.06%	50.37%
74	铜及其制品	25131.2	95925.4	1.02%	31.38%

数据来源：国家质检局和中国贸促会提供的签证数据。

2016年，中国对韩出口FTA利用率在50%以上的商品共计41章，商品出口额占总出口额的16.11%。对韩国的主要出口产品FTA平均利用率约在44%，出口占比前5位的产品（总占比达

59.66%)的 FTA 平均利用率仅为 35.38%。表中第 84 章核反应堆、机械器具及零件、第 29 章有机化学品、第 39 章塑料及其制品、第 28 章无机化学品、第 38 章杂项化学产品和第 95 章玩具、游戏品和运动用品的 FTA 利用率均在 50% 以上，FTA 利用程度较高，但出口额占总出口仅为 18.72%。

除去异常数据后[①]，利用率处于较高水平的商品有 HS 第 22 章、第 29 章、第 34 章、第 36 章、第 45 章，其 FTA 利用率均在 95% 以上，出口额占总出口额仅为 2.64%，考虑到部分数据的剔除，尽管这个值可能略有低估，但仍能说明利用率水平高的商品出口规模比较小。

2. 我国各行业出口金额与 FTA 利用率不成比例

从更为宏观的行业角度来考察中韩 FTA 的利用率，基于与上部分同样的统计方法，得表 10 - 12[②]。不难发现，2016 年中国向韩国出口贸易额前六的行业分别为机电产品、贱金属及制品、化工产品、纺织品及原料、仪器设备、杂项制品，其中排名前三位的行业分别占中国对韩出口总额的 38.54%、19.08% 和 9.80%，仍有较大发掘 FTA 优惠措施的潜力。

表 10 - 12　　2016 年中国对韩国出口各行业 FTA 利用率情况

行业类别	所属章	商品类别	原产地签证金额（万美元）	出口金额（万美元）	出口占比（%）	FTA 利用率（%）
16	机电产品	84 - 85	946353.7	4357647.2	38.54	21.72
17	有关运输设备	86 - 89	77078.3	2157111.1	19.08	3.57
15	贱金属及其制品	72 - 78	423005.1	1108144.5	9.80	38.17
11	纺织原料及纺织制品	50 - 63	269171.9	754832.3	6.68	35.66

---

① 需要特别说明的是，本书在统计中剔除了利用率高于 100% 的部分商品，造成这个情况可能的原因是从不同机构获取数据，统计的口径存在差异从而形成误差。

② 因为难以找到各行业的数据，故用 HS 分类的数据作为行业的代表。

续表

行业类别	所属章	商品类别	原产地签证金额（万美元）	出口金额（万美元）	出口占比（%）	FTA利用率（%）
6	化工产品	28–38	513367.1	665042	5.88	77.19
18	仪器仪表及专业设备	90–92	72457.9	374879.2	3.32	19.33
20	杂项制品	94–96	106004.2	359489.9	3.18	29.49
13	陶瓷、水泥	68–70	124889.3	303916	2.69	41.09
7	塑料及橡胶制品	39–40	178473.4	224663	1.99	79.44
4	食品饮料	16–24	94393.6	186999.8	1.65	50.48
5	矿产品	25–27	19228.4	186760.8	1.65	10.30
1	动物产品	01–05	93663.6	139197.1	1.23	67.29
12	鞋靴、伞等	64–67	39997.6	136931.7	1.21	29.21
2	植物产品	6–14	36062.8	130856.6	1.16	27.56
8	皮革制品	41–43	16423.6	99243.6	0.88	16.55
10	木浆及纸制品	47–49	2830.9	54838.8	0.48	5.16
9	木及其制品	44–46	31323.2	53501.3	0.47	58.55

数据来源：国家质检总局和中国贸促会提供的签证数据。

通常来说，若使得FTA较好地发挥效用，应当期望贸易额较大的行业的企业也较多地使用FTA优惠政策，表10-12展现了行业的贸易额与利用率之间的关联性[①]。

根据表10-12，2016年中国对韩出口商品FTA利用率在50%以上的行业有：6类化工产品（77.19%）、7类塑料橡胶（79.44%）、4类食品饮料（50.4%）、1类动物产品（67.29%）、9类木制品（58.55%），这些行业的出口额仅占总出口额的11.22%。反之，出口占比前5位的行业包括16类机电产品、17类

---

① 将各个HS大类的出口额由高到低进行排列形成图的横轴，将各大类商品的FTA利用率作为纵轴。

运输设备、15 类贱金属及其制品、11 类纺织原料及其制品和 6 类化学工业制品（总占比 79.97%）FTA 的平均利用率仅为 35.26%。因此，从行业角度看，机电产品、贱金属及制品虽然出口额大，但是现阶段利用情况并不乐观。

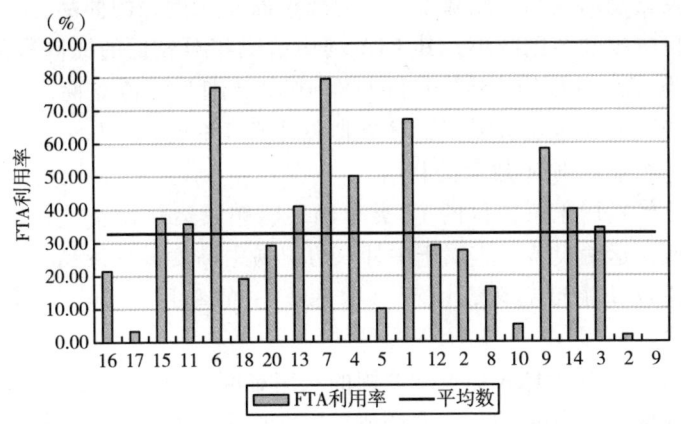

图 10 - 1 2016 年各 HS 大类的中韩 FTA 利用情况

资料来源：根据国家质检局和中国贸促会提供的签证数据整理。

一般来说，企业加强对 FTA 的利用程度会刺激出口需求而加大出口，反过来也会促进 FTA 利用率的提高，因而利用率与贸易额应存在一定的正比例关系。然而上述数据显示，2016 年中韩 FTA 利用率存在着明显的行业差别，利用率高的几个行业出口占比不高，而贸易额大的行业利用 FTA 的情况并不乐观，这与表 10 - 12 中不同商品的中韩 FTA 利用率情况是基本一致的。我们结合中韩 FTA 协议的内容进行分析，可以得出以下原因：

第一，中韩 FTA 中各类商品的降税方案差异造成了 FTA 利用率的差异。中韩 FTA 中韩方的关税减让表中，6 类化工产品中有超过一半（56.82%）的商品在第一轮降税中直接降税为 0，降税范围广，有效刺激了该行业的企业利用 FTA 优惠政策的积极性。1 类动物产品在第一轮中参与降税的商品不多，但是在第二轮降税中商品数目和降税幅度有明显的提升,促进了企业对 FTA 的进一步利用。同理,利用率较高的 7 类和 9 类产品在第一轮中降税幅度很大。

对于贸易额比较大的几个行业,其中 16 类机电产品和 15 类贱金属及其制品在第一轮降税中多为降税商品比例大的商品,而第二轮降税幅度和范围减小,其 FTA 利用情况相对较低的原因可能是:这两类商品分别有 2384 个和 1186 个商品细目,覆盖商品品目众多,降税方案也复杂多变,对企业来说理解难度大,从一定程度上抑制了企业对 FTA 政策的利用。

出口额居于第二位的 17 类车辆、船舶及运输设备,利用率却非常低。运输设备一直属于中韩双边贸易中高度敏感商品,该行业的关税减让幅度有限,因而对中韩 FTA 的利用处于一个比较低的水平。

第二,中韩 FTA 原产地规则的利用难度影响了各行业利用 FTA 的积极性。从中韩 FTA 中原产地规则的设置来看,食品饮料、化工产品、塑料橡胶等行业对生产技术要求低、发展的比较成熟,较容易满足原产地标准。而机电产品和贱金属制品属于典型的"两头在外"行业,即原材料和零部件主要靠进口,进行简单的加工生产后销往国外,这导致这些产品很难满足税目归类改变和区域增加值 40% 的标准,适用原产地规则容易遇阻。

(二) 中韩 FTA 利用的地区差异

1. 我国东、中、西各省市对 FTA 的利用差异较大

在我国各地区中,山东省原产地证书签发金额位列第一,东部省市签证金额远超中西部。2016 年全国检验检疫部门共签发中韩 FTA 原产地证书金额 196.53 亿美元,占所有 FTA 原产地证书的 15.33%。其中,山东省和广东省部门签发中韩 FTA 的原产地证书金额占中韩 FTA 总原产地证书签发金额均为 18.69%,并列第一位;江苏省、浙江省和上海市分居第三、四、五位。东部地区(包括北京、山东、江苏、上海、浙江、福建、广东等 12 个省市)签发的中韩 FTA 原产地证书金额占全国的 89.62%。而中部地区（包括山西、吉林、黑龙江、安徽、河南、湖北、湖南等 9 省）签发的中韩 FTA 原产地证书金额（占比 7.56%），与东部地区差距较大。西部地区（包括陕西、甘肃、青海、宁夏、新疆、四川、重庆 10 个省市自治区）签发证书金额数量很少（占比 2.82%）。我国对中韩 FTA 原产地证书的签发在地区间差异巨大，东部地区企业占据了全国原产地证书签发的绝大多数，中西部地区企业利用中韩 FTA 非常少。

2. 各地区 FTA 利用率差异的原因

根据表 10-13 不难发现，东部地区省份 FTA 利用率普遍在 20% 左右及以上，最高的为江苏省（76.66%），而西部地区的陕西省仅 4.11% 的利用率。总体上，东部地区对 FTA 优惠政策利用较多，中部地区次之，而西部地区企业利用较少。

表 10-13 2016 年我国东、中、西各省市对中韩 FTA 利用率情况

东部地区		中部地区		西部地区	
省市	利用率	省市	利用率	省市	利用率
江苏省	76.66%	河南省	53.62%	新疆维吾尔自治区	13.79%
浙江省	66.59%	湖南省	30.98%	陕西省	4.11%
广西壮族自治区	45.94%	江西省	17.22%		
山东省	21.14%				
北京市	20.27%				
福建省	18.72%				
天津市	17.06%				
海南省	10.86%				
上海市	9.80%				

数据来源：根据国家质检局与中国贸促会提供的签证数据和海关数据整理。

东部地区省市之间也存在着对中韩 FTA 利用率的差别，总体来

说，江苏、浙江、广西在中韩FTA的利用上表现最为良好。值得注意的是，山东省基于地理位置和长期形成的贸易格局，与韩国贸易往来最为密切，山东省对中韩FTA的利用率却偏低（21.14%）。

此外，上海市、天津市身为直辖市，中韩FTA的利用率却很低（分别为9.8%和17.06%），甚至与西部地区相差不大。上海市2016年对韩出口总额较多，但原产地证书签证金额并不多，上海市对韩出口主要集中于集成电路、钢材和自动数据处理设备等这一类适用原产地规则较难的产品，且上海市中外合资企业占比高，对FTA优惠的利用也较少。对于天津市，出口产品类别较单一，以化工产品为代表，原产地签证金额也比较少，因而可以对企业进行适当的鼓励引导以增加FTA的利用。

中部地区可获得的省份数据较少，大部分地区数据缺失，据已有数据显示，中部地区的利用率比较高，其低廉的劳动力与丰富的资源使得其发展模式近年来向对外加工贸易方面发展，而研究表明加工贸易要比一般贸易较多地使用原产地优惠证书。但是中部地区与东部相比仍有明显差距，而且不同省份之间差距较大，这主要是因为距离东部地区较近的省份仍可以利用东部地区的地理优势进行出口，而地理位置处于内陆地区的省份与韩国进行贸易的难度较大。

西部地区普遍利用率偏低，不仅距离港口位置远，而且出口主要集中在接壤的亚洲邻国，出口到韩国对西部企业来说成本太高。此外，西部地区从事加工贸易的水平尚待提高，西部地区选择使用中韩FTA的企业较少。

三、中韩FTA与其他FTA的利用率比较

中国已签署的FTA利用率已达40%及以上的水平（见表10-14），中韩FTA利用率（32.55%）却远低于其他协定，特别是同期实施的中澳FTA（65.84%）。

表 10-14　　2016 年中国已签署 FTA 出口利用率

中国已签署 FTA	FTA 利用率
中国—智利 FTA	80.87%
中国—哥斯达黎加 FTA	66.18%
中国—澳大利亚 FTA	65.84%
中国—秘鲁 FTA	46.84%
中国—巴基斯坦 FTA	36.21%
中国—韩国 FTA	32.55%
《亚太贸易协定》	6.47%

数据来源：根据国家质检局和中国贸促会提供的签证数据及海关数据计算。

(一) 中韩 FTA 相比中澳 FTA 利用率明显偏低

中澳 FTA 于 2015 年 12 月 20 日正式生效，与中韩 FTA 属于同期实施的协定，两者均受到较多关注，而中澳 FTA 的利用率远高于中韩 FTA。

从关税减让情况来看，中澳 FTA 降税期之后澳大利亚给予零关税的税目及贸易额占比将达到 100%。在两轮降税后，将有超过 90% 的税目达到零税率水平，其中澳方有 45% 的税目在协定生效时立即实现零关税。从降税方案来看，中澳 FTA 的关税减免步骤相比较中韩 FTA 要简单得多，且降税时间短、降税幅度大。因此对澳出口企业学习了解协定的成本较低，且从协定中享受的关税优惠幅度大，从而直接刺激企业利用该协定。

从双方贸易结构来看，在第一产业即农业方面，澳大利亚是农产品生产大国，中澳双方有广阔的合作空间。韩国则与此相反，由于自然资源的匮乏，农产品是韩国的敏感产品，韩国在该类产品上设置了严格的关税门槛，从一定程度阻碍了第一产业的企业对中韩 FTA 的利用。就第二产业而言，澳大利亚经济的对外依存度比较高，需要借助中国的制造业、纺织业来促使自身进行产业转型升级，中澳 FTA 的实施也给中国出口企业提供了机会。而中韩双边贸易主要集中于机电产品、贱金属及制品、化工产品等产品,其中韩国的电子产品在我国国内享有较高的认可度,中韩 FTA 的实施会对这类企业的进口产生促进作用,而在出口方面,韩国在纺织品及原料、日用品等方面对中国依赖程度较高。

(二)《亚太贸易协定》对中韩 FTA 利用率的影响

《亚太贸易协定》由曼谷协定发展而来,涉及的成员国有中国、孟加拉国、印度、老挝、韩国等。如表 10-14 所示,2016 年《亚太贸易协定》的出口利用率(6.47%)和其中对韩出口的贸易对协定的利用率(6.78%)都非常低。一方面,导致《亚太贸易协定》利用率偏低的因素一般也会对中韩 FTA 的利用产生负面影响;另一方面,企业习惯了对《亚太贸易协定》项下中韩间优惠关税的利用,转换协定导致的成本也成为阻碍企业利用中韩 FTA 的一大原因。对于亚太贸易协定和中韩 FTA 实施效果较差的原因,可能为:第一,企业对《亚太贸易协定》的知晓太少;第二,相关部门的主动服务较差,即原产地证签发部门未能向出口企业提供协定的信息和相应的指导;第三,缺乏相关商务活动的推动和对该协定利用的研究。

从关税减让情况来看①,根据 2005 年税则计算,我国可享受到协定项下韩国 1367 项 10 位 HS 税目商品的关税减免,主要产品包括:茶叶、化工品、有机染料、黏合剂、部分橡胶制品和纺织纤维等。《亚太贸易协定》中对韩出口受惠产品的数量(占比 11%)及关税优惠幅度(10%—50%)都不大。

相比《亚太贸易协定》项下韩方关税减让仅包含 1000 多个 10 位税目号货物,中韩 FTA 韩方关税减让表包含 14000 多个 10 位税目号货物,中韩 FTA 在关税减让的范围和幅度上都远远超出《亚

---

① 《亚太贸易协定》项下的"优惠幅度"是指最惠国税率和同类产品优惠税率之间的百分比差,而非这两者之间的绝对差。即优惠幅度 =(最惠国税率 - 协定优惠关税)/最惠国税率×100%

太贸易协定》。但在具体产品上，也存在《亚太贸易协定》项下韩国提供的优惠幅度更大的情形，例如，某类商品在中韩FTA中规定分五年等额减免10%的关税，即协定生效第1、2、3、4、5年的优惠税率分别为：10%、8%、6%、4%、2%，而其在《亚太贸易协定》中的优惠税率为6.5%。因此在中韩FTA生效2年内的时间内，其在中韩FTA项下的优惠税率依然高于《亚太贸易协定》的优惠税率，此时，企业更倾向于保持原有的对于《亚太贸易协定》的利用。

此外，对中韩FTA进行了解和运用需要花费企业额外的成本，这一点也成为阻碍企业短时间内从《亚太贸易协定》转向中韩FTA的原因。因此，即使目前中韩FTA带来的优惠更多，企业在短期内还会有路径依赖，会选择运用现存的《亚太贸易协定》。